Eyal Winter

KLUGE GEFÜHLE

Eyal Winter

KLUGE GEFÜHLE

Warum Angst, Wut und Liebe
rationaler sind, als wir denken

Aus dem Englischen
von Harald Stadler

DUMONT

FSC
www.fsc.org
MIX
Papier aus verantwortungsvollen Quellen
FSC® C083411

Die hebräische Originalausgabe erschien 2012
bei Zmora Bitan, Tel Aviv und 2014 in englischer Übersetzung unter
dem Titel ›Feeling Smart: Why Our Emotions Are More Rational
Than We Think‹ bei PublicAffairs, a Member of the Perseus Books Group, USA

Erste Auflage 2015

Übersetzung: Harald Stadler
Umschlaggestaltung: Lübbeke Naumann Thoben, Köln
Satz: Fagott, Ffm
Gesetzt aus der Swift
Gedruckt auf säurefreiem und chlorfrei gebleichtem Papier
Druck und Verarbeitung: CPI books GmbH, Leck
Printed in Germany
ISBN 978-3-8321-9787-2

www.dumont-buchverlag.de

Dieses Buch widme ich
meiner Frau Atalia, die mein emotionaler
wie auch mein rationaler Kompass ist.

Inhalt

Vorwort 11

Einleitung:
Was ist Rationalität? 16

TEIL I
Unmut und Selbstbindung

1 Wozu sich aufregen?
Emotionen als Antrieb zur Selbstbindung 25

2 Warum wir unsere Folterknechte lieben –
das Stockholm-Syndrom und der Nazilehrer 35

3 Emotionale Blender,
Empathie und Onkel Ezras Pokerface 42

4 Spieltheorie,
Emotionen und die goldene Regel der Ethik 57

5 Das Gefangenendilemma in wiederholten Interaktionen –
Sorgen gezückte Messer für mehr Kooperation? 65

6 Fairness, Kränkung und Vergeltung –
warum sich Trottel nicht vor sich selber ekeln 79

TEIL II
Vertrauen und Großzügigkeit

7 Stigmata und Vertrauensspiele – warum begehen Bienen Selbstmord? 89

8 Sich selbst bewahrheitendes Misstrauen 98

9 Kulturelle Unterschiede, palästinensische Großzügigkeit und Ruths rätselhaftes Verschwinden 102

10 Kollektive Emotionen und Onkel Walters Trauma 117

11 Das Handicap-Prinzip – die Zehn Gebote und andere Garanten für kollektives Überleben 129

12 Geben können, nehmen können – wie sich unnötige Verteilungskämpfe verhindern lassen 143

TEIL III
Sexualität und Liebe

13 Das Hormon, das Vertrauen stiftet 151

14 Männer, Frauen und Evolution – Mythen auf dem Prüfstand 156

15 Ehen, die der Himmel stiftet? Fortpflanzung und die Mathematik der Liebe 183

16 Von der steinzeitlichen Flöte zur Bach'schen Fuge – warum die Evolution Kunst hervorbrachte 199

TEIL IV

Optimismus, Pessimismus und Gruppenverhalten

17 Warum sind wir so negativ eingestellt?
Die Arithmetik der Gefühle 207

18 Prahlerei und Bescheidenheit –
das Syndrom des norwegischen Professors 212

19 Selbstüberschätzung und Risikobereitschaft –
das Credo »Mir passiert das nicht« 217

20 Konformismus –
die Ursprünge des Herdenverhaltens 229

21 Teamgeist –
das Paradox großzügiger Boni und müßiger Mitarbeiter 242

TEIL V

Rationalität, Emotionen und Gene

22 Irrationale Gefühle 261

23 Angeboren oder anerzogen?
Wie rationale Emotionen entstehen 271

Nachwort 277

Anmerkungen 283

Vorwort

Warum kann der Mensch nicht rationaler denken? Im Verhältnis zu dem idealisierten Bild vom »Denker« hat uns die Evolution anscheinend etliche Mängel vermacht. Wie ließe sich sonst erklären, dass wir so emotional sind? Welchen Nutzen bringt es einem Menschen, wenn er wütend wird? Warum werden wir in einer so sehr von Wettbewerb geprägten Welt wie der unseren gelegentlich von einem Gefühl der Bescheidenheit ergriffen? Warum werden wir genau dann, wenn wir aus tiefster Scham am liebsten unsichtbar wären, rot wie eine Tomate und fallen dadurch noch umso mehr auf? Und warum empfinden wir überhaupt so etwas wie Scham? Oder Reue? Warum sind wir von einem brennenden Verlangen nach Liebe erfüllt? Und warum sind wir bloß davon besessen, nur einem einzigen Menschen treu sein zu wollen? Oder uns freiwillig zu den gefährlichsten Militäreinsätzen zu melden? Unzähligen Handlungen würden wir uns schlicht verweigern, wenn wir auch nur einen Moment lang vernünftig darüber nachdenken, sorgfältig die Gefahren gegen die Chancen abwägen und uns nüchtern den reinen Nutzen ausrechnen würden. Versperrten wir uns solchen Handlungsweisen, würden wir indes aufhören, Mensch zu sein.

Mr Spock, eine Figur aus der Fernsehserie *Raumschiff Enterprise (Star Trek)*, pflegt seine Kollegen im Raumschiff häufig mit einem Blick zu würdigen, in dem sich Verwunderung, Überheblichkeit und zugleich Nachsicht mischen. Der Bewohner des Planeten Vulcan mag Gefühle empfinden, aber seine Handlungen erfolgen, ganz anders als beim Menschen, aus emotionsfreien Erwägungen und sind allein von Logik und Vernunft geleitet. Ist das Minderwertigkeitsgefühl gerechtfertigt, das uns beschleicht, wenn wir sehen, wie ruhig und besonnen Mr Spock selbst die schwersten Krisen an Bord der *Enterprise* meistert? Die Wahrheit sieht indes so aus: Hätte sich die Menschheit ungefähr so entwickelt wie die emotionslosen Bewohner des Vulcan, würde sich unser Leben um einiges schwieriger gestalten – und höchstwahrscheinlich hätten wir gar nicht überlebt.

Viele von uns sehen in der Entscheidungsfindung einen Prozess, bei dem zwei entgegengesetzte innere Mechanismen miteinander ringen, wobei uns die emotionalen und impulsiven Kräfte dazu verleiten, das »Falsche« zu wählen, während die rationalen und intellektuellen Seiten, die wir ebenfalls in uns finden, langsam und schwerfällig versprechen, uns schließlich zu der »richtigen« Entscheidung zu führen. Diese Sichtweise, die auch viele Wissenschaftler noch bis vor einigen Jahrzehnten hegten, ist nicht nur grob vereinfachend, sondern auch falsch.

Unsere emotionalen und rationalen Mechanismen wirken Hand in Hand und unterstützen sich gegenseitig. Bisweilen lassen sie sich überhaupt nicht voneinander trennen. Sehr häufig ist eine auf Emotion oder Intuition beruhende Entscheidung viel effizienter – und im Grunde viel besser – als eine Entscheidung, die nach einer gründlichen und genauen Beurteilung aller denkbaren Ergebnisse und Folgerungen getroffen wurde. Bei einer Studie, die an der University of California in Santa Barbara durchgeführt wurde, zeigte sich, dass die Probanden in Situationen, in denen sie leicht aufgebracht waren, viel schärfer zwischen relevanten und irrelevanten Aussagen zu strittigen Themen unterscheiden konnten. Eine weitere Studie, an der ich mitwirkte, hat ergeben, dass wir uns schneller ärgern, wenn wir von der Verärgerung profitieren können. Anders gesagt: Emotion birgt Logik, und auch der Logik wohnt häufig Emotion inne.

Wie beeinflussen Gefühle unsere Entscheidungsfindung? Behindern oder unterstützen sie uns? Welche Rolle spielen sie in sozialen Situationen? Wie bilden sich kollektive Emotionen heraus? Welche Evolutionsmechanismen machten uns sowohl zu denkenden als auch zu fühlenden Wesen? In diesem Buch versuche ich, diese Fragen zu beantworten, indem ich mich auf neuere Forschungsarbeiten über die »Nahtstelle« zwischen Emotionen und Rationalität stütze.

Die neuen Erkenntnisse, die über die Rolle der Gefühle gewonnen wurden, entsprangen einer stillen Revolution, die in den vergangenen zwei Jahrzehnten in drei wichtigen Fachgebieten stattgefunden hat: Hirnforschung, Verhaltensökonomie und Spieltheorie. Diese drei Felder erweiterten in den letzten Jahren unser Verständnis all dessen, was mit menschlichem Verhalten zusammenhängt. Waren die Emotionen in der Vergangenheit hauptsächlich Forschungsgegenstand von Psychologie, Soziologie sowie Philosophie und die Rationalität die Domäne von Ökonomie und Spieltheorie, befassen sich heute Vertreter all dieser Gebiete sowohl mit der Rationalität als auch mit den Emotionen.

Spieltheorie und Verhaltensökonomie – also jene akademischen Fächer, auf die ich mich spezialisiert habe – sind rasch expandierende Felder innerhalb der Ökonomie. In den vergangenen zwei Jahrzehnten wurden zwölf Nobelpreise für Ökonomie an Forscher aus diesen beiden Gebieten vergeben. Ihr Einfluss ist weit außerhalb der akademischen Welt zu spüren. So leitet beispielsweise der verhaltensökonomisch ausgerichtete Rechtswissenschaftler Cass R. Sunstein derzeit im Weißen Haus unter Präsident Barack Obama das Office of Information and Regulatory Affairs. Sein Kollege Richard H. Thaler hingegen gehört dem sogenannten Behavioral Insight Team an, das der britische Premier David Cameron in seinem Kabinettbüro als internes Beratungsgremium zusammengestellt hat.

Dieses Buch stützt sich zwar keineswegs auf eine einzelne Lehrmeinung, doch es birgt eine persönliche und immer wiederkehrende Aussage. Diese lässt sich mit der scheinbar paradoxen Begriffsverbindung »kluge Gefühle« auf eine Formel bringen. Die Forschungsarbeiten auf dem Gebiet der Verhaltensökonomie und die populäre Literatur, die daraus hervorgegangen ist, darunter

Bücher der mit mir befreundeten Autoren Dan Ariely[1] und Daniel Kahneman[2], konzentrieren sich meist auf mentale Abweichungen, die uns von rationaler Entscheidungsfindung wegführen und uns in bestimmten Fällen schaden können. Meines Erachtens ist dies eine allzu pessimistische Sicht. Im Gegensatz dazu möchte ich aufzeigen, wie uns Emotionen dienen und unseren unmittelbarsten Interessen zugutekommen.

Über dieses Thema lässt sich unmöglich diskutieren, ohne auf zwei wichtige Forschungsgebiete zurückzugreifen: Spieltheorie und Evolutionstheorie.

Die Spieltheorie, die sich im Wesentlichen mit interaktiven Entscheidungen befasst, ist unerlässlich, weil die Menschen soziale Wesen sind, die mit ihren Umgebungen interagieren. Der spieltheoretische Ansatz erhellt, welche Rollen Gefühle und andere Verhaltensmerkmale im Kontext sozialer Interaktionen spielen. Ohne diesen Ansatz würden wir bloß eine Seite der Medaille sehen und unsere eigenen Verhaltensweisen nur teilweise verstehen.

Die Evolutionstheorie ist ebenso grundlegend für das Verständnis menschlichen Verhaltens. Sie erklärt, wie ein Verhaltensmerkmal zum Überleben der Gattung Mensch beiträgt (bzw. in der Vergangenheit beigetragen hat). Ähnlich wie physiologische Entwicklungen beim Menschen und anderen Lebewesen, resultieren auch verhaltensbezogene Entwicklungen beim Menschen aus einer Art »Kopplungsgeschäft«: Ein Verhaltensmuster, das in einem bestimmten Entscheidungskontext hinderlich zu sein scheint, erweist sich in anderen Zusammenhängen vielfach als ausgesprochen nützlich.

Besonders hervorheben werde ich natürlich jene wissenschaftlichen Arbeiten, die ich selbst und meine Forschungspartner durchgeführt haben, doch ich stelle auch Ergebnisse vor, die viele meiner Kollegen und Studenten am Center for the Study of Rationality (Zentrum für das Studium der Rationalität) an der Hebrew University in Jerusalem gewonnen haben, das zu leiten ich in den vergangenen Jahren die Ehre hatte. Zudem beziehe ich mich auf die

Arbeiten zahlreicher weiterer Fachleute in aller Welt. Diese Beiträge beruhen sowohl auf theoretischen Erkenntnissen als auch auf praktischen Laborversuchen, die in den letzten Jahrzehnten die Erhebungen und Befragungen ersetzten, derer sich die Sozialwissenschaftler zuvor als primäre empirische Analyseinstrumente bedienten.

Den Begriff »Emotionen« verwende ich in einem Sinn, der weiter gefasst ist als im allgemeinen Sprachgebrauch. Zu den Emotionen zähle ich nicht nur Phänomene wie Wut und Angst, die allseits als Emotionen gelten, sondern auch Begriffe, die üblicherweise als soziale Normen angesehen werden, wie etwa Fairness, Gleichbehandlung und Großzügigkeit. Damit soll nicht versucht werden zu definieren, was Emotion ist – dies vermeide ich absichtlich. Dahinter steht vielmehr der Wunsch, eine weite Bandbreite von Erscheinungen zu untersuchen, die sich möglicherweise auf ansonsten vollkommen rationales Denken auswirken. Die Erkenntnisse, die in diesem Buch dargestellt werden, beschränken sich nicht bloß auf ökonomische Entscheidungen; sie beziehen sich auf ein breites Spektrum von Themenfeldern, die Folgerungen über Politik, Religion, Familie, Sexualität und Kunst einschließen.

Durch die Lektüre dieses Buches sollen auch Leser, die nicht unbedingt mit der neuesten sozialwissenschaftlichen Forschung vertraut sind, an der faszinierenden Diskussion teilhaben können, die derzeit über das Verhältnis zwischen Emotionen und rationalem Verhalten geführt wird.

Besonders verpflichtet bin ich meinen Forschungspartnern, meinen Lehrern sowie meinen Kollegen und Studenten am Center for the Study of Rationality an der Hebrew University in Jerusalem; der geistige Austausch, den ich mit ihnen pflegen durfte, sowie meine Forschungsarbeiten bildeten den Ausgangsstoff für dieses Buch. Dieser Gedankenaustausch, der zwar auf intellektueller und rationaler Ebene geführt wird, hat aber für mich immer auch eine emotionale Komponente.

Einleitung: Was ist Rationalität?

Beginnen wir mit einigen Bestimmungen der Begriffe »Rationalität«, »Vernunft« und »Vernünftigkeit«. In fast jeder Sprache wird das Wort »vernünftig« in zwei verschiedenen Zusammenhängen verwendet. Der erste Kontext bezieht sich auf Aussagen, Behauptungen und Erklärungen. Wir bezeichnen eine Behauptung als »vernünftig«, wenn sie auf einer durchgängigen inneren Logik und auf realistischen Grundannahmen beruht.

Die zweite gebräuchliche Verwendungsweise bezieht sich auf Entscheidungen; hier ist die Sachlage indes komplizierter. Bis zum heutigen Tag haben sich Ökonomen und Philosophen nicht auf eine direkte und allgemein anerkannte Definition einigen können. Fast jede vorgeschlagene Definition ist entweder zu eng gefasst (wodurch sich nur schwer eine Entscheidung finden lässt, die im Sinn dieser Definition als »vernünftig« gelten darf) oder aber zu weit (wodurch beinahe jede mögliche Entscheidung eine »vernünftige« ist).

Betrachten wir einige Beispiele.

Definition 1: Das Handeln einer Person ist rational oder vernünftig, wenn nach bestem Wissen des Betreffenden keine Handlungsalternative besteht, die einen größeren materiellen Vorteil mit sich bringt.

Dies scheint auf den ersten Blick eine »großzügige« Definition zu sein. Man beachte, dass nach dieser Definition die »Vernünftigkeit« einer bestimmten Handlung vom subjektiven Wissen des Betreffenden abhängt. Wenn Sie am Montag Aktien eines bestimmten Unternehmens kaufen und der Wert dieser Anteile am Dienstag um 50 Prozent fällt, nachdem in grellen Schlagzeilen verbreitet wurde, der Chef des Unternehmens sei verhaftet und des Finanzbetrugs beschuldigt worden, ist es trotzdem denkbar, dass Sie gemäß dieser Definition vollkommen »vernünftig« handelten, denn im Moment der Investitionsentscheidung war Ihnen von der Pressemeldung nichts bekannt. Selbst wenn Sie wussten, dass der Firmenboss inhaftiert werden soll, wäre Ihre Handlung immer noch »vernünftig«, wenn Sie davon ausgingen, dass der Aktienkurs trotz allem steigen würde. Solange Sie zu irgendeinem Zeitpunkt glauben, der Aktienkurs gehe nach oben, ist der Kauf dieser Aktien in jenem Augenblick nach dieser Definition eine vernünftige Entscheidung.

Ähnlich verhält es sich, wenn Sie auf einem türkischen Basar einen Teppich zu einem Preis kaufen, den der Händler deutlich heraufgesetzt hat, weil er erwartet, dass seine Kunden mit ihm handeln. Den Teppich überteuert zu kaufen mag eine rationale Entscheidung sein, wenn Sie an Ihrer Fähigkeit zu feilschen zweifeln und den Teppich um jeden Preis haben wollen. Genau genommen ist dies aber eine sehr enge Definition. Sie verengt das Augenmerk auf den *materiellen* Vorteil einer bestimmten Handlungsweise. Laut dieser Definition wäre es beispielsweise unvernünftig, Anteile an einem expandierenden Tabakunternehmen deswegen nicht zu erwerben, nur weil man das Rauchen ablehnt. Auch wenn der Verzicht auf den Erwerb von Tabakaktien plausibel und sogar bewundernswert sein mag, ist diese Entscheidung gemäß Definition 1 irrational, denn die gegenteilige Entscheidung würde Ihren materiellen Vorteil mehren. Die Definition lässt keinen Raum für Werturteile.

Betrachten wir daher eine weiter gefasste Definition.

Definition 2: Das Handeln einer Person ist »vernünftig«, wenn nach dem Wissen des Betreffenden keine Handlungsalternative besteht, die einen größeren Nutzen (oder ein größeres Wohl) mit sich bringt.

Nach Definition 2 wird die Entscheidung nicht nach dem materiellen Vorteil für den Betreffenden bemessen, sondern nach dem »Wohl und Nutzen«, zwei zugegebenermaßen vagen Begriffen, die es aber zulassen, dass diese Definition von »Vernünftigkeit« auch Kompensationen nicht bloß materieller, sondern auch mentaler (psychischer) Art mit einschließt. Gemäß Definition 2 können wir die Entscheidung, nicht in Anteile an Tabakunternehmen zu investieren, als »vernünftige« Handlung werten, denn mögliche Gewissensbisse aufgrund der Kaufentscheidung bedeuten vielleicht einen größeren Verlust in Hinsicht auf das persönliche Wohlergehen gegenüber dem materiellen Gewinn aufgrund des steigenden Aktienkurses. In diesem Fall wären Sie besser beraten, die Anteile nicht zu erwerben.

Definition 2 ist weiter gefasst als Definition 1. Damit können uneigennützige Handlungen als rational erachtet werden, weil die materielle Einbuße, die mit einem altruistischen Verhalten einhergehen mag, durch ein erhebendes Gefühl der Befriedigung ausgeglichen werden kann. Das Problem besteht allerdings darin, dass diese Definition zu breit angelegt ist. Formal gesehen kann laut Definition 2 jede Handlung als rational erachtet werden, weil ein psychischer Vorteil letztlich rein subjektiv ermessen wird. Wer glaubt, er werde psychischen Nutzen daraus ziehen, wenn er sich mit Motoröl übergießt, handelt nach dieser Definition »rational«. Wir brauchen eine Definition, die derlei Handeln als irrational erfasst. Erlauben Sie mir, einen dritten Ansatz vorzutragen, den ich als »evolutionäre Definition« bezeichne.

Definition 3: Das Handeln einer Person ist rational, wenn unter den gegebenen Bedingungen zur Zeit der Entscheidung keine Handlungsalternative besteht, die dem Betreffenden einen größeren evolutionären Vorteil bietet.

Definition 3 erlaubt zu beurteilen, ob eine Handlung rational ist, indem sie mentale wie auch materielle Vorteile für den Handelnden berücksichtigt. Eine rationale Handlung muss dem Betreffenden einen konkreten (wenn auch nicht unmittelbaren) Nutzen bieten, indem sie dessen Überlebensfähigkeit erhöht. Nach Definition 3 kann beispielsweise selbstloses Geben als rational erachtet werden, aber nicht aus demselben Grund wie gemäß Definition 2.

Nach Letzterer gilt eine uneigennützige Handlung als »vernünftig«, weil der Gebende eine »geistige Befriedigung« daraus zieht. Laut Definition 3 ist derlei Handeln »rational«, weil es dem Gebenden einen evolutionären Vorteil verspricht. In Gesellschaften, die auf Beziehungen beruhen, welche von wechselseitigem Geben und Nehmen geprägt sind, wird ein Helfender irgendwann von anderen unterstützt; ein Egoist hingegen wird ausgestoßen und hat somit geringere Chancen zu überleben.

Die evolutionäre Definition muss natürlich das jeweilige Umfeld mit einbeziehen, doch in vielen Fällen liefert sie uns bessere und genauere Erkenntnisse über menschliches Verhalten als Definition 2. So zeigt sich etwa, dass eine Selbsttötung, die nach Definition 2 als »vernünftig« gelten würde, gemäß der evolutionären Definition nicht »vernünftig« ist, weil ein Selbstmord keine evolutionären Vorteile mit sich bringt.

Der Begriff »Emotion« wird hier nicht näher eingegrenzt, schlicht und einfach weil jede Definition, die sich formulieren ließe, wichtige Aspekte aussparen würde. Viele Begriffsbestimmungen enthalten den Ausdruck »psychisches Phänomen«, doch dies bildet letztlich eine Art Zirkeldefinition *(Idem per idem)*, denn »das Psychische« lässt sich nicht definieren, ohne den Begriff »Emotion« zu verwenden.

Es überrascht nicht, dass wir auf Schwierigkeiten stoßen, wenn wir »Emotion« definieren wollen. Stellen Sie sich einmal vor, Sie sollen einem Außerirdischen den Unterschied zwischen einem Schmerz im kleinen Zeh Ihres linken Fußes und der tiefen Trauer über den Tod Ihres engsten Freundes erklären. Oder den Unterschied zwischen dem Genuss beim Verzehr belgischer Pralinen und dem Gefühl, das Sie erleben, wenn Sie in Leidenschaft zu Ihrem Liebsten entbrennen. Wir können Unterschiede in der zeitlichen Dauer von Reaktionen feststellen und verschiedene Körperregionen festmachen, in denen sich Signale wahrnehmen lassen. Neurobiologen können genau bestimmen, wo im Gehirn bei unterschiedlichen emotionalen Verfassungen unterscheidbare elektrische Stimulationen auftreten. Diese Merkmale lassen sich jedoch sowohl bei körperlichen als auch bei seelischen Empfindungen erkennen.

Der Zusammenhang zwischen physischen und psychischen Empfindungen ist sogar noch stärker, als man anfangs meinen würde. Die meisten von uns kennen Situationen, in denen Besorgnis oder Aufregung zu Magenverstimmungen oder sogar Durchfall führen können; umgekehrt können Verdauungsprobleme die Ursache für Alpträume sein. Die Verbindungen zwischen Bauch und Hirn gehen jedoch noch weiter. Der Magen ist neben dem Gehirn die einzige Körperregion, in der umfangreiche Neurotransmitteraktivitäten auftreten, besonders die Serotoninausschüttung (ein Serotoninungleichgewicht ist an vielen psychischen Krankheitsbildern beteiligt, darunter auch Depressionen). Das Verdauungssystem braucht Serotonin, um Nährstoffe zu verarbeiten und in die Gedärme zu befördern. Das Verdauungssystem ist das einzige Organ, das autonom funktioniert, also keine Gehirnaktivität erfordert. Der Hirnforscher Michael Gershon von der Columbia University in New York führte ein unglaubliches Experiment durch: Man trennte einen Teil der Gedärme eines Schweins vom Körper des Tieres ab; eingeführte Nahrungsmittel wurden automatisch durch den Trakt geschleust. Nach einer geringen Gabe des Antidepressivums Prozac erfolgte die Nahrungsverarbeitung doppelt so schnell.

Trotz der überraschenden Verbindungen und Ähnlichkeiten zwischen unseren emotionalen und digestiven Systemen lassen sich Dichter meist von Gefühlen wie Liebe und Leid inspirieren und nicht so sehr von Verdauungsempfindungen. Den Grund dafür sehe ich hierin: Die subjektive Erfahrung, die wir in emotional aufgeladenen Situationen machen, unterscheidet sich in ihrem Wesen deutlich von rein körperlichen Empfindungen. Doch selbst in der Erfahrung finden wir keine scharfe Trennlinie zwischen Emotionen und nichtemotionalen körperlichen Empfindungen; ebenso wenig können wir den Unterschied in aussagekräftiger

Weise mit Worten beschreiben. Auch aus diesem Grund ist es schwierig, Emotionen zu definieren.

Obwohl ich bislang noch keine befriedigend präzise Definition für Emotionen gefunden habe, besteht eine klare Abgrenzung zwischen emotionalem Verhalten und rationalem Verhalten um des materiellen Vorteils willen (wie in Definition 1 beschrieben). Auf Gefühlsregungen beruhendes Verhalten wird überwiegend als unwillkürlich verstanden; dem entgegen glaubt man, rationales Verhalten erfordere zumeist einen langwierigen und komplexen kognitiven Prozess. Wir werden jedoch zeigen, dass diese beiden Prozesse häufig ineinandergreifen.

Es bestehen zwei weitere bedeutsame Unterschiede zwischen Emotionen und kognitivem Denken einerseits und nichtemotionalen physiologischen Empfindungen andererseits. Einer beruht darauf, dass Emotionen tiefer ins Gedächtnis eingeprägt sind als Gedanken oder sogar körperliche Empfindungen. Wenn ich mich an einen Film erinnern will, den ich einmal gesehen habe, stelle ich häufig fest, dass ich die Handlung oder das Thema vollkommen vergessen habe, aber noch ganz genau weiß, ob ich den Film mochte oder eher langweilig bzw. nervig fand. Wir können viel leichter eine Erinnerung an eine frühere Beleidigung oder ein bedrohliches Erlebnis wachrufen als eine Erinnerung an einen körperlichen Schmerz, selbst wenn der Schmerz besonders intensiv war. Die Erinnerung an körperlichen Schmerz wird oft von den Gefühlsreaktionen begleitet oder hervorgerufen, die wir erlebten, als der Schmerz erfahren wurde, wie etwa Angst oder Niedergeschlagenheit.

Ein letzter Punkt sei genannt: Während kognitives/analytisches Denken beinahe vollständig gesteuert werden kann (in dem Sinn, dass wir entscheiden können, wann wir mit solchem Denken beginnen oder aufhören), liegen körperliche Empfindungen (beispielsweise Schmerz) fast völlig außerhalb unserer bewussten Kontrolle. Emotionen liegen irgendwo dazwischen. Wir können unsere Emotionen bis zu einem gewissen Maß und unter bestimmten Bedingungen beherrschen, aber nicht vollständig. Auch können wir in vollkommen virtuellen Situationen Gefühle evozieren, nämlich durch äußere künstliche Stimulation (Filme, Schauspiele, Bücher) oder durch die Erinnerung an Vergangenes. Es ist kein Zufall, dass die großen Filmgattungen nach emotionalen Kriterien eingeteilt werden (Thriller, Drama, Komödie usw.). Filme bescheren uns in viel größerem Maß Emotionen als etwa Erkenntnisse.

In den folgenden Kapiteln wird der Frage nachgegangen, ob die Unmittelbarkeit, Intensität und Anpassungsfähigkeit unserer emotionalen Mechanismen unsere rationalen Systeme der Entscheidungsfindung zu überwältigen drohen, wie weithin angenommen wird, oder ob sich diese beiden Mechanismen nicht vielmehr gegenseitig ergänzen und unterstützen.

TEIL I

Unmut und Selbstbindung

1
Wozu sich aufregen? Emotionen als Antrieb zur Selbstbindung

Nachdem ich im Herbst 2008 an der Stanford University einen Vortrag gehalten hatte, nahm ich mir ein paar Stunden frei, um mir die Klippen über dem Pazifik nördlich von San Francisco anzuschauen. Während ich in der Abenddämmerung auf den Ozean hinausblickte, erfüllte mich das herrliche Naturpanorama mit einer tiefen Sehnsucht. Am Strand unterhalb des Felsens, auf dem ich stand, wurde in kleinem Kreis eine Hochzeit gefeiert. Das glückliche Paar und ein junger Geistlicher standen am Wasser, dicht daneben ein fein herausgeputztes Grüppchen. Meine Gedanken wanderten von den blauen Fluten des Meeres und den roten Flammen des Abendhimmels zu meiner Frau und meinem Kind, die ich seit zwei Wochen nicht gesehen hatte. In das Gefühl der Sehnsucht mischten sich auf seltsame Weise die Freude über das Privileg, eine liebevolle Familie zu haben, und der Vorwurf an mich selbst, so weit weg von zu Hause zu sein.

Wie um diese Gefühle zu verstärken, klammerte ich mich an das Geländer am Rand des Abhangs und lehnte mich weit vor, um die Bucht und die emotionsgeladene Trauung unter mir besser zu sehen. Plötzlich spürte ich, wie die dünne Balustrade – das Einzige, das mich davor bewahrte, in den tiefen Abgrund zu stürzen – wackelte und nachgab. Im Bruchteil einer Sekunde wichen meine sentimentalen Gefühle einem jähen Schrecken, der mich unvermittelt von dem Geländer wegriss. Höchstwahrscheinlich hat mir dieser Schreck das Leben gerettet, aber es kann auch sein, dass die zuvor verspürte Sehnsucht verantwortlich war für eine Entscheidung, die ich später traf: weniger häufig zu reisen und mehr für meine Familie da zu sein.

Emotionen bilden einen Mechanismus, der uns dabei hilft, Entscheidungen zu treffen. Sie wurden im Lauf der Evolution geformt und entwickelt, um unsere Überlebenschancen zu verbessern. Wäre mir nicht ein Schrecken durch die Glieder gefahren, als das Geländer, auf das ich mich stützte, zu wackeln begann, hätte ich mich wahrscheinlich noch weiter vorgebeugt, während es nachgab und herausbrach, und wäre in den Tod gestürzt. Oder wenn ich hinabgestürzt wäre und irgendwie überlebt hätte, ohne dass ein Gefühl des Bedauerns in mir aufgekommen wäre, hätte ich vielleicht die Lektion nicht verinnerlicht, die ich dadurch lernte, dass ich mich zu sehr auf ein wackliges Geländer gestützt hatte. In gleicher Weise würden wir ohne die Fähigkeit, Wut auf andere zu empfinden, der Ausbeutung leichter zum Opfer fallen und könnten im Wettstreit um knappe Ressourcen nur eingeschränkter mithalten.

Die Menschheit verfügt neben den Emotionen über einen weiteren wichtigen Mechanismus, der uns bei der Entscheidungsfindung hilft, nämlich der Fähigkeit zur rationalen Analyse. Aus einer bestimmten Sicht könnte es so erscheinen, als wäre meine Angst beim Wackeln des Geländers über dem Abhang für mein Überleben nicht erforderlich gewesen. Hätte ich sorgfältig kalkuliert, bis zu welchem Punkt das Geländer meinem Gewicht standhalten könnte, wie hoch der Felsen war und welche Folgen mein Sturz von der Klippe gezeitigt hätte, wäre ich wohl überhaupt nicht auf die Idee gekommen, mich auf das Geländer zu stützen. Unter den gegebenen Umständen waren die schnellen Reaktionen meines emotionalen Mechanismus allerdings tausendmal effizienter als die langsamen Abwägungen meines rationalen Mechanismus. Rationalität allein wäre wahrscheinlich viel zu langsam gewesen, um mit dem Leben davonzukommen.

Im Gegensatz zu Gefühlen wie Angst, Betrübtheit und Bedauern, die als *autonome Emotionen* bezeichnet werden können, sind Gefühle wie Wut, Neid, Hass und Mitgefühl *soziale Emotionen*. Sie sind per Definition interaktiv. Wut oder Mitleid empfinden wir gegenüber anderen; Bedauern hingegen empfinden wir über eigene

Handlungen. Natürlich kann uns ein anderer Mensch Angst einjagen (wobei Angst normalerweise durch das ausgelöst wird, was ein anderer Mensch uns antun kann, und nicht durch die Person an sich), aber wir brauchen keinen anderen, um Angst zu spüren. Krankheiten, Gefahren und Katastrophen oder drohendes Scheitern können von ganz allein enorme Angst auslösen.

Die Unterscheidung zwischen autonomen und sozialen Emotionen ist besonders wichtig, um den Begriff der »klugen Gefühle« zu verstehen. Autonome Emotionen beeinflussen unsere eigenen Entscheidungen, während soziale Emotionen sowohl unsere eigenen Entscheidungen als auch die anderer Menschen beeinflussen. Dies führt uns zum zentralen Element im Bezugssystem der Emotionen – ihrer Fähigkeit, Bindungen bzw. Selbstbindungen entstehen zu lassen, in uns selbst und in anderen. *Commitment* gilt inzwischen als einer der wichtigsten Begriffe in den Sozialwissenschaften. Er wird eingehend herangezogen, um ökonomisches Verhalten zu analysieren, insbesondere in Bezug auf Verhandlungstheorie und internationale Beziehungen. Der Nobelpreis für Ökonomie im Jahr 2005 wurde an Thomas Schelling vergeben, hauptsächlich für dessen Studien über Commitment.

Der Begriff »Commitment« wurzelt in der Auffassung, dass bei einem Konflikt zwischen zwei Individuen derjenige einen Vorteil erzielt, der seinem Gegenüber glaubhaft vermitteln kann, dass er auf einem bestimmten Ausgang beharren wird – sogar um den Preis, sich dabei selbst zu schaden. Konkreter gesagt: Ein Verkäufer, der einen Kaufinteressenten davon überzeugen kann, dass ein Preisnachlass für ihn nicht in Frage kommt, selbst wenn das Geschäft dadurch platzt, wird sich mit größerer Wahrscheinlichkeit durchsetzen. Dies gilt selbst dann, wenn der Kunde davon ausgeht, dass ein gescheiterter Deal für den Verkäufer nachteiliger ist als eine Verständigung auf einen niedrigeren Preis. In internationalen Konflikten ist eine Partei im Vorteil, die ihre Gegenseite davon überzeugt, dass sie selbst um dem Preis einer militärischen Auseinandersetzung auf ihren Forderungen beharren wird, sogar und vielleicht besonders dann, wenn gar kein Waffengang erfolgt.

Die Grundregel des Commitment lautet folgendermaßen: Wer sich auf einen Standpunkt festlegen will, muss wirklich bereit sein, das nötige Opfer zu bringen. Erklärungen allein reichen nicht. Wahres Commitment lässt sich nur schwer vortäuschen. Könnte man dem anderen leicht etwas vormachen, wären Drohungen umso alltäglicher und würden nicht mehr ernst genommen. Die erbitterte Gewalt, die fanatische religiöse Bewegungen und Nationen – wie etwa al-Qaida und der Iran – ausstrahlen können, beruht auf deren Bereitschaft, glaubwürdige Selbstverpflichtungen einzugehen. Die Bereitwilligkeit, das eigene Wohl und sogar Menschenleben für eine religiöse Idee zu opfern, ist eine starke Kraft, die diesen Bewegungen und Nationen wirksame Druckmittel liefert.

Die germanischen Stämme, die einst den Rhein überquerten und das Römische Reich angriffen, konnten ihre Feinde von ihrer eigenen Entschlossenheit überzeugen, indem sie buchstäblich die Brücken hinter sich abrissen. Damit machten sie klar, dass ein Rückzug für sie nicht in Frage kam. In unserer heutigen Zeit sind Emotionen ein wertvolles Instrument, um in einer Vielzahl alltäglicher Konflikte Verhandlungsdruck ausüben zu können. Wer beispielsweise seinem Ärger Ausdruck verleiht, zeigt, dass er bereit ist, Verletzungen oder Kränkungen scharf entgegenzutreten, sogar wenn er sich dabei selbst Schaden zufügt, indem er etwa einen Faustkampf anzettelt. Wären wir ausschließlich rational, könnten wir unsere Gegner nicht so leicht abschrecken.

Ein Beispiel soll den Nutzen kluger Gefühle veranschaulichen. Stellen Sie sich vor, Sie finden sich am Ende eines Auslandsurlaubs am Flughafen ein. Eine halbe Stunde vor der geplanten Einsteigezeit werden Sie davon unterrichtet, dass der Flug ausfällt. Es bleibt Ihnen nichts anderes übrig, als eine Nacht im Hotel zu verbringen und sich am nächsten Tag erneut zum Flughafen zu begeben. Nun stellen Sie sich des Weiteren zwei unterschiedliche Szenarien vor. Im ersten Fall sehen Sie, wie die anderen Fluggäste um Sie herum die Situation still und leise akzeptieren und den Terminal geordnet verlassen. Die Vertreter der Fluggesellschaft entschuldigen sich nachdrücklich und bieten jedem den kostenlosen Transport zu einem Hotel der eigenen Wahl an. In diesem Szenarium würden Sie wohl kaum Ihrem Ärger Luft machen. Sie dürften eher Frust und Enttäuschung empfinden.

Nun wandeln wir das Gedankenspiel ab: Kurz nachdem Sie erfahren haben, dass Ihr Flug gestrichen wurde, begegnen Sie einer Bekannten, die denselben Flug gebucht hatte. Sie erzählt Ihnen, dass sie unmittelbar nach der Bekanntgabe schnurstracks zu den Vertretern der Fluggesellschaft ging und jenen klarmachte, dass sie den Flugausfall keineswegs stillschweigend hinzunehmen bereit sei, und verlangte, dass man sofort eine Lösung finde, damit sie noch am selben Tag nach Hause fliegen könne. Daraufhin, so erklärt Ihre Freundin stolz, habe die Airline sogleich eine andere Fluggesellschaft kontaktiert und sie auf einen Flug gebucht, der in einer Stunde starte.

Ich schätze, dass Ihre emotionale Verfassung im zweiten Szenarium gänzlich anders aussehen würde als im ersten. Das Adrenalin in Ihrem Blutkreislauf würde rapide steigen. Und wenn Sie am Schalter der Airline aufmarschieren, um die gleiche Lösung zu fordern wie Ihre Bekannte, dürften Sie Zeichen sichtbarer Verärgerung aufweisen. Im Grunde würden Sie nicht nur *Zeichen* von Verärgerung aufweisen, sondern *echt sauer* sein. Die bewusste oder unbewusste Erkenntnis, dass Verärgerung nützlich sein dürfte, um Ihr Ziel zu erreichen, würde in Ihnen Ärger aufkommen lassen.

Die Verärgerung im zweiten Planspiel versetzt Sie in die Lage, glaubwürdige Drohungen auszusprechen. Wenn Sie gegenüber der Fluggesellschaft Ihre Absicht bekunden, jene zu verklagen, falls keine sofortige Lösung gefunden wird, dürfte Ihr Gefühlszustand die Glaubwürdigkeit Ihres Ultimatums verstärken. Wer hingegen allein auf der Grundlage rationaler Abwägungen handelt, würde schließlich kaum die erforderliche Zeit und das Geld aufbringen, um wegen solch einer Bagatelle vor Gericht zu ziehen. Im ersten

Szenarium hingegen würde Verdruss wenig nützen und dürfte somit weniger wahrscheinlich aufkommen.

Der Prozess, durch den im zweiten Planspiel das Gefühl der Verärgerung entsteht, ist eine erstaunliche Interaktion zwischen dem kognitiven Teil des Gehirns und dem limbischen System, das für die Gefühlssteuerung zuständig ist. Dieser Prozess spielt sich in jenem Teil des Gehirns ab, der als präfrontaler Cortex bezeichnet wird und sich in der evolutionären Entwicklung des menschlichen Gehirns erst recht spät herausbildete und bei anderen Lebewesen praktisch nicht existiert.

Allerdings können auch positive Gefühle Commitment zum Ausdruck bringen. Durch Liebe und Bewunderung kann ich anderen bekunden, dass ich ihnen zur Seite stehe und für sie da bin, selbst um einen hohen Preis – und kann so deren Verhalten mir gegenüber beeinflussen. Gefühle müssen glaubwürdig sein, zumindest in einem gewissen Maß, wenn sie uns dabei helfen sollen, glaubhafte Bindungen einzugehen. Manche Menschen können Emotionen recht überzeugend »schauspielern«, doch statistisch kommt dies in der Allgemeinbevölkerung eher selten vor. Wenn wir alle unsere Emotionen vollkommen vortäuschen könnten, bestünde überhaupt nie ein Grund, ernsthaft auf die Gefühlsreaktionen anderer einzugehen, und es gäbe auch keinen evolutionären Vorteil für authentische emotionale Reaktionen. Begabte Bühnen- und Filmschauspieler mimen Charaktere in gefühlsgeladenen Situationen, indem sie vor allem echte emotionale Reaktionen in sich hervorrufen. Dabei hilft es ihnen häufig, sich an entsprechende emotionale Situationen in ihrer persönlichen Vergangenheit zu erinnern. In gewisser Hinsicht wird uns dabei nichts »vorgespielt«, sondern gleichsam »nachgespielt«. Mit dem Thema »Glaubwürdigkeit« werden wir uns in später folgenden Kapiteln noch eingehender befassen.

Nicht jede emotionale Reaktion, die wir zeigen, hat eine rationale Basis. Genau genommen fehlt den meisten Gefühlsreaktionen vermutlich eine rationale Grundlage. In vielen Fällen könnten unsere Emotionen uns möglicherweise schaden, und die Fähigkeit, Gefühle strategisch einzuspannen, ohne dass wir uns dessen überhaupt bewusst sind, ist eine wunderbare menschliche Eigenschaft. Meist erfordert der Einsatz rationaler Gefühle keinerlei Raffinesse. In der Tat schneiden Kinder hier häufig besser ab als Erwachsene. Ein Kind, das auf dem Spielplatz hinfällt und sich leicht aufschürft, wird eher schreien, wenn seine Mutter in Sichtweite ist. Ist die Mutter nicht in der Nähe, wird es sich höchstwahrscheinlich lautlos aufrappeln und weiterspielen. Es könnte das Weinen sogar so lange zurückhalten, bis es die Mutter sieht. Selbst vollkommen spontane Emotionen werden in entscheidender Weise durch äußere Gegebenheiten beeinflusst. Ein besonderer Umstand – beispielsweise das hörbare Ticken einer Uhr – kann unter bestimmten Bedingungen anregend sein (etwa am Ende eines Schultages), in anderen Fällen hingegen nervend (zum Beispiel im Wartezimmer einer Arztpraxis). Wir können für einen bestimmten Menschen unter gewissen Umständen Empathie oder Sympathie empfinden, unter anderen Umständen jedoch Verachtung oder Groll.

Rationale Emotionen und Commitment werden als Taktik besonders häufig beim Handeln und Verhandeln eingesetzt. In vielen ganz alltäglichen Verhandlungssituationen lassen sich Emotionen wie Rage und Hohn, aber auch Mitgefühl ausmachen. Sie beeinflussen die relative Verhandlungsstärke des Verhandlungsführers. Wenn ein Gewerkschaftsboss öffentlich erklärt, das letzte Angebot der Gegenseite sei beschämend, stärkt er damit die Position der Gewerkschaft. Solche Erklärungen sind jedoch meist nur reine Rhetorik; die Aussage selbst ruft bei den Gewerkschaftlern und an der Arbeitnehmerbasis die gewünschte Empörung hervor. Dies hat zur Folge, dass jedes Abweichen von der ursprünglichen Ablehnung des Angebots die Gewerkschaft teuer zu stehen kommt und den Tarifpartner zu einem besseren Angebot zwingt.

Beim Verhandeln sind die Menschen ungleich begabt. Manche Unterschiede im Verhandlungsgeschick rühren daher, dass nicht jeder Mensch rationale Emotionen gleich gut hervorrufen und steuern bzw. beim Gegenüber erkennen und deuten kann. Zum Thema praktisches Verhandlungsgeschick gibt es unzählige Bücher und Kurse an führenden Wirtschaftsakademien, die allesamt fordern, während des Verhandelns Emotionen fast vollständig zu ignorieren. Gegen diese Auffassung hege ich ernsthafte Vorbehalte.

In einem interessanten Experiment hat Maya Tamir von der Psychologischen Fakultät der Hebrew University in Jerusalem bei Probanden mit Hilfe von Musikeinspielungen bestimmte Gefühlszustände hervorgerufen.[1] Einige der Musikstücke wirkten sich beruhigend aus, andere hingegen anregend oder sogar irritierend aufstachelnd.

Tamir teilte die Probanden in zwei Gruppen ein. Die Mitglieder der einen Gruppe hatten jeder für sich die Aufgabe, über die Aufteilung einer Geldsumme zu verhandeln; die Teilnehmer der anderen Gruppe widmeten sich kollektiv einer Aufgabe, die Kooperation verlangte. Vor Erfüllung dieser Aufgaben wählten die Probanden ein kurzes Musikstück aus, das sie sich anhörten. Tamir fand Folgendes heraus: In der Gruppe, die über die Geldaufteilung verhandeln sollte, war der Prozentsatz jener, die irritierende Musik auswählten, signifikant höher als in der anderen Gruppe. Außerdem erzielten jene Teilnehmer der Verhandlungsgruppe, die sich irritierende Musik anhörten, erheblich bessere Ergebnisse verglichen mit jenen, die beruhigende Musik wählten, und steckten viel höhere Geldbeträge ein.

Wer verhandelt, hat Vorteile, wenn er in maßvoller Weise emotionale Reaktionen mit einbezieht; ebenso wichtig ist es jedoch, diese Gefühle zu kontrollieren und zu regulieren. So manche Verhandlung scheitert, obwohl für beide Seiten eine vorteilhafte Einigung offensteht und sogar greifbar ist. Dies geschieht gewöhnlich, wenn eine der Parteien (oder beide) sich auf eine Position versteift und an eine (emotionsbedingte) Selbstverpflichtung gebunden fühlt, die für die Gegenseite inakzeptabel ist. Die chronischen Krisen bei den Friedensverhandlungen zwischen Israelis und

Palästinensern sind ein treffendes Beispiel für dieses Phänomen. Statt dass Emotionen den Verhandlungen dienen, beherrschen sie diese, und die Bekundungen von Ressentiments und Misstrauen werden übermächtig und vereiteln jeden Versuch, einen annehmbaren Kompromiss zu finden.

Bisher haben wir uns auf Bindungen bzw. Verpflichtungen gegenüber anderen konzentriert. Interessanterweise nutzen wir einen ähnlichen Mechanismus, um uns gegenüber uns selbst zu verpflichten. Häufig handeln wir in der Gegenwart in einer Weise, die sich auf unser Verhalten in der Zukunft auswirkt. Ein treffendes Beispiel ist der Erwerb einer Mitgliedschaft in einem Fitnessstudio. Die hohen Kosten, die damit einhergehen, schaffen eine Selbstverpflichtung, die Trainingseinrichtungen auch wirklich zu nutzen. Ein anderes Beispiel beruht auf der obsessiven Häufigkeit, mit der viele von uns eingehende E-Mails prüfen, worunter die geistige Konzentration bei der Arbeit leidet; eine beliebte App ermöglicht es dem Benutzer, sich für einen festgelegten Zeitraum vom E-Mail-Zugang abzukoppeln. Hat man sich einmal für eine bestimmte Zeitspanne zur E-Mail-Ausschaltung verpflichtet, lässt sich diese nicht wieder aufheben; der Zugang ist erst wieder möglich, wenn die Sperrzeit abgelaufen ist. Dies könnte auf den ersten Blick als höchst irrational erscheinen; wir selbst beschneiden unsere Handlungsfreiheit und berauben uns freiwillig gewisser Entscheidungsmöglichkeiten, über die wir andernfalls verfügen würden. In den genannten Beispielen ziehen wir es jedoch vor, uns einzuschränken, anstatt größere Freiheiten zu nutzen, weil ein grundlegendes Missverhältnis zwischen unseren langfristigen Zielen und unmittelbaren Wünschen besteht (Letztere werden oft als »Versuchungen« bezeichnet). Unser langfristiges Anliegen besteht etwa darin, in körperliche Hochform zu kommen, indem wir so häufig wie möglich im Fitnessstudio trainieren, während uns das unmittelbare Verlangen vielleicht eher in das nächstgelegene Speiselokal lockt. Durch Selbstverpflichtung erhöhen wir den Preis und die Hürde, der unmittelbaren Wunschbefriedigung nachzugeben.

Häufig nutzen wir eine Selbstverpflichtung, ohne dies überhaupt zu merken. Wenn ich beschlossen habe, eine strenge Diät einzuhalten, um abzunehmen, werde ich es intuitiv vermeiden, ein *All-you-can-eat*-Restaurant überhaupt aufzusuchen. Und wenn ich mir das Rauchen abgewöhnen will, teile ich dies all meinen Freunden und Bekannten mit und verbinde somit jeden Rückfall mit einem schrecklichen Preis: der Blamage des Scheiterns vor aller Welt.

Das Phänomen der Selbstverpflichtung nimmt sowohl in der theoretischen als auch in der empirischen Wirtschaftsforschung eine bedeutende Stellung ein. Es bildet auch die Grundlage für unser Verständnis des Sparens. Praktisch jede Entscheidung im Zusammenhang mit Sparen birgt einen Aspekt der Selbstverpflichtung, denn in der Regel sind wir ständig versucht, lieber heute Geld auszugeben als den Konsum in ferne Zukunft zu verschieben.

So spielen Ärger und Scham auch in der Finanzverantwortung und selbst im Weltgeschehen eine entscheidende Rolle. Es ist denkbar, dass die jüngste Schuldenkrise, die die Volkswirtschaften vieler Länder weltweit einbrechen ließ, von einem allgemeinen Mangel an Selbstverpflichtung herrührte, sowohl seitens Einzelner als auch ganzer Regierungen. Wären die Betreffenden bloß weniger kalkulierend und dafür emotionaler gewesen, wäre die Geschichte vielleicht besser ausgegangen.

2

Warum wir unsere Folterknechte lieben – das Stockholm-Syndrom und der Nazilehrer

Am 23. August 1973 drang eine Gruppe von Gangstern in eine Filiale der schwedischen *Kreditbanken* im Zentrum von Stockholm ein und verschanzte sich dort. Fünf Tage lang hielten die Räuber etliche Bankangestellte im Keller als Geiseln fest, bevor sie sich der Polizei ergaben. In der Folge trat ein sehr seltsames Phänomen auf. Die meisten der Bankangestellten, die den Alptraum der Gefangenschaft durchleiden mussten, bekundeten in Presseinterviews Sympathie und Rückhalt für die Geiselnehmer. Einige boten sich sogar als Leumundszeugen für deren Verteidigung im anschließenden Gerichtsverfahren an.

Ungefähr ein Jahr nach diesen Ereignissen wurde Patricia Hearst, die Enkelin des Medienmoguls William Randolph Hearst, von einer Gruppe entführt, die sich als Symbionese Liberation Army (SLA) bezeichnete und zur Unterstützung linksradikaler Anliegen Terrorakte plante, vergleichbar mit den Aktionen der italienischen Roten Brigaden und der Roten Armee Fraktion (RAF) unter Andreas Baader und Ulrike Meinhof in Deutschland. Nach zwei Monaten Gefangenschaft beschloss Patty Hearst, sich auf die Seite ihrer Entführer zu schlagen, und gab eine Erklärung an die Presse, in der sie sich von ihrer Familie distanzierte und sich als Mitglied der SLA ausgab. Kurz darauf wurde Hearst bei einem gescheiterten Banküberfall mit einigen anderen SLA-Mitgliedern festgenommen.

Diese beiden sowie ähnliche Vorfälle gaben Psychologen und Psychiatern Anlass, ein neues psychisches Phänomen zu umschreiben, das als Stockholm-Syndrom (bzw. Hearst-Syndrom) bezeichnet wird. Evolutionspsychologen neigen dazu, das Stockholm-Syndrom als Verhaltensphänomen zu betrachten, das sich in der frühen Geschichte der Menschheit herausbildete. Die Standarderklärung für die Ursprünge dieses Verhaltens lautet folgendermaßen: In frühen Jäger- und Sammlergesellschaften kämpften einzelne Stämme gegeneinander um einen beschränkten Bestand an Nahrung, was häufig zu Konflikten zwischen einzelnen Clans führte. Dabei kam es nicht selten vor, dass Männer weibliche Mitglieder rivalisierender Stämme entführten. Die natürliche Selektion begünstigte Frauen, die sich in das neue gesellschaftliche Umfeld integrierten; sie überlebten und gebaren ihren Entführern sogar Kinder. Frauen, die sich emotional nicht mit ihren Kidnappern identifizieren konnten, überlebten gewöhnlich nicht, und selbst wenn sie ihr Los ertrugen, hatten sie meist keine Nachkommen.

Ich halte diese Erklärung für nicht vollkommen befriedigend. Erstens betrifft das Stockholm-Syndrom Frauen und Männer gleichermaßen. Zweitens ist die evolutionsbezogene Erklärung viel zu eng und begrenzt, verglichen mit den vielfältigen Ausdrucksformen des Syndroms.

Das Stockholm-Syndrom ist lediglich die extremste Manifestation eines umfassenderen Syndroms, an dem wir alle bis zu einem gewissen Grad leiden: In Beziehungen zu Autoritätspersonen neigen wir dazu, positive Gefühle zu diesen zu entwickeln. Menschen halten häufig an diesen positiven Gefühlen fest, selbst wenn sie seitens jener, die Macht über sie haben, ungerecht oder verletzend behandelt werden. Je weniger sie imstande sind, ihre Lage zu ändern, desto stärker bekunden sie positive Gefühle gegenüber der Autoritätsperson und geben sich selbst die Schuld für Übergriffe. Es ließen sich zahllose Beispiele nennen: Misshandelte Frauen, die sich nicht von ihren gewalttätigen Männern trennen; unerträgliche Vorgesetzte, deren Schikanen von den Untergebenen in unerklärlicher Weise toleriert werden; wichtige Kunden, denen man arrogantes und selbst erniedrigendes Verhalten durchgehen lässt.

Es geht mir hier nicht um Situationen, in denen wir uns vollkommen bewusst sind, dass wir gedemütigt werden, uns aber aus taktischen Gründen zusammenreißen, weil uns klar ist, dass die Bekundung von Unmut kontraproduktiv wäre. Es geht mir um Fälle, in denen wir für gefährliche Individuen eine perverse Sympathie empfinden oder deren Handlungen vollkommen ignorieren, bloß weil die Betreffenden eine Autoritätsstellung innehaben. Einem einstweiligen Vorgesetzten oder einem unwichtigen Kunden hingegen würden wir sofort die Meinung sagen, wenn der Preis für diese Reaktion nicht zu hoch ist.

Wenn die Machtverhältnisse besonders ungünstig für uns sind, wirkt unser emotionaler Mechanismus in vielen Fällen mit dem kognitiven Mechanismus zusammen, um Gefühle wie Empörung oder Wut zu unterbinden. Dies ist rationales emotionales Verhalten, das in der richtigen Dosierung unsere Überlebenschancen erhöhen kann. In extremen Situationen – etwa bei misshandelten Frauen – kann ebendieses Verhaltensmuster für die Betroffenen jedoch ausgesprochen nachteilig sein. Unser emotionaler Mechanismus übersteigert auch das Maß, in dem wir Autoritätspersonen gegenüber Dankbarkeit für kleine und unbedeutende positive Gesten empfinden. Dadurch können wir solchen Gesten eine übermäßige Bedeutung beimessen und ein unbegründetes Vertrauen in die Freundlichkeit und Anständigkeit der Autoritätsperson entwickeln. Hierin liegt das Erfolgsgeheimnis der Verhörmethode in den Rollen »guter Bulle, böser Bulle«. Wenn der »böse Bulle« seinen Part gespielt hat, ohne dem Tatverdächtigen ein Geständnis zu entlocken, tritt plötzlich wie ein Engel der »gute Bulle« auf, der es gut mit dem Verdächtigen meint und jenem Kaffee oder Zigaretten anbietet.

Die emotionale Macht solch kleiner Gesten, selbst von Seiten besonders einschüchternder Autoritätspersonen (und vielleicht gerade von solchen), lernte ich durch eine Geschichte zu ermessen, die mir mein Vater erzählte. Mein Vater, Hans Winter, war 1932 der einzige jüdische Schüler an der Immanuel-Kant-Grundschule im ostpreußischen Königsberg. Besonders lebhaft erinnerte er sich an seinen Geschichtslehrer, Dr. Gruber, einen frommen Katholiken und begeisterten Anhänger der Nationalsozialisten. Gruber setzte sich weitgehend über den offiziellen Lehrplan der Weimarer Republik hinweg und zog seinen eigenen durch – ein virulent antisemitisches und rassistisches Curriculum, wonach Germanien die Wiege der menschlichen Zivilisation und die Juden Nachfahren der Neandertaler waren. Ihm war durchaus bewusst, dass der kleine Hans Jude war, und fand großen Gefallen daran, ihn vor den anderen Schülern zu demütigen. Einmal musste mein Vater vor die Klasse treten und erzählen, wie es zur Kreuzigung Jesu gekommen war. Gruber setzte sich auch über das strenge Verbot politischer Kundgebungen an den Schulen der Weimarer Republik hinweg. Seine Veranstaltungen zugunsten der Nationalsozialisten, die er während der Schulzeit groß aufzog, wurden allmählich zur Routine, und als Hans dies einmal zu Hause zögerlich erwähnte, drohte Gruber beinahe seine Stellung zu verlieren. Danach ließ er Hans weniger häufig vor die Klasse treten, aber er ließ den Jungen nie aus den Augen.

Anfang Februar 1933 inszenierte Dr. Gruber an der Schule eine große Feier zu Hitlers Ernennung zum Reichskanzler. Die Eindämmung politischer Aktivitäten an Schulen, die unter der vorigen Regierung gegolten hatten, wurden über Nacht aufgehoben. Punkt acht Uhr früh wurden Hakenkreuzflaggen ausgeteilt. Der kleine Hans war zugleich besorgt und empört und spürte starke Widerstände, an der Parade teilzunehmen. Er übergab die Flagge, die er tragen sollte, dem Jungen vor ihm und stahl sich davon.

Hans flüchtete vom Aufmarschplatz in das Schulgebäude und versteckte sich in der Toilette. Aus einer der Kabinen hörte er jemanden die Nazihymne singen. Noch bevor er die Stimme erkannte, flog die Tür der Kabine auf, und vor Hans stand Dr. Gruber in frisch gestärkter SA-Uniform.

Hans machte sofort kehrt und rannte weg, so schnell er konnte. Gruber jagte ihm hinterher, während er noch versuchte, seinen Hosenschlitz zuzuknöpfen. »Hans Winter, bleib stehen!«, brüllte

Gruber aus vollem Hals. Hans dachte nicht im Traum daran und lief noch schneller. Er rannte vom Schulhof in die geschäftigen Straßen der Stadt; er glaubte, wenn er das Büro des Weizenexportgeschäfts seines Onkels, das knapp einen Kilometer von der Schule entfernt war, erreichen konnte, bevor Gruber ihn schnappte, wäre er in Sicherheit. Es war auch durchaus möglich, dass Hans' Vater dort war, und wenn der mitbekam, wie Gruber mit dem Jungen umsprang, würde er dafür sorgen, dass Hans den Tyrannen nie mehr wiedersehen müsste.

Die Straßen waren an jenem frostigen Tag von einer dicken Eisschicht bedeckt. Bereits nach wenigen Metern rutschte Hans aus und fiel zu Boden, wobei er sich am Bein verletzte. Während er flach auf dem Rücken lag und vor Schmerz stöhnte, hörte er seinen keuchenden Lehrer nahen. Hans ging fest davon aus, dass sich Gruber sofort auf ihn stürzen und ihn mit seinem massigen Körper zerquetschen würde; hilflos drohte er Grubers ganzer Rache ausgeliefert zu sein.

Was dann geschah, hatte – zum Guten oder zum Schlechten – einen weitaus größeren Einfluss auf die Persönlichkeit meines Vater als jedes andere Ereignis in jenem schicksalhaften Jahr, in dem die Nationalsozialisten in Deutschland die Macht ergriffen.

Gruber näherte sich behutsam dem kleinen Hans, der inzwischen alles daransetzte, sich tot zu stellen, und richtete ihn auf. »Hans, was ist passiert?«, fragte er flüsternd. »Zeig mir, wo es dir wehtut.« Gruber umarmte Hans warmherzig und untersuchte den verletzten Fuß des Jungen. Hans beäugte Gruber misstrauisch, gab aber mit einem Kopfnicken zu verstehen, dass der Schmerz bereits nachließ. Gruber half Hans wieder auf die Beine, strich ihm über den Kopf und deutete auf ein nahegelegenes Café. Als Gruber ihm einen heißen Tee und ein Stück Schokoladenkuchen spendierte, blickte Hans argwöhnisch über den Tisch.

Gruber lehnte sein Kinn auf die verschränkten Unterarme und blickte Hans aus gleicher Höhe an. Er erklärte ihm, er sei ihm nachgelaufen, um sich mit ihm zu versöhnen, nicht um ihm wehzutun. »Als Erzieher und als dein Klassenlehrer fühle ich mich für deine Gesundheit und dein Wohl an unserer Schule verantwortlich. Niemand kann dir etwas zuleide tun, kein Schüler, kein Lehrer, niemand. Versprich mir, es mir zu sagen, wenn irgendjemand versucht, dir etwas zu tun.« Gruber beteuerte, unter Adolf Hitler als Führer werde das neue nationalsozialistische Deutschland von Respekt, Gerechtigkeit und Anstand geprägt sein. Nachdem er seine Ansprache beendet hatte, wandte er sich in aller Ruhe dem Kuchen zu, den er für sich selbst bestellt hatte.

Ich habe diese Geschichte viele Male aus dem Munde meines Vaters vernommen. Immer wenn er die Szene in dem Café schilderte, wurden seine Augen feucht und seine Stimme versagte. Lag dies an den allgemeinen Erinnerungen daran, wie sehr er in seinem letzten Jahr an der Schule in Deutschland gelitten hatte, oder vielleicht an der tiefen Angst, die ihn gepackt hatte, als Gruber – sicherlich ein niederträchtiger Mensch – ihn verfolgte? Ich glaube, keines von beiden war der Grund. Ich denke, mein Vater reagierte so, weil ihm an einem höchst unerwarteten Ort, zum unvermutetsten Zeitpunkt von demjenigen, von dem er dies am allerletzten erwartet hätte, eine freundliche Geste zuteilwurde. Er betrachtete Gruber in dem Moment offenbar als eine Art rechtschaffenen Menschen.

Wie konnte der erbärmliche Tyrann, der sich ausnahmsweise einmal anständig verhielt, diese Reaktion verdienen? Ich habe es nie gewagt, dies meinen Vater direkt zu fragen, doch anscheinend betrachtete er seinen Lehrer jahrelang mit Empathie, eben *weil* jener gemein war, und nicht *trotz* seines miesen Charakters und Gebarens.

Die emotionale Reaktion meines Vaters war eine gemäßigte Ausdrucksform des Stockholm-Syndroms. Als kleiner Junge unterstand er der Autorität eines Lehrers, der ihm in der schrecklichen Zeit der frühen NS-Herrschaft das Leben schwer machte. Die Empathie, die dieser Lehrer gegen einen äußerst geringen Preis von seinem Schüler empfing, entsprang einem klugen Gefühl, das meinen Vater schützte und es ihm ermöglichte, seine letzten, schwierigen Monate in Deutschland durchzustehen. Eine bestimmte Emotion mag zu einem besonderen Zeitpunkt rational sein, aber sie kann sich auch tief in uns verwurzeln und jahrzehntelang bestehen bleiben, auch wenn sie uns längst nicht mehr schützt und nützt.

3

Emotionale Blender, Empathie und Onkel Ezras Pokerface

Die Wirksamkeit rationaler Emotionen hängt in hohem Maße davon ab, ob andere Menschen solche Emotionen erkennen können und – was sogar noch wichtiger ist – ob sie von deren Aufrichtigkeit überzeugt sind. Niemand kann einen daran hindern, im Laufe langwieriger Verhandlungen Ärger zu empfinden, aber wenn man versteckten Unmut hegt, den die andere Seite nicht bemerkt, bringt einem das nur Magengeschwüre und keinen Verhandlungsvorteil ein. Ebenso wenig nützt einem das Bekunden künstlichen Missmuts, den die Gegenseite sofort als unecht entlarvt; dies kann sich sogar negativ auswirken. Authentizität lautet die Devise.

Mein ehemaliger Student, Meir Meshulam, besuchte einmal mit ein paar Freunden einen Kumpel. Am späteren Abend beschlossen die jungen Männer, Pizza zu bestellen. Die Pizza wurde aber nicht geliefert. Die Freunde saßen herum und entwickelten immer mehr Frust. Als der Vater eines der Jungen vorbeikam, fragte er ganz gefasst, ob sie bei der Pizzeria nachgefragt und dem Lieferservice Dampf gemacht hätten. Die Burschen erwiderten, sie hätten angerufen, aber es habe geheißen, die Pizza werde gerade erst zubereitet.

Der Mann beschloss, den Jungen eine Lektion in Sachen Durchsetzungsvermögen zu erteilen. Er rief die Pizzeria auf der Stelle selbst an. Sein anfangs ruhiges Auftreten wich plötzlich einer deutlichen Entrüstung, als er in den Hörer brüllte und beteuerte, wenn die Pizza nicht binnen fünf Minuten da sei, wäre dies die letzte Bestellung dieses Haushalts. Es mochte so scheinen, als sei der Zorn, den er während des Telefonats zum Ausdruck brachte, vollkommen aufgesetzt gewesen, besonders angesichts der Ruhe, die er noch kurz zuvor ausgestrahlt hatte, doch nachdem er aufgelegt hatte, platzte ihm ein wirklich verärgertes »Scheißkerle!« heraus. Die Pizza traf vor Ablauf einer Viertelstunde ein.

Worauf ich hinauswill, ist die Tatsache, dass wir manchmal bewusst authentische Gefühle evozieren können, und sei es aus strategischen Gründen. Vor ein paar Jahren interviewte mich der Nachrichtenkanal Al Jazeera für eine Sendung über Forschung und Bildung in Israel. Ich freute mich über die Gelegenheit, unter den arabischen Zuschauern des Fernsehsenders vielleicht ein wenig Sympathie für Israel wecken zu können. Dies war im Grunde mein Hauptinteresse an dem Interview.

Das Gespräch dauerte etliche Stunden; nach einigen Fragen zur Spieltheorie erörterten wir den Erfolg des Center for the Study of Rationality, das ich damals leitete. Irgendwann schwenkten die Reporter jedoch auf persönlichere Themen um. Sie wollten etwas über meine Familie wissen: Wo wurden meine Eltern geboren? Wann kamen sie nach Israel? Bekam ich als Kind etwas von der Geschichte Palästinas mit? Ich erklärte stolz, dass die Familie meiner Mutter seit sechs Generationen in Jerusalem ansässig sei, und schilderte ausführlich die Geschichte meines Vaters und seiner Flucht aus dem nationalsozialistischen Deutschland. Ich erzählte, dass mein Vater und sein Bruder 1933 ohne ihre Eltern Deutschland verlassen mussten und auf einer beschwerlichen und gefährlichen Route allein durch Europa irrten, bis sie nach Triest gelangten und von dort auf einem Schiff nach Palästina reisten. Ich beschrieb, wie schwer es meinem Vater – als Kind einer wohlhabenden jüdischen Familie aus Deutschland – anfangs fiel, in der völlig fremden Umgebung zurechtzukommen. Und schließlich sprach ich von dem Trauma, das er später erlitt, als er erfuhr, dass seine in der Heimat gebliebenen Verwandten in den Todeslagern der Nazis ermordet worden waren.

Diese Familiengeschichte hatte ich zuvor schon Dutzende Male Freunden und Verwandten erzählt, beinahe ohne jede Gefühlsregung. Als ich aber vor der Al-Jazeera-Kamera saß, konnte ich die Tränen nicht unterdrücken. Im Nachhinein wurde mir klar, dass ich mich unterbewusst emotionaler gestimmt hatte, um bei den Zuschauern Sympathie zu wecken. Doch nichts davon war künstlich; der Gram, der mir Tränen in die Augen trieb, war vollkommen authentisch.

Vor kurzem führte ich am Center for the Study of Rationality ein gemeinsames Laborexperiment mit Meir Meshulam und anderen Forschern durch.[1] Dabei sammelten wir über Elektroden, die an der Haut der Probanden befestigt wurden, verschiedene Daten, vor allem Puls und Hautleitwerte, um die emotionale Spannung zu messen.

Die Probanden sollten ein einfaches Spiel für zwei Teilnehmer spielen, das sogenannte »Diktatorspiel«. Bei diesem Spiel erhält ein Akteur (der »Diktator«) eine bestimmte Geldsumme, sagen wir 100 Euro. Die Spielanleitung lautet, dass der Diktator die Wahl hat, einen Teil des Geldes an den anderen Spieler abzutreten oder aber alles zu behalten; die Entscheidung bleibt ganz allein dem Diktator überlassen, je nachdem wie großzügig er sich zeigen möchte. Wir interessierten uns für die emotionale Reaktion der Probanden, welche die passive Rolle übernahmen; sie waren es, die mit dem Messgerät verbunden waren.

Die Spielteilnehmer wurden in drei Gruppen mit jeweils unterschiedlichen Vorgaben eingeteilt. Den Mitgliedern der ersten Gruppe sagten wir, unser Apparat könne den Erzürnungsgrad messen. Ferner teilten wir ihnen mit, wir würden sie entschädigen, falls sie vom Diktator nur einen kleinen Betrag erhielten. Die Höhe der Entschädigung sei proportional zum Grad des Zorns, den wir messen würden, wenn der Diktator nur eine geringe Summe abtrete. Je verärgerter sie wären, desto mehr Geld würden sie insgesamt einstreichen.

Der zweiten Gruppe erklärten wir, unser Gerät messe den Grad der Zufriedenheit, die sie empfänden, wenn sie vom Diktator eine große Summe erhielten. Zudem würden wir sie belohnen, falls wir bei ihnen Zufriedenheit messen könnten, wobei die Belohnung proportional zu ihrem Zufriedenheitsgrad ausfiele. Die dritte Gruppe wurde in ähnlicher Weise dazu angereizt, völlig ruhig zu bleiben, wenn sie erfuhren, wie viel Geld ihnen der Diktator abtrete.

In der Abbildung sind die emotionalen Reaktionen der Teilnehmer an unserem Experiment dargestellt. Die Gefühlsreaktionen wurden sowohl durch das Gerät zur Messung des Hautleitwertes als auch mit Hilfe von Fragebögen erfasst. Diese Fragebögen enthielten indirekte Fragen, wie sie seit Jahrzehnten erfolgreich verwendet werden, um Gefühlszustände zu ermitteln.

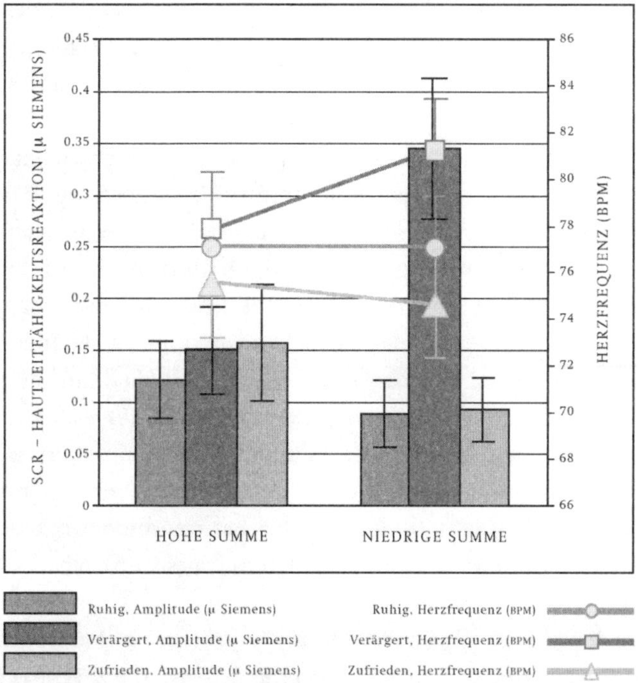

Wie die Abbildung erkennen lässt, reagierten die Probanden deutlich auf die Anreize. Die Teilnehmer der ersten Gruppe zeigten sich ausgesprochen verärgert, wenn sie wenig Geld bekamen. Andererseits führte ein geringer Betrag nicht zu ausgeprägter Verstimmung, wenn die Spieler dazu angespornt worden waren, Zufriedenheit zu zeigen. Interessanterweise stellten wir zudem fest, dass die Probanden der zweiten Gruppe viel weniger in der Lage waren, als Reaktion auf Anreize Zufriedenheit zu bekunden. Dies mag daran liegen, dass die Apparatur zur Messung der Hautleitfähigkeit weniger sensibel auf den Ausdruck von Zufriedenheit reagiert, doch es könnte auch darauf hinweisen, dass der Mensch eher in der Lage ist, auf Abruf äußere Anzeichen von Verdruss als von Zufriedenheit hervorzubringen. Obwohl Wut viel weniger angenehm ist als Wohlbehagen, ist sie deutlich wirksamer, wenn es darum geht, in sozialen Situationen Commitments einzugehen. Dies wiederum könnte bedeuten, dass die Evolution jene begünstigte, die im Bekunden von Missmut geübt waren, wodurch der Mensch insgesamt wutanfälliger wurde.

Jeder Mensch kann die Gefühlszustände anderer erkennen. Ohne diese Befähigung wären wir in unserem Interaktionsvermögen stark eingeschränkt. Unsere Fortpflanzungsfähigkeit wäre beschnitten, wenn wir nicht merken würden, ob andere uns anziehend finden. Selbst unser rein physisches Überleben, das zu einem großen Teil von unseren gesellschaftlichen Beziehungen abhängt, wäre gefährdet, wenn wir die Gefühle anderer nicht wahrnehmen und deuten könnten. Die Fähigkeit, im Gesicht des anderen Gefühle abzulesen, entwickelte sich anscheinend recht früh in der Herausbildung kognitiver Eigenschaften. Dieser Vorgang findet in der Amygdala statt, die zum limbischen (emotionalen) System des Gehirns gehört und im innersten und ursprünglichsten Teil des menschlichen Hirns liegt.

In den 1990er Jahren führten der Neurowissenschaftler Antonio Damasio und dessen Kollegen etliche Studien mit Probanden durch, deren Amygdala beschädigt war. Diese Versuchspersonen konnten problemlos Gesichter erkennen und Fotos von Gesichtern vertrauten Menschen zuordnen, doch sie waren überhaupt nicht in der Lage, Mimik zu erkennen und Gesichtsausdrücke mit Gefühlsregungen in Verbindung zu bringen.

Eine der interessantesten Entdeckungen der Hirnforschung ist die Bestimmung eines speziellen Teils des Gehirns, der als *Gyrus fusiformis* bezeichnet wird und der für die Gesichtserkennung zuständig ist.[2] Das Gesicht ist das wirksamste Mittel, mit dem der Mensch seinen emotionalen Zustand bekundet. Das folgende einfache Experiment können Sie versuchen, wenn Sie das nächste Mal in einem öffentlichen Verkehrsmittel unterwegs sind oder irgendwo in einer Schlange stehen. Starren Sie eine Person an, die Sie nicht anschaut; binnen weniger Sekunden werden Sie feststellen, dass der Betreffende direkt zu Ihnen zurückblickt. Unsere Reaktion auf ein Lächeln ist ebenfalls recht erstaunlich. Die meisten von uns erkennen sehr gut ein forciertes Lächeln, bei dem ganz andere Muskelpartien eingesetzt werden als beim natürlichen Lächeln; andererseits können die wenigsten Menschen erklären, warum ein gezwungenes Lächeln anders aussieht als ein natürliches.

In einem aufschlussreichen Experiment, das vor kurzem in Großbritannien durchgeführt wurde, zeigte sich besonders deutlich, wie wirksam ein Gesichtsausdruck ist. Die Versuchsleiter stellten in einer stark frequentierten öffentlichen Behörde einen Kaffeeautomaten auf, über dem sie ein Schild anbrachten, mit dem dazu aufgefordert wurde, für jede Tasse Kaffee in ein daneben aufgestelltes Kästchen ein Pfund zu werfen. Als man nach Ablauf einer Woche die Zahl der konsumierten Tassen und den deponierten Geldbetrag verglich, stellte man – wenig überraschend – fest, dass viele Nutzer das Schild ignoriert und sich ohne Bezahlung bedient hatten.

In der folgenden Woche brachte man über der Kaffeemaschine das Foto eines Augenpaares an, das direkt auf den Benutzer des Automaten blickte. Diese einfache Veränderung zeigte eine große Wirkung. Am Ende der Woche entsprach der Geldbetrag in der Sammelbüchse weitgehend der Menge des konsumierten Kaffees.

Um zu beurteilen, inwieweit jemand die mentale Verfassung eines anderen einschätzen kann, führte ein Forscher ein faszinierendes Experiment durch, das sich an die bekannte britische Fernseh-Gameshow *Split or Steal* (Teilen oder stehlen) anlehnte. Bei dem Spiel müssen zwei Kandidaten (A1 und A2) eine Reihe von Quizfragen beantworten. Für jede richtige Antwort wird ihnen gemeinsam ein Geldbetrag gutgeschrieben. Am Ende der Fragerunde müssen die beiden entscheiden, wie die angesammelte Summe (die manchmal bei weit über hunderttausend Pfund liegen kann) untereinander aufgeteilt werden soll. Dabei wählt jeder Spieler heimlich eine von zwei Optionen, nämlich »Teilen« oder »Stehlen«. Wählen beide »Teilen«, teilen sie die erzielte Summe gleichmäßig unter sich auf. Wählt aber einer der Kandidaten »Teilen« und der andere »Stehlen«, bekommt Letzterer alles und der andere geht leer aus. Entscheiden sich beide für »Stehlen«, schauen beide in die Röhre. Vor ihrer Entscheidung werden die Kandidaten aufgefordert, sich dreißig Sekunden lang darüber auszutauschen, was sie zu tun gedenken.

Aus rein monetärer Sicht kann es für einen Kandidaten bei *Split or Steal* nicht von Nachteil sein, sich für »Stehlen« zu entscheiden. Wählt der Mitspieler A2 »Teilen«, streicht A1 die gesamte Summe ein. Rückt der Gegner A2 hingegen mit einem »Stehlen« heraus, springt nichts dabei heraus, egal wie A1 sich entscheidet; in dem Fall ist es A1 vielleicht sogar lieber, dass der gierige ehemalige Partner ebenfalls ohne einen Penny nach Hause geht. Folgen beide Seiten diesem Gedankengang und handeln entsprechend, müssen absurderweise beide auf die Summe verzichten, die sie sich zuvor gemeinsam erstritten haben.

Ich empfehle nachdrücklich, sich Videoclips der Gameshow anzusehen, die über YouTube verfügbar sind; man kann sie unter dem Namen der Spielsendung, *Split or Steal*, aufrufen. In dem kurzen Gespräch zwischen den beiden Kandidaten legt es jeder darauf an, den anderen davon zu überzeugen, dass er nicht einmal daran denken würde, sich für »Stehlen« zu entscheiden, denn damit würde man die Ächtung Hunderttausender Fernsehzuschauer auf sich ziehen und ein für alle Mal seinen Ruf schädigen. Viele Kandidaten der Show bringen diese Behauptung sehr überzeugend vor – und offenbaren wenige Sekunden später, dass sie sich für »Stehlen« entschieden haben.

Einav Hart, eine Kollegin am Center for the Study of Rationality, wollte wissen, ob Spieler ihre Fähigkeit, die mentale Verfassung anderer zu durchschauen, verbessern und so ihre Chancen mehren können, die Entscheidung der Gegenseite richtig vorauszusagen. In einem Experiment spielte sie freiwilligen Teilnehmern Videosequenzen der Gameshow vor. Jeder Proband sollte aufgrund dessen, was in der Gesprächsrunde gesagt wurde, die Entscheidung eines Kandidaten vorhersagen; für jede richtige Prognose wurde er mit Geld belohnt. Danach sollten die Teilnehmer die Wahl des anderen Mitspielers vorhersagen; dabei wurden sie jedoch nicht mit einer Entlohnung angereizt. Hart wies nach, dass die Probanden signifikant besser dabei abschnitten, korrekte Vorhersagen zu machen, wenn sie finanzielle Anreize erhielten.

Dieses Ergebnis stand im Gegensatz zu den Befunden etlicher anderer Experimente (die überwiegend von Psychologen durchgeführt worden waren), denen zufolge nicht zuverlässig zwischen authentischen und vorgetäuschten Gefühlszuständen unterschieden werden kann. Wenn es jedoch stimmt, dass sich unsere Fähigkeit, vorgetäuschte Emotionen zu erkennen, nicht verbessern lässt, dürften sich finanzielle Anreize in keiner Weise auswirken. Die Tatsache, dass sich die Befähigung zu richtigen Voraussagen infolge monetärer Belohnung signifikant verbesserte, deutet darauf hin, dass wir tatsächlich verborgene Fähigkeiten besitzen, echte Emotionen zu erkennen. Diese Anlage erfordert anscheinend hohe Konzentration und Aufmerksamkeit, die wir eher aufzubringen bereit sind, wenn es sich lohnt. Möglicherweise wurden die Teilnehmer bei früheren Studien, die keine Hinweise auf eine Fähigkeit zur Unterscheidung echter und vorgetäuschter Emotionen lieferten, nicht ausreichend angespornt. Im Gegensatz zu Ökonomen, einschließlich jener am Center for the Study of Rationality, verwenden Psychologen bei ihren Experimenten gewöhnlich keine monetären Anreize.

In der realen Welt außerhalb von Laboratorien werden Menschen belohnt, wenn sie unehrliche Emotionen durchschauen, bzw. bestraft, wenn sie sich irren – wobei die Belohnung nicht unbedingt finanzieller Art sein muss. Daher ist der Einsatz von Anreizen, wie bei der Studie von Hart, sehr wichtig, wenn man analysieren will, inwieweit Menschen Emotionen erkennen können. Hart testete in ihrem Experiment, in welcher Weise Zuschauer der Gameshow Gefühle identifizieren können; es ist plausibel anzunehmen, dass Kandidaten der Spielshow selbst Emotionen sogar noch schärfer wahrnehmen können.

Mit empirischen Studien, die Avner Kalay vor etlichen Jahren in den Vereinigten Staaten durchführte, wurde dieser Gegenstand ebenfalls untersucht.[3] Kalay analysierte Daten über das Verhalten von Spielern in einer amerikanischen Fernseh-Gameshow namens *Friend or Foe* (Freund oder Feind), die dem britischen Format *Split or Steal* sehr ähnelt. Im Laufe seiner Forschungsarbeit sah sich Kalay hunderte Folgen aus mehreren Jahren an und vermerkte die relative Häufigkeit der vier möglichen Resultate: (stehlen, teilen), (teilen, stehlen), (teilen, teilen) und (stehlen, stehlen).

Kalay entdeckte zwei erstaunliche Phänomene. Erstens war die Häufigkeit, mit der beide Spieler die gleiche Entscheidung trafen, auffallend hoch. Mit anderen Worten wurden (teilen, teilen) und (stehlen, stehlen) häufig und die anderen beiden Optionen selten gewählt. Die zweite Entdeckung war sogar noch verblüffender: Jene Spieler, die sich für Stehlen entschieden, nahmen im Durchschnitt fast genauso viel ein wie jene, die Teilen wählten. (Es sollte betont werden, dass es sich dabei lediglich um einen Durchschnittswert handelte. Die beiden Kandidaten einer Folge erhalten nur dann den gleichen Betrag, wenn sie die gleiche Entscheidung treffen.)

Dies klingt verwirrend, zumal oben gesagt wurde, bei der Entscheidung für »Stehlen« springt mehr heraus, wenn der andere Spieler »Teilen« wählt, wohingegen es egal sei, wie er sich entscheidet, wenn der andere für »Stehlen« votiert. Wie ist es dann aber möglich, dass sich der durchschnittliche Ertrag, den die beiden Optionen abwerfen, in Kalays Studie nicht unterscheidet? Die Antwort ist einfach. Wer sich auf »Stehlen« festlegt, wird diese Entscheidung seinem Mitspieler gegenüber nicht vollständig verbergen können. Folglich wird der andere sehr wahrscheinlich ebenfalls »Stehlen« wählen, so dass am Ende beide mit leeren Taschen nach Hause gehen. Dies bedeutet im Endeffekt, wie Kalays Studie zeigte, dass beide Spieler letztlich zur gleichen Entscheidung tendieren, sei es »Teilen« oder »Stehlen«. Auch wenn beide in der Gesprächsrunde natürlich behaupten, auf jeden Fall »Teilen« wählen zu wollen, entscheiden sie sich in Wahrheit überhaupt erst im Verlauf der Unterhaltung, während sie versuchen, die Gedanken des anderen zu lesen. Ebendiese menschliche Fähigkeit, Emotionen richtig zu beurteilen, führt dazu, dass die Entscheidungen der Spieler gleich ausfallen. Wie wir gezeigt haben, ist diese Befähigung in vielen Situationen sehr wichtig, doch nicht alle Menschen sind mit diesem Talent im gleichen Maße ausgestattet.

Vor einigen Jahren kam ein Anwalt auf mich zu, um mich für ein Unternehmen, das eine Poker-Website einführen wollte, als Sachverständigen für Spieltheorie anzuwerben. Die gesetzlichen Reglements für Spiele im Internet untersagen insbesondere Spiele, bei denen über einen möglichen Gewinn hauptsächlich der Zufallsfaktor entscheidet, also sogenannte Glücksspiele, wohingegen Spiele zugelassen sind, bei denen es vor allem auf Geschicklichkeit ankommt. Falls ich dazu beitragen konnte, die Aufsichtsbehörden zu überzeugen, dass es sich bei Poker um ein Geschicklichkeitsspiel und nicht um ein Glücksspiel handelt, würde das Verbot der Einführung einer Poker-Website aufgehoben und ich sollte im Gegenzug ein stattliches Honorar einstreichen.

Ich schlug das Angebot aus, eher instinktiv, wenn auch sehr energisch, wobei die Entscheidung vielleicht mehr emotional als rational erfolgte. In Wahrheit ist Poker tatsächlich ein Geschicklichkeitsspiel, bei dem Glück und Zufall einen relativ geringen Anteil an den Gewinnchancen ausmachen. Beim Pokerspiel kommt es entscheidend darauf an, die mentale Verfassung der Mitspieler richtig beurteilen zu können.

In meiner Kindheit kam meine Familie an jedem Feiertag mit den Angehörigen der sieben Geschwister meiner Mutter zu einem Festtagsessen bei meiner Großmutter mütterlicherseits zusammen. Nach dem Mahl verzogen sich alle Männer der Sippe auf die Veranda, um Poker zu spielen. Wir Kinder verfolgten das Ganze mit großem Interesse. Anfangs schlossen wir noch kleine Wetten darüber ab, wer an dem betreffenden Tag groß abräumen und wer leer ausgehen würde. Aber uns wurde schnell klar, dass es keinen Sinn hatte zu wetten: Onkel Ezra war fast immer der Gewinner und mein Vater hatte beinahe jedes Mal das Nachsehen.

Es wurde zwar nie um große Summen gespielt, doch das Spiel löste höchst intensive Emotionen aus. Nach jeder Runde bekundeten die Spieler lautstark Freude oder Verdruss. Beim Spielen selbst herrschte absolute Stille; selbst die Kinder hielten den Atem an.

Mein Vater blickte kaum um sich. Er vertiefte sich vollkommen in seine eigene Hand und überlegte, welche Karten er tauschen, um wie viel er den Einsatz erhöhen und wann er ausscheiden sollte. Er rutschte nervös auf seinem Stuhl hin und her und trommelte mit den Fingern auf die Tischplatte, während er auf die Entscheidung der Mitspieler wartete. Onkel Ezra hingegen war stets ruhig und gefasst. Er schaute selten auf die Karten in seiner Hand und nahm stattdessen meinen Vater ins Visier, um jede einzelne Regung bei diesem zu registrieren.

Manchmal versuchte mein Vater, Onkel Ezras Methoden nachzuahmen, aber es gelang ihm nie, seinem Gesicht einen so kaltblütig leeren Ausdruck zu verleihen, und er schaffte es auch nie, Onkel Ezras Gesichtszüge so genau zu deuten, dass er wusste, was sein Gegenüber in der Hand hatte. Onkel Ezra war also ein viel besserer Pokerspieler als mein Vater, weil er die mentale Verfassung der anderen durchschauen und zugleich seine eigene verbergen konnte.

Ähnlich verhält es sich mit einem weltweit beliebten Spiel, das unter verschiedensten Namen bekannt ist: Rock Paper Scissors;

Schere, Stein, Papier; Schnick, Schnack, Schnuck; Ching, Chang, Chong; Klick, Klack, Kluck; Stein schleift Schere; Knobeln usw. Die World Rock Paper Scissors Society veranstaltet alljährlich ein internationales Turnier, bei dem mehr als fünfhundert Teilnehmer um Geldpreise von bis zu 10 000 Dollar wetteifern. Die meisten von uns würden dieses Knobelspiel als reines Glücksspiel ansehen, doch es gibt Teilnehmer, die dabei regelmäßig gewinnen. Auch hier kommt es entscheidend darauf an, Intentionen zu erkennen bzw. zu verbergen.

In sozialen Situationen, die viel komplexer sind als Poker oder andere Spiele, ist eine viel präzisere emotionale Einfühlung (Empathie) erforderlich, um die Absichten anderer erkennen zu können. Empathie, also die Fähigkeit, die Gedanken, Gefühle und Motive anderer, auch unvertrauter Menschen (oder sogar fiktionaler Charaktere, etwa im Film oder Roman) zu verstehen, ist ein wunderbares Phänomen mit sehr tiefen evolutionsgeschichtlichen Wurzeln. Im Jahr 2004 wurde in Italien eine interessante Studie durchgeführt, mit der nachgewiesen wurde, dass Affen bereits unmittelbar nach ihrer Geburt die Handlungen von Artgenossen nachahmen, ganz ohne längeren Lernprozess.[4] Diese Fähigkeit wurde auf »Spiegelnervenzellen« im Gehirn zurückgeführt, die für Nachahmung verantwortlich sind. Bei diesen Zellen handelt es sich um Neuronen, die im Lauf von Aktionen (insbesondere motorischen Handlungen) elektrische Aktivität entfalten. Sieht man ein anderes Individuum, das die gleiche Handlung ausführt, wird in denselben Spiegelzellen interessanterweise ebenfalls elektrische Aktivität ausgelöst. Hebt beispielsweise ein Schimpanse seinen linken Arm, wird diese Handlung durch elektrische Impulse in den Neuronen hervorgerufen. In einigen dieser Neuronen wird eine identische elektrische Aktivität ausgelöst, wenn der Schimpanse einen anderen Schimpansen den linken Arm heben sieht, selbst wenn der Zusehende seinen Arm nicht hebt und dies auch nicht beabsichtigt.

Am Gehirn von Affen lassen sich invasivere Forschungsexperimente durchführen als beim Menschen. Elektroden, die in die Gehirne von Affen implantiert werden, können elektrische Aktivität bis auf die Ebene einzelner Zellen messen. Der experimentelle Nachweis für die Existenz von Spiegelneuronen im Menschen erfolgt indirekter, ist aber dennoch sehr überzeugend. Dabei stützt man sich vor allem auf die funktionelle Magnetresonanztomographie (fMRT), durch die ein erhöhter Sauerstoffverbrauch in verschiedenen Hirnarealen angezeigt wird. Dieses Bildgebungsverfahren macht sichtbar, dass die Hirnareale, die bei der Ausführung einer bestimmten motorischen Handlung aktiviert sind, ebenfalls Aktivität aufweisen, wenn der Betreffende einen anderen die gleiche Handlung ausführen sieht.

Unter Hirnforschern ist man sich weitgehend darüber einig, dass Empathie ein Ergebnis der Spiegelneuronenaktivität ist. Aber im Gegensatz zu motorischen Spiegelneuronen, die für körperliche Aktionen verantwortlich sind, wird Empathie durch emotionale Spiegelneuronen ausgelöst. In einer Studie mit Hilfe von fMRT wurde 2009 nachgewiesen, dass Kinder beim Ansehen von Filmen, in denen eine Figur Schmerz erleidet, in den gleichen Hirnarealen Aktivitäten aufweisen, wie wenn sie selber Schmerz empfinden würden. Forschungsarbeiten mit Erwachsenen offenbaren ähnliche Phänomene, das heißt, im Gehirn treten Aktivitäten auf, wenn den Probanden Bilder von Menschen gezeigt werden, die Trauer oder Angst empfinden.

Die Fähigkeit zur Empathie ist mit einem wichtigen Konzept verknüpft, das in der Psychologie und anderen Kognitionswissenschaften verwendet wird und *Theory of Mind* (ToM) heißt. ToM ist keine wissenschaftliche Theorie im eigentlichen Sinn; der Begriff umschreibt die menschliche Fähigkeit, sich Vorstellungen von den Gefühlszuständen, Ansichten und Absichten einer anderen Person machen zu können. ToM gilt als wichtiges Merkmal, das Menschen von anderen Lebewesen unterscheidet. Es ist bereits bei zweijährigen Kindern erkennbar, etwa wenn diese ihren Blick auf denselben Gegenstand in einem Raum richten, den andere um sie herum anschauen.

Die Befähigung für ToM steigert sich im Alter von drei bis vier Jahren erheblich; ein Kind in diesem Alter kann häufig zwischen dem unterscheiden, was es selbst weiß und was andere wissen. Wenn Sie wollen, können Sie folgendes Experiment mit einem Vierjährigen ausprobieren. Nehmen Sie zwei Schachteln unterschiedlicher Farbe, beispielsweise Rot und Gelb, und einen kleinen Schokoriegel. Legen Sie den Schokoriegel im Beisein des Kindes und eines anderen Erwachsenen in die rote Schachtel und bitten Sie den Erwachsenen dann, den Raum zu verlassen. Sobald jener hinausgegangen ist, nehmen Sie den Schokoriegel vor den Augen des Kindes aus der roten Schachtel und legen ihn in die gelbe. Nun holen Sie den Erwachsenen wieder herein und fragen das Kind, in welcher Schachtel der Erwachsene die Schokolade vermutet. Gibt das Kind die richtige Antwort und deutet auf die rote Schachtel, weist es eine gesunde ToM auf. Kinder mit Autismusspektrumstörung (ASS), deren ToM gehemmt ist, bestehen diesen Test selbst in einem viel höheren Alter nicht.

Ich plane gerade mit verschiedenen Psychiatern ein Forschungsprojekt, um mit Hilfe der Spieltheorie neue Erkenntnisse zur *Theory of Mind* zu gewinnen. Mit Spielen wie dem Ultimatumspiel und dem Vertrauensspiel (die in späteren Kapiteln erörtert werden) sowie anderen Varianten können wir vielleicht feststellen, ob ein Kind geringe Defizite in der ToM-Entwicklung hat bzw. eine leichte Autismusspektrumstörung aufweist, ansonsten aber Standardtests erfolgreich besteht. Die Befähigungen zu Empathie und ToM sind miteinander verknüpft, denn beide beruhen darauf, sich in andere Menschen hineinversetzen zu können.

Wenn Sie kurz die Augen schließen und versuchen sich vorzustellen, Sie hätten die gleichen kognitiven Fähigkeiten, die Sie jetzt besitzen, aber keine ToM, werden Sie feststellen, dass dies eine äußerst beängstigende Vorstellung ist. Das Fehlen von Empathie und ToM ist ein häufiges Symptom autistischer Störungen und bedingt viele der Alltagsschwierigkeiten, mit denen Betroffene ringen. In solch einem Zustand wären Sie sich zwar Ihrer Umgebung vollkommen bewusst und gewahr, kämen sich aber in gewissem Sinn vor wie auf einem anderen Planeten mit außerirdischen Lebensformen, deren Verhalten und Reaktionen völlig unberechenbar erscheinen. Sie könnten beispielsweise nicht vorhersagen, ob Sie tiefe Entrüstung und aggressives Verhalten auslösen, wenn Sie sich am linken Ohr kratzen. Sie wüssten nicht, wie Sie das Vertrauen anderer gewinnen oder sie dazu bringen, Ihnen bei der Nahrungssuche zu helfen. Selbst wenn sich die Außerirdischen Ihnen mit wohlwollenden Absichten nähern, könnten Sie nicht sagen, ob sie in friedlicher Absicht oder mit Angriffsgedanken kommen, und Sie wären sicherlich nicht imstande, mit einem von ihnen eine intime Bindung einzugehen oder Nachkommen in die Welt zu setzen.

Genauso wenig wie Sie sagen können, welche Muskeln an einem aufgesetzten Lächeln beteiligt sind, können Sie mit Hilfe von Logik die Gefühlsverfassung und somit die Absichten eines anderen Menschen erkennen, sei es beim Pokerspiel, am Verhandlungstisch oder bei einem Rendezvous. Die Fähigkeit, die Gedanken eines anderen zu lesen und die entsprechenden Signale zurückzusenden, ist ausschließlich emotional bedingt und bildet zugleich eine unerlässliche Grundlage für gute Entscheidungen, etwa bei der Frage: Einsatz erhöhen oder aussteigen, Kompromisse eingehen oder hart bleiben, einen Kuss erwarten oder eine Ohrfeige. Unsere Emotionen bergen Argumente und Fakten, auf die wir uns schlichtweg in keiner anderen Weise beziehen können.

4
Spieltheorie, Emotionen und die goldene Regel der Ethik

Das sogenannte »Gefangenendilemma« ist das vielleicht meiststrapazierte Paradox in der sozialwissenschaftlichen Literatur überhaupt, doch es fasziniert nach wie vor sowohl den professionellen Forscher als auch den Laien. Kann uns die Einführung »kluger Gefühle« in die Gleichung dabei helfen, einen Ausweg aus dem Paradox zu finden?

Betrachten wir kurz die Elemente des Gefangenendilemmas. Zwei des Bankraubs Verdächtigte werden verhaftet. Der Polizei fehlt es jedoch an ausreichenden Beweisen. Ohne Geständnis von mindestens einem der Tatverdächtigen muss die Polizei beide zwangsläufig freilassen.

Beide Gefangene sind in separaten Zellen eingesperrt. Sie werden getrennt verhört. Dabei bietet man jedem folgenden Deal an: Wenn einer von beiden gesteht, während der andere schweigt, wird der Geständige freigelassen. Der Nichtgeständige wird verurteilt und muss eine fünfjährige Haftstrafe verbüßen. Wenn beide gestehen, werden beide verurteilt, allerdings nur zu vier Jahren Gefängnis. Die Verdächtigen wissen auch, dass die Polizei sie nicht des Bankraubs überführen kann, wenn beide schweigen, sondern sie nur wegen Raserei bei der Verfolgung belangen kann, wofür sie einen Monat absitzen müssten.

Jeder der beiden Gefangenen muss entscheiden, wie er auf dieses Angebot reagiert – allerdings ohne jede Gelegenheit, sich mit dem anderen abzusprechen. Werden die Insassen gestehen oder nicht?

Wenn Sie sich in die Lage eines der Gefangenen versetzen, werden Sie rasch erkennen, dass es immer Ihrem Interesse dient zu gestehen, egal welche Entscheidung Sie von Ihrem Komplizen erwarten. Gesteht der andere ebenfalls, verringert sich die Haftstrafe aufgrund der beiden Geständnisse um ein Jahr (von fünf auf vier Jahre). Schweigt der andere, sind Sie aufgrund Ihres Geständnisses sofort ein freier Mann.

Das Ergebnis ist jedoch paradox. Die beiden Gefangenen folgern aufgrund rationaler und eigennütziger Überlegungen, dass sie die Tat gestehen sollten, wodurch jeder mit einer vierjährigen Haftstrafe belegt wird. Würden sie jedoch beide schweigen, stünden sie viel besser da, denn sie müssten nur eine einmonatige Haft verbüßen.

Das Gefangenendilemma ist keine nutzlose intellektuelle Spielerei, sondern ein zentrales Konzept der Spieltheorie. In der Spieltheorie geht es im Wesentlichen darum, interaktive Entscheidungen zu analysieren. Ein »Spiel« ist in der Fachsprache jede Situation, in der die Handlungen einer Person die Lage einer anderen Person beeinflussen. Ökonomischer Wettbewerb, gewaltsame Konflikte zwischen verschiedenen Nationen und selbst der wechselseitige Austausch innerhalb von Familien können allesamt mit Hilfe der Spieltheorie modellhaft dargestellt werden.

Sozialwissenschaftler bezeichnen das Gefangenendilemma häufig als »Sozialdilemmaspiel«, denn es bildet auf prägnante Weise ein breites Spektrum sozialer und ökonomischer Verhaltensweisen und Phänomene ab, darunter Steuerhinterziehung, Umweltverschmutzung, Wehrdienstverweigerung und sogar das Vordrängeln in einer Schlange. In all diesen Fällen lässt sich eine Handlungsoption erkennen, die aus Sicht des betreffenden Einzelnen vorteilhaft erscheint. Führen jedoch alle (oder auch nur die meisten) diese Handlung aus, gerät dies schließlich allen zum Nachteil. Wie sollten wir solche Dilemmata in der realen Welt lösen? Was bewegt Menschen dazu, in solchen Situationen lieber an einem Strang zu ziehen, auch wenn sich Kooperation nicht erzwingen lässt?

Eine mögliche Antwort auf diese Frage lieferte Robert Aumann in einer Reihe wissenschaftlicher Aufsätze, für die er im Jahr 2005 den Nobelpreis für Wirtschaftswissenschaften erhielt (den er sich mit Thomas Schelling teilte).[1] Im gesellschaftlichen Bereich treten häufig Varianten des Gefangenendilemmas auf, die als »Wiederholungsspiele« bezeichnet werden können; dabei wird die gleiche interaktive Situation mit denselben Spielern mehrfach wiederholt. Die Wiederholung sorgt dafür, dass die Entscheidung für eine eigennützige Handlungsweise den Betreffenden möglicherweise teuer zu stehen kommt, denn die anderen merken sich, wie sich jemand früher verhielt. Somit muss ein Akteur, der egoistisch handelt (etwa durch ein Geständnis im klassischen Gefangenendilemma), beim erneuten Auftreten der gleichen Situation mit Sanktionen durch die anderen Akteure rechnen, die dann nämlich ebenfalls Optionen wählen, die ausschließlich ihrem Eigeninteresse dienen (indem sie etwa ebenfalls ein Geständnis ablegen).

Aumann konstruierte ein mathematisches Modell mehrmals wiederholter Spiele und wies damit nach, dass in Wiederholungssituationen durch rationale Überlegungen Kooperation erzielt werden kann. Aumanns Theorie verdient eine eigene, umfassende Erörterung und wird im nächsten Kapitel eingehender dargelegt. Basierend auf meinen eigenen Forschungsarbeiten lässt sich jedoch auch eine andere mögliche Antwort geben.[2] Um diese zu verstehen, müssen wir jedoch einen der zentralen Begriffe der Spieltheorie einführen, nämlich das »Nash-Gleichgewicht«, benannt nach John Nash, der 1994 mit dem Nobelpreis für Wirtschaftswissenschaften geehrt und als Vorlage für die Hauptfigur des Films *A Beautiful Mind – Genie und Wahnsinn* bekannt wurde. Nash entwickelte die Idee für seinen Gleichgewichtsbegriff bereits Anfang der 1950er Jahre; heute ist dieses Konzept äußerst wichtig und wird überall in den Sozialwissenschaften angewandt.

Um die Grundidee des »Nash-Gleichgewichts« zu erklären, konzentrieren wir uns auf Spiele mit zwei Teilnehmern. Jeder Spieler verfügt über eine Anzahl von Aktionen (bzw. Strategien), derer er sich bedienen kann. Jeder Akteur wählt eine Aktion, und die beiden Aktionen zusammen entscheiden über den Ertrag für jeden der Spieler. Ein Gleichgewicht liegt vor, wenn die Aktion, die jeder der beiden Spieler wählt, die »beste Antwort« auf die Strategie des anderen ist. Anders gesagt, keiner der Spieler kann das erzielte Ergebnis verbessern, indem er sich für eine andere Aktion entscheidet.

Betrachten wir als konkretes Exempel ein Spiel, das als »Geschlechterkampf« bezeichnet wird: Sie und Ihr Ehepartner müssen entscheiden, wo Sie an diesem Abend hingehen. Zwei Möglichkeiten stehen zur Wahl, eine Ballettaufführung und ein Boxkampf. Leider hegen Sie beide unterschiedliche Vorlieben: Sie bestehen auf einem Abend im Ballett, während Ihr Partner unbedingt einen guten Fight sehen will.

Nach langem vergeblichem Hin und Her beschließen Sie, die Entscheidung auf folgende Weise zu treffen: Jeder von Ihnen schreibt auf einen Zettel »Ballett« oder »Boxen«, ohne zu wissen, was der andere notiert, und ohne weiter darüber zu diskutieren. Die Zettel geben Sie Ihrer Nachbarin, die nun vorliest, was darauf steht. Wenn Sie beide dasselbe genannt haben, sind Sie sich ja einig und wissen, was Sie an diesem Abend tun werden. Haben Sie sich jedoch unterschiedlich entschieden, bleiben Sie beide schön zu Hause. Nun nehmen wir einmal an, dass jeder von Ihnen der bevorzugten Unternehmung einen Wert von 200 Euro und der weniger liebsamen einen Wert von 100 Euro beimisst. zu Hausebleiben ist die schlechteste Option und 0 Euro wert. Wie sieht ein Gleichgewicht in diesem Spiel aus?

Das einzige mögliche Gleichgewicht kommt hier zustande, wenn Sie beide entweder »Ballett« oder aber beide »Boxen« angeben. Beharren Sie beide darauf, Ihre Lieblingsaktivität zu nennen, werden Sie am Ende zu Hause hocken müssen. Daraus folgt, dass sich die Situation nur verbessern lässt, indem einer nachgibt und sich mit der weniger bevorzugten Option abfindet. Doch genau hier liegt die »Falle« in diesem Beispiel: Wenn sowohl Sie als auch Ihr Ehepartner beschließen, großzügig zu sein und dem Wunsch des anderen nachzugeben, werden Sie am Ende zu Hause bleiben. (Vergessen Sie nicht, dass Sie nicht darüber diskutieren dürfen, was Sie auf den Zettel schreiben.)

Kann unser Paar seine Chancen erhöhen, zu einer übereinstimmenden Entscheidung zu kommen, das einen interessanten Abend garantiert? Natürlich! Beispielsweise könnte die Frau als Boxfan einen Boxhandschuh auf den Esszimmertisch legen und damit klar zu verstehen geben, dass sie nicht von ihrem Lieblingsprogramm abzurücken gewillt ist, egal wie die Konsequenzen aussehen mögen. Dadurch könnte dem Ballettfreund klar werden, dass er sich dem Wunsch seiner Frau anschließen muss, wenn er den Abend nicht zu Hause verbringen möchte, und so die Wahrscheinlichkeit erhöhen, dass er sich für »Boxkampf« entscheidet.

Umgekehrt könnte der Ehemann solch einem Schritt seitens seiner Frau zuvorkommen, indem er im Wohnzimmer die Musik zu Tschaikowskys *Schwanensee* aufdreht und so zu verstehen gibt, dass er auf jeden Fall beim Ballett bleibt, und so die Chancen erhöht, dass sie nachgibt und ebenfalls »Ballett« auf den Zettel schreibt.

Weil die beiden nicht direkt miteinander sprechen dürfen, könnten sie sich in der Tat solcher Signale bedienen, um im Spiel »Geschlechterkampf« möglichst ein Gleichgewicht zu finden. Welche Rolle aber spielen dabei Emotionen?

Emotionen sind im Grunde ein Signalisierungsmechanismus, der es uns ermöglicht, Handlungsweisen aufeinander abzustimmen und in einem breiten Spektrum von »Spielen«, an denen wir im Alltag teilnehmen, ein Gleichgewicht herzustellen. Emotionen helfen uns auch, neue Gleichgewichte zu schaffen, die in einer Welt reinen Denkens und vernünftigen Argumentierens nicht bestehen könnten. In vielen Fällen optimieren Gefühle unsere soziale Situation durch diese Mechanismen.

Um diesen wichtigen Aspekt zu klären, greifen wir noch einmal auf das Gefangenendilemma zurück und zeigen auf, wie Emotionen ein kooperatives Gleichgewicht schaffen können, auch wenn das Spiel nur einmal durchlaufen wird. Zu diesem Zweck wollen wir das Gefangenendilemma leicht abwandeln.

Stellen Sie sich vor, Sie und ein vollkommen Fremder nehmen an einem Experiment teil. Anfangs erhält jeder 100 Euro. Dann sollen Sie sich für eine von zwei möglichen Aktionen entscheiden, »Geben« oder »Nehmen«. Es besteht keine Gelegenheit, über die Optionen zu diskutieren, bevor Sie die Entscheidung treffen. Wenn einer »Geben« wählt und der andere »Nehmen«, muss der Generöse die gesamte Summe abtreten. Wählen beide »Nehmen«, muss jeder 50 Euro an den Experimentleiter zurückgeben. Und wenn sich schließlich beide für »Geben« entscheiden, erhält jeder zusätzlich 50 Euro vom Experimentleiter, so dass am Ende jeder um 150 Euro reicher ist.

Man beachte die Ähnlichkeit dieses Spiels mit *Split or Steal*, das im vorausgegangenen Kapitel erörtert wurde. In diesem wie in jenem Beispiel sollte man »Nehmen« wählen, wenn einem nur daran liegt, den höchstmöglichen finanziellen Ertrag zu erzielen. Mit dieser Option springt mehr heraus, unabhängig davon, welche Entscheidung des anderen Teilnehmers man erwartet.

Nun wollen wir Emotionen mit ins Spiel bringen. Angenommen, Sie wollen nicht nur finanziell profitieren, sondern legen auch Wert darauf, zum einen als fair zu gelten und zum anderen als jemand, den man nicht leicht austricksen kann. Wählen Sie »Nehmen«, während der andere für »Geben« optiert, werden Sie sich Ihrer Gier schämen. Dieses Schamgefühl ist negativ besetzt, und so messen wir ihm hier einen Minuswert von 100 Euro bei. Wählen Sie hingegen »Geben«, während sich der andere für »Nehmen« entscheidet, empfinden Sie Entrüstung und Zorn, was wir ebenfalls mit einer Strafzahlung von 100 Euro belegen. Wählen beide »Nehmen« oder »Geben«, erleben Sie eine neutrale Gefühlsreaktion.

Gesetzt den Fall, der andere Spieler zeigt in diesen Situationen die gleichen emotionalen Reaktionen, die mit dem gleichen Geldwert bemessen werden, so verändert sich die Analyse des Spiels signifikant. Sprangen bei der »Nehmen«-Option zuvor im günstigsten Fall 200 Euro heraus, sind es jetzt nur 100 Euro, und zwar aufgrund der Strafe für das Schamgefühl. Dieser neue Wert liegt unter dem Ertrag für die Option »Geben«; das heißt, im günstigsten Fall streichen Sie jetzt 150 Euro ein. Indem die beiden Spieler gleichzeitig »Geben« wählen, entsteht ein neues Gleichgewicht; das bedeutet, beide Parteien neigen hier am ehesten zu Kooperation anstatt zu Egoismus.

Ganz einfach ausgedrückt bedeutet dies, dass durch das Einbeziehen von Gefühlen in die Gleichung, selbst negativen Gefühlen wie Zorn oder Scham, für beide Spieler ein besseres Ergebnis herauskommen kann. Diese Erklärung ist allerdings noch nicht vollständig. Ich möchte nachweisen, dass die im obigen Beispiel beschriebenen Emotionen nicht willkürlich gewählt werden und im Grunde den engsten materiellen Interessen jener dienen, die diese Emotionen empfinden.

Nehmen wir an, dass ein emotional reagierender Spieler auch einigermaßen imstande ist, die Gefühlsreaktionen anderer vorherzusehen. Stellen wir uns ferner vor, was passieren würde, wenn einer der Teilnehmer des Spiels Gefangenendilemma gefühllos ist und nur die nüchternsten Überlegungen anstellt, die auf die Maximierung seines Ertrags zielen, während der andere Spieler die oben beschriebenen vernünftigen emotionalen Reaktionen (zusammen mit den Fähigkeiten, Emotionen vorherzusehen) an den Tag legt. Nennen wir den kühlen und kalkulierenden Spieler »Kopfmensch« und den anderen »Bauchmensch«.

Der Kopfmensch wird sicherlich »Nehmen« wählen, weil er keine Scham empfindet. Der Bauchmensch dürfte sich hingegen darauf einstellen, dass er es mit einem Kopfmenschen zu tun hat, und deswegen davon ausgehen, dass jener sich für »Nehmen« entscheidet. Wählt der Bauchmensch in solch einer Situation »Geben«, verliert er doppelt: zum einen büßt er die Startsumme von 100 Euro ein und zum anderen muss er eine Strafe von 100 Euro für sein Schamgefühl zahlen, was zu einem Gesamtverlust von 200 Euro führt. Entscheidet er sich jedoch ebenfalls für »Nehmen«, verliert er nur 50 Euro. Der Bauchmensch kommt also zu dem Schluss, dass auch er »Nehmen« wählen sollte, so dass er und sein Mitspieler am

Ende jeweils 50 Euro einstecken. In diesem Fall verhält es sich ganz anders, als wenn beide Spieler emotional reagieren, was gemäß der obigen Erörterung ein Gleichgewicht ermöglicht, bei dem für beide jeweils 150 Euro herausspringen. Daraus ist zu schließen, dass emotionales Verhalten vorteilhaft ist; in diesem einfachen Exempel bieten emotionale Reaktionen einen finanziellen Vorteil.

Dieses Beispiel entstammt einem von mir entwickelten mathematischen Modell, das den Begriff des Nash-Gleichgewichts verallgemeinert. Das Modell zeigt, dass in vielen Spielen wie dem des Gefangenendilemmas Kooperation hauptsächlich in einem emotionalen Bedürfnis nach Ausgleich begründet ist, etwa einem Schamgefühl für Gier, wenn andere großzügig sind, oder aber Empörung und Wut, wenn die anderen habgierig sind. Dieses Gefühlspaar bildet die Goldene Regel *(regula aurea)* der Ethik, die auch als »Ethik der Wechselseitigkeit« bezeichnet wird.

Die Goldene Regel wird in religiösen Schriften hochgehalten und jedem Kind vermittelt, um die Gefühle anderer zu schützen – was unumgänglich ist, auch wenn es den eigenen Bedürfnissen zuwiderläuft. Wie diese Experimente zeigen, ist diese Regel zugleich aber auch ein wichtiges Mittel, um die eigenen engen Interessen zu wahren.

5

Das Gefangenendilemma in wiederholten Interaktionen – Sorgen gezückte Messer für mehr Kooperation?

Spontaneität sowie automatisches und schnelles Reagieren gehören zu den wichtigsten Merkmalen emotionaler Rückmeldungen. In vielen Fällen ist schnelles Reagieren sogar einer der Vorteile, den emotionales Verhalten gegenüber bedächtigem Abwägen birgt. Instinktives Zurückweichen beim Anblick einer Schlange im Gras bewahrt uns viel wirkungsvoller vor möglicher Gefahr als eine kognitive Analyse der Sachlage.

Wie sich zeigt, sind die Schnelligkeit und Unwillkürlichkeit von Reaktionen im sozialen Umfeld äußerst wichtig. In diesem Kapitel werde ich aufzeigen, wie emotionales Verhalten zu Kooperation führen kann, wenn dies mit rationalem Verhalten nicht gelingt.

Betrachten wir noch einmal das Gefangenendilemma, diesmal aber in einer Abwandlung, bei der das Spiel mehrfach durchlaufen wird. Dies bedeutet, dass die Spieler auch langfristige strategische Überlegungen einbeziehen müssen.

Im vorigen Kapitel wurde gezeigt, dass rationale und eigennützige Akteure beim Gefangenendilemma nicht kooperativ auftreten, wenn nur eine Runde gespielt wird, denn nichtkooperatives Verhalten ist eine sogenannte »dominante Strategie« – es garantiert einen höheren Profit, unabhängig davon, wie sich der andere Spieler verhält. Betrachten wir nun, was geschieht, wenn das Spiel zweimal durchlaufen wird. In jeder Runde entscheidet jeder Spieler, ob er kooperativ ist (ob er »Geben« wählt) oder aber nicht kooperativ ist (und »Nehmen« wählt). Wenn beide Durchläufe beendet sind, bemisst sich das Gesamtergebnis nach dem, was die Spieler in jeder der beiden Runden erzielt haben.

Um rationales Verhalten in diesem Wiederholungsspiel zu analysieren, richten wir das Augenmerk zunächst auf die zweite Runde. Hier wird das ursprüngliche Gefangenendilemma im Grunde gleichsam nur einmal gespielt, denn es folgt keine weitere Runde, in der ein bestimmtes Verhalten belohnt oder bestraft werden könnte. Die strategische Analyse entspricht somit genau der des einstufigen Spiels, die – wie wir bereits gesehen haben – zu dem Schluss führt, dass das einzige rationale Verhalten in Nichtkooperativität seitens beider Spieler besteht.

Wenn wir wissen, wie rationale Spieler im zweiten Durchgang vorgehen, können wir versuchen vorherzusagen, wie sie sich in der ersten Runde verhalten werden. Das Verhalten der Spieler in der ersten Runde hat keinerlei Einfluss auf deren Ergebnis in der zweiten Runde; somit ist auch die erste Runde im Grunde einstufig. In der ersten Etappe werden sich beide Spieler ebenfalls dafür entscheiden, nicht kooperativ zu sein.

Es ist unschwer zu erkennen, dass für jede beliebige Anzahl von Wiederholungen dieselbe Überlegung gelten wird, solange beide Spieler genau wissen, wie viele Runden gespielt werden, seien es eine, drei oder tausend. Im Detail gilt: Wenn beide Spieler wissen, dass sie sich in der letzten Runde befinden, haben sie keinen vernünftigen Grund, kooperativ zu sein, egal was in den vorausgegangenen Runden geschah. Aber daraus folgt, dass sie auch in der vorletzten Etappe keine Kooperation zeigen und so weiter. Diese Art von Überlegung wird als »induktives Folgern« bezeichnet und in der Spieltheorie häufig angewandt.

Man beachte, dass das Folgern hier damit beginnt, dass beide Spieler in der letzten Runde nicht kooperativ sind. Was aber geschieht, wenn die Spieler *nicht wissen*, welches die letzte Runde ist, selbst wenn diese bereits läuft? Die meisten menschlichen Interaktionen entsprechen diesem Muster. Nehmen Sie als Beispiel Ihre Interaktionen mit Ihrem Automechaniker, Ihren Arbeitskollegen oder auch Ihrem Ehepartner. Sie wissen so gut wie nie, wie viele weitere Male in der Zukunft Sie mit ihnen interagieren werden.

Dies führt natürlich zu der Frage: Welches rationale Verhalten ist zu erwarten, wenn man davon ausgeht, dass die Akteure nicht wissen, wann sie die letzte Runde eines Wiederholungsspiels erreichen?

Robert Aumann gab auf diese wichtige Frage eine Antwort, die als einer seiner bedeutendsten Beiträge zur Spieltheorie gilt. Mit Hilfe eines mathematischen Modells wies Aumann nach, dass in solchen Situationen Kooperation in einem Gleichgewicht möglich ist, selbst wenn die Spieler rational vorgehen. Sowohl Aumanns Modell als auch sein Beweis sind großartige und tiefsinnige Konstruktionen. Um sie in allen Einzelheiten zu erklären, müsste man sich in einem Maße in die formale Mathematik vertiefen, die den Rahmen dieses Buches sprengen würde. Daher möchte ich das Modell in einfacheren Worten beschreiben.

Stellen Sie sich vor, das Gefangenendilemma mehrfach zu spielen, wobei nach jeder Runde eine 99-prozentige Chance besteht, erneut gegen denselben Kontrahenten anzutreten, und eine 1-prozentige Chance, dieser Person nie mehr zu begegnen. Diese Vorgabe ist ein wenig unrealistisch; hier ist die Zahl der Interaktionen, die Sie langfristig mit einer bestimmten Person haben, wahrscheinlich zu hoch angesetzt. Doch die Grundannahme ist nützlich, um die kurzfristige Einstellung bei den meisten Interaktionen zu beschreiben. Daher wollen wir diesen Einwand vorerst außer Acht lassen.

Nun müssen wir überlegen, was in diesem Fall »Strategie« bedeutet. In einem einstufigen Spiel ist unter »Strategie« schlicht und einfach eine Entscheidung darüber zu verstehen, ob kooperativ vorgegangen werden soll oder nicht. In einem Spiel mit Wiederholungen ist der Begriff »Strategie« viel komplizierter; es handelt sich dabei im Grunde um einen Komplex von Entscheidungen, wobei jede Entscheidung über die zu wählende Handlungsweise darauf beruht, was bisher geschah. Hier ist ein Beispiel für solch eine Strategie: Bis zur 700. Runde zeige ich mich kooperativ, egal wie sich der andere Spieler verhält, und ab der 701. Runde werde ich nach jeder Runde, in der mein Gegenüber nicht kooperiert, im Gegenzug in den nächsten beiden Durchgängen nicht kooperativ sein.

Falls Sie dies für eine komplizierte Strategie halten, muss ich einwenden, dass dies im Grunde eine sehr einfache Strategie ist. Immerhin konnte ich sie mit einem einzigen Satz (einschließlich zweier Nebensätze) umschreiben. Manche Strategien sind hingegen so komplex, dass ich selbst in der amerikanischen Kongressbibliothek (einschließlich der Toiletten) nicht genügend Papier finden würde, um auch nur die ersten Stufen niederzuschreiben. Häufig sind die verworrensten Strategien zugleich aber auch die uninteressantesten. In diesem Kapitel werde ich hingegen zwei Spielstrategien beschreiben, die ausgesprochen simpel, aber von großem Interesse sind. Sie lauten folgendermaßen:

1. »Scharfe Sanktion« (in der englischsprachigen Fachliteratur *Grim Trigger*): Ich wähle von Anfang an und so lange »Geben«, wie der Mitspieler ebenfalls »Geben« wählt. Entscheidet sich der andere Spieler irgendwann (und auch nur ein einziges Mal) für »Nehmen«, werde ich fortan in jeder Runde stets »Nehmen« wählen.
2. »Wie du mir, so ich dir«: Ich wähle in jeder Runde genau jene Option, für die sich der Gegner in der vorausgegangenen Runde entschied.

Zwei rationale Spieler, die nur an ihren eigenen materiellen Vorteil denken und beide die Strategie »Scharfe Sanktion« anwenden, erlangen ein Gleichgewicht, bei dem sie beide dauerhaft kooperativ sind (das heißt »Geben« wählen). Die Erklärung dafür ist recht einfach. Wenn beide die Sanktionsstrategie wählen, kooperieren sie in der ersten Runde, was jede Seite zur Kenntnis nimmt. Die Strategie führt dann dazu, dass beide auch in der zweiten Runde kooperieren, ebenfalls in der dritten und so weiter. In jedem Durchgang, in dem sie beide kooperieren, erhöht jeder seinen Gesamtgewinn um 50 Euro.

Keiner der Spieler würde besser abschneiden, indem er eine andere Strategie wählt, solange der andere bei der Sanktionsstrategie bleibt. Sollte einer der Spieler irgendwann »Nehmen« wählen, solange der andere die Sanktionsstrategie anwendet, erhält er in dieser Runde 50 Euro mehr als mit der Option »Geben«. Dadurch zwingt er den Mitspieler aber dazu, sein Verhalten zu bestrafen: In jeder nachfolgenden Runde – und es sind noch viele weitere Runden zu erwarten – wird er 50 Euro verlieren, anstatt 50 Euro zu gewinnen, da der andere Spieler stur an seinem »Nehmen« festhält, egal was geschieht. Man beachte, dass stabile Kooperation hier erreicht wird, weil jede Nichtkooperation sofort eine nichtkooperative Vergeltung seitens des Gegenübers auslöst, wodurch eine Situation wirksamer Abschreckung entsteht.

In seiner Nobelpreisrede in Stockholm sprach Robert Aumann über eine spieltheoretische Erkenntnis, die jener ähnelt, die in den vorigen Kapiteln dargelegt wurde. Er behauptete sogar, diese Erkenntnis erkläre das Wesen nahezu jedes internationalen Konflikts, einschließlich jenes zwischen Israel und Palästina. Damit meinte er, um Blutvergießen zu vermeiden, müssten mit Hilfe knallharter Strategien Mechanismen der Abschreckung geschaffen werden, so wie es die Vereinigten Staaten und die Sowjetunion während des Kalten Krieges taten. Dieser Argumentation zufolge kann nur starke Abschreckung verhindern, dass Konfliktparteien Anreizen zur Eskalation erliegen.

Kurz nach Aumanns Nobelvorlesung baten mich etliche Medienvertreter um ein Feedback zu dieser Behauptung. Ich erklärte, die Erkenntnis, die Aumann dargelegt hatte, sei zwar großartig und tiefgründig, und ich kennte niemanden, der den Nobelpreis mehr verdiente als Aumann, doch es bestünde kaum ein direkter Zusammenhang zwischen den eleganten mathematischen Ergebnissen auf diesem Gebiet und konkret anwendbaren Folgerungen für internationale Konflikte. Abschreckung allein sei ein zu instabiler Zustand, um als verlässliche Grundlage zu dienen und dafür zu sorgen, dass Blutvergießen verhindert und der Frieden gewahrt wurde. Jede kleine Veränderung könnte die »Sanktionsstrategie«

auslösen. Das theoretische Modell impliziert zwar, dass Kooperation ein Gleichgewicht unter Bedingungen der Abschreckung bildet, doch sobald dieses Gleichgewicht schwindet, wird das gesamte Fundament für Frieden und Kooperation erschüttert und zertrümmert, denn genau die Drohungen, auf die sich die Abschreckung stützt, könnten zu Katastrophen globalen Ausmaßes führen (man stelle sich vor, was geschehen wäre, wenn die Vereinigten Staaten und die Sowjetunion die Kriegsdrohungen, die sie während des Kalten Krieges regelmäßig vorbrachten, tatsächlich wahrgemacht hätten).

Abschreckung allein genügt nicht. Neben Einschüchterung, die sich auf Drohungen stützt, müssen Systeme geschaffen werden, die für beide Seiten positive Anreize enthalten, beispielsweise gemeinsame Wirtschaftsinteressen, die als zusätzliche Quelle der Stabilität in internationalen Beziehungen dienen können. Dies entspricht dem alten Grundsatz, dass der Mensch am besten mit Zuckerbrot und Peitsche zu motivieren ist.

Einige Stimmen äußerten sich noch viel kritischer über manche der Ideen, die Aumann in seiner Nobelvorlesung vorbrachte. Eine Gruppe israelischer Linker ersuchte das Nobelkomitee sogar förmlich, Aumann den Nobelpreis abzuerkennen – wegen seiner politischen Ansichten und der politischen Lehren, die er aus seiner wissenschaftlichen Forschung ziehe. Dies brachte wiederum mich in Rage (möglicherweise eine irrationale Gefühlsreaktion). Folgte die Wissenschaft nur strengen Vorgaben des politisch Korrekten und würden führende Praktiker ausschließlich aufgrund ihrer politischen Ansichten belohnt, entspräche der menschliche Fortschritt wohl immer noch dem Stand des Mittelalters.

Die Strategie »Wie du mir, so ich dir« ist weniger drastisch als die »Scharfe Sanktion«, gewährleistet aber dennoch ein Gleichgewicht. Erstere bestraft auch nichtkooperatives Verhalten seitens eines der Spieler, doch in diesem Fall ist die Strafe für Nichtkooperation, die nur in einer einzigen Runde angewandt wird, nachsichtiger als die Bestrafung durch die »Scharfe Sanktion«. Erweist sich der einmal nichtkooperative Spieler in der nächsten Runde erneut als kooperativ, wird die Sanktion eingestellt und beide Akteure verhalten sich in allen weiteren Etappen wieder kooperativ.

Wie sich zeigt, führt die Strategie »Wie du mir, so ich dir« zu einem kooperativen Gleichgewicht; keiner der Spieler kann davon profitieren, einseitig die Kooperation zu verweigern. Beschließt ein Spieler dennoch, für ein paar Runden nicht kooperativ zu sein, und zeigt sich dann erneut kooperativ, pendelt sich das Spiel wieder auf der Ebene der Kooperation ein, doch bis dahin verliert der Akteur mehr, als er durch zwischenzeitliche Nichtkooperation gewonnen hat. (Es erfordert einiges an Mathematik, um dies zu illustrieren, aber Sie können sich selbst vergewissern: Was geschieht, wenn ein Spieler in einer einzigen Runde nicht kooperativ ist? Wie viel gewinnt er in dieser einen Runde und wie viel verliert er im Anschluss?)

Wir haben bisher wiederholte Interaktionen betrachtet, bei denen beide Spieler nach jeder Runde erwarten, dass mit hoher Wahrscheinlichkeit eine weitere Runde folgt. Was geschieht in anderen Situationen? Schauen wir uns zwei konkrete Beispiele an. Stellen Sie sich vor, Sie machen eine Woche Urlaub im spanischen Malaga. Am ersten Tag entdecken Sie ein Restaurant, von dem Sie so begeistert sind, dass Sie beschließen, an jedem weiteren Abend ebenfalls dort zu essen. Jedes Mal werden Sie vom selben Kellner bedient. In diesem Szenarium entsprechen Ihre Interaktionen mit dem Kellner im Grunde einem sechsstufigen Wiederholungsspiel des Typs Gefangenendilemma.

Hier kommt es entscheidend auf Kooperation an, und das bedeutet guten Service seitens des Kellners und im Gegenzug ein üppiges Trinkgeld seitens des Gastes. An jedem Tag Ihres Urlaubs, außer am letzten, erwarten Sie mit hoher Wahrscheinlichkeit eine erneute Interaktion mit dem Kellner. Am letzten Tag gehen Sie jedoch davon aus, dieses Restaurant in absehbarer Zukunft höchstwahrscheinlich nicht wieder aufzusuchen, denn Sie reisen am nächsten Tag nach Hause.

Kann die Strategie der scharfen Sanktion ein kooperatives Gleichgewicht an jedem Urlaubstag gewährleisten? Sicherlich nicht – wenn wir abermals rationale Überlegungen mit dem alleinigen Ziel voraussetzen, egoistisch die eigenen materiellen Verhältnisse zu maximieren. Selbst wenn der Kellner den Eindruck hat, dass Sie für einen sehr langen Zeitraum in der Stadt weilen, und nicht weiß, welches der letzte Tag sein wird, lässt sich Kooperation nicht für jeden Urlaubstag aufrechterhalten, und zwar aus dem einfachen Grund, dass Sie am letzten Urlaubstag keinen (eigennützigen) Grund haben, dem Kellner ein Trinkgeld zu geben. Es besteht eine sehr geringe Wahrscheinlichkeit, dass Sie am nächsten Tag noch einmal in das Restaurant gehen – Ihr Flug könnte ausfallen; also dürfte diese Wahrscheinlichkeit sehr klein, aber nicht gleich Null sein. Daraus folgt, dass der Kellner für den Fall, dass Sie beim letzten Mal kein Trinkgeld gegeben haben, nur eine sehr geringe Chance hat, Sie in der Zukunft mit schlechtem Service bestrafen zu können.

Wenn der Kellner hinreichend rational, intelligent und in eigennütziger Weise materialistisch ist, wird ihm klar sein, dass Sie eines Tages kein Trinkgeld springen lassen, selbst wenn er Sie erstklassig bedient. Das könnte genügen, um seinen Anreiz zu unterbinden, Sie jeden Tag bestens zu bewirten; er weiß genau, dass ein Tag ohne Trinkgeld kommen wird, er weiß nur nicht genau, wann es so weit ist.

Diese Darstellung einer eigentümlichen Beziehung zwischen einem Urlauber in Malaga und einem einheimischen Kellner mag etwas überzogen erscheinen, doch diese Art von Interaktion spielt sich im Grunde häufiger ab, als man meinen würde. Es ist bekannt, dass Stammgäste in heimischen Restaurants mehr Trinkgeld geben als in ausländischen Restaurants, in denen Sie rein zufällig landen und die sie sehr wahrscheinlich kein zweites Mal aufsuchen. Und der Service ist in Restaurants mit einheimischen Stammgästen in der Regel besser als in sogenannten Touristenfallen.

Trotz alledem geben wir häufig Trinkgelder, selbst dann, wenn uns dies keinen materiellen Vorteil einbringt. Warum tun wir dies? Warum umgehen wir die Gelegenheit, nicht so oft wir können zynisch den »Effekt des letzten Tages« auszunutzen? (Es gibt sogar Menschen, die am letzten Urlaubstag ein besonders großzügiges Trinkgeld zum Dank für guten Hotelservice in den zurückliegenden Tagen hinterlegen.)

Die Antwort überrascht nicht: Es liegt an unseren Gefühlen. Vergessen wir nicht, dass wir in der realen Welt die Situationen, die dem Gefangenendilemma ähneln, mehrfach durchspielen, nicht nur einmal. Um dies zu verdeutlichen, möchte ich den Begriff des Automaten einführen.

In vielen Modellen der Ökonomie und der Spieltheorie werden inzwischen Automaten verwendet. Zu diesem Wissenschaftsbereich habe ich einen kleinen Beitrag geleistet, der in folgender These besteht: Emotionen lassen sich in Analogie zu Automaten beschreiben und dies kann zu neuen Erkenntnissen führen, auch wenn Automaten lediglich Maschinen sind.

Automaten werden mit Hilfe der folgenden Komponenten (und ausschließlich mit diesen) definiert:

1. eine Anzahl von Zuständen
2. eine Anzahl von Aktionen
3. eine Ergebnisfunktion, die angesichts eines Zustands und einer Aktion einen neuen Ergebniszustand bestimmt
4. eine Aktionsfunktion, die jeden Zustand mit einer Aktion verknüpft
5. einen Ausgangszustand

Ein Fotokopierer, der einhundert Kopien macht, ist ein gutes Beispiel für solch einen Automaten.

Seine Anzahl von Zuständen entspricht der Gesamtmenge aller ganzen Zahlen von 0 bis 100 (dies ergibt 101 Zustände).

Seine vorgegebenen Aktionen enthalten nur zwei Variablen, »Kopieren« und »Stop«.

Seine Ergebnisfunktion kann jeden Zustand x (zwischen 0 und 100) annehmen und ergibt bei der Aktion »Kopieren« den Zustand x + 1. Bei der Aktion »Stop« stellt die Funktion den Zustand x her, das heißt, der Zustand verändert sich nicht.

Die Aktionsfunktion ergibt »Kopieren« für jeden Zustand, der kleiner als 100 ist, und wählt »Stop«, wenn der Zustand gleich 100 ist.

Der Ausgangszustand ist 0.

Entsprechend seiner Definition startet dieser Automat beim Zustand 0 und rückt dann auf Zustand 1 vor, gefolgt von Zustand 2 und so weiter. In jedem dieser Zustände macht der Automat eine Kopie, bis er den Zustand 100 erreicht, bei dem er stoppt. (Wenn diese Beschreibung Sie an ein Computerprogramm erinnert, dann aus gutem Grund. Ein Automat entspricht im Grunde genommen einem einfachen Computerprogramm.)

Man würde meinen, Automaten (und Computer) seien das genaue Gegenteil von menschlichen Wesen, aber in mindestens einer Hinsicht sind sie sich ähnlich: Sind die Umstände bekannt, verhalten sie sich vorhersagbar. Reagiere ich emotional und zücke jedes Mal das Messer, wenn ich mich beleidigt fühle, lässt sich mein Verhalten nach lediglich zwei Zuständen unterscheiden: 1. Ich fühle mich beleidigt; 2. Ich fühle mich nicht beleidigt. Meine Aktionsfunktion veranlasst mich, mein Messer zu zücken, wenn (und nur wenn) ich mich beleidigt fühle. Ich bin im Grunde ein Automat, und nicht einmal ein sehr komplexer.

Bin ich hingegen vollkommen rational, sieht mein Verhalten komplexer aus. Ein Gefühl der Kränkung allein genügt dann wohl nicht, mich zum Messer greifen zu lassen. Ich tue das vielleicht nur, wenn ich mich beleidigt fühle und zudem überzeugt bin, dass mein Gegenüber hinterher nicht vor Gericht beweisen kann, dass ich mit dem Messer auf ihn losgegangen bin. Die Untersituation, wonach sich nicht beweisen lässt, dass ich zugestochen habe, besteht wiederum aus vielen weiteren Untersituationen (sind Menschen zugegen, die als Zeugen auftreten könnten; sind Überwachungskameras im Einsatz usw.). Wir sehen, dass die Zahl der Zustände, die erforderlich sind, um das Verhalten einer rationalen Person zu beschreiben, viel größer ist als die Zahl der Zustände in der Beschreibung einer emotionalen Person, wodurch es viel schwieriger wird, Automaten als Modelle für rationales Verhalten zu verwenden. (Vergessen wir nicht: Emotionen eignen sich bestens zum Eingehen von Verpflichtungen und Bindungen – man reagiert weniger wahrscheinlich auf kleine Details wie die Anwesenheit von Zeugen, wenn man sich beleidigt fühlt oder wütend ist.)

Demzufolge besteht der wesentliche Unterschied zwischen einer rationalen und einer emotionalen Reaktion darin, dass Letztere weniger von den Gegebenheiten abhängig ist. Dies bedeutet nicht, dass ein emotionaler Mensch auf eine Beleidigung immer in der gleichen Weise ansprechen wird; es impliziert jedoch, dass die Reaktion eines rationalen Menschen stärker von den Umständen des Ereignisses geprägt ist. (Dies steht auch in Einklang damit, dass eine rationale Geistesverfassung mit erhöhter Selbstbeherrschung einhergeht.)

Die emotionale Variante des Automaten klingt aber doch eher wie das wahre Leben. Das obige Beispiel mit dem gezückten Messer könnte leicht stutzig machen; schließlich würde man meinen, dass solch ein Verhalten wohl kaum zu nützlicher Kooperation führen dürfte. Aber das stimmt nicht. Das emotionale Verhalten, das zum Zücken eines Messers führt, begünstigt Kooperation. Um genauer zu sein und nicht zu übertreiben, möchte ich den Sachverhalt folgendermaßen formulieren: In der richtigen Dosierung kann Vergeltung in positiver Weise Kooperation entstehen lassen. Zögerliches und übermäßig nachsichtiges Verhalten führt nicht zu Kooperation. Im Gegenteil, es verleitet zu Egoismus, denn wenn jede Handlungsweise toleriert und verziehen wird, hat jeder einen Anreiz, sich egoistisch zu gebaren und dabei anderen zu schaden.

Stellen Sie sich vor, Sie sind ein Automat, der an einem Spiel mit folgenden Bedingungen teilnimmt:

1. Als Zustände (emotionale Verfassungen) stehen zur Auswahl: »wütend« oder »gelassen«.
2. Als Aktionen stehen zur Auswahl: »kooperieren« oder »nicht kooperieren«.
3. Die Ergebnisfunktion geht von der Aktion des Kontrahenten in der vorigen Runde aus und bestimmt Ihren Zustand in der aktuellen Runde folgendermaßen: Wählte der Gegner »kooperieren«, sind Sie jetzt gelassen; wählte er hingegen »nicht kooperieren«, sind Sie wütend.
4. Die Aktionsfunktion berücksichtigt Ihren Zustand und bestimmt die Aktion, die Sie wählen, in folgender Weise: Wenn Sie gelassen sind, wählen Sie »kooperieren«, und wenn Sie wütend sind, wählen Sie »nicht kooperieren«.
5. Ihr Ausgangszustand ist »gelassen«.

Sind beide Spieler Automaten gemäß obiger Beschreibung, werden sie sich in allen Runden des Spiels auf jeden Fall kooperativ verhalten. Dies folgt daraus, dass beide in einem gelassenen Zustand beginnen, weswegen beide kooperieren, wodurch sie wiederum beide gelassen bleiben und so weiter; keiner der Akteure wird je wütend werden.

Wir müssen prüfen, ob einer der Spieler mehr herausholen kann, wenn er sich abweichend verhält (vorausgesetzt, er tritt gegen einen Automaten gemäß obiger Beschreibung an). Es lässt sich beispielsweise vorstellen, dass einer der Spieler immer aufgebracht ist, egal was passiert, oder aber stets gelassen bleibt.

Um mehr herauszuschlagen, selbst kurzfristig, muss ein »vom Kurs abweichender« Spieler in mindestens einer Runde »nicht kooperieren« wählen, wodurch er einen Gewinn von 200 Euro anstatt 150 Euro erhält (da sein Gegner »kooperieren« gewählt haben dürfte). Dieses Verhalten wird sich jedoch auf die nachfolgenden Etappen des Spiels auswirken. Nachdem der abweichende Spieler »nicht kooperieren« gewählt hat, wird sich der Kontrahent ärgern und sich deswegen in der nächsten Runde für »nicht kooperieren« entscheiden. Falls der abweichende Spieler in jenem Durchgang »kooperieren« wählt, bekommt er 0 statt 150 Euro, so dass er unter dem Strich mehr einbüßt, als er durch seine einmalige Abweichung hereinholt. Wenn der abweichende Spieler stattdessen weiterhin »nicht kooperieren« wählt, wird er in den nachfolgenden Runden jedes Mal 100 Euro verlieren (verglichen mit dem, was er durch fortlaufendes »Kooperieren« gewinnen könnte).

Ein abweichender Spieler kann nur dann einen Profit erzielen, wenn sein Verhalten keine Auswirkungen auf die Zukunft hat – also dann, wenn es keine relevante Zukunft gibt, das heißt in der allerletzten Runde. Handelt es sich bei dem abweichenden Spieler jedoch um einen Automaten mit zwei Zuständen, dessen jeweiliger Zustand allein von den Aktionen des Kontrahenten abhängt (das heißt, er weist emotionales Verhalten auf), hängen seine Aktionen nicht davon ab, in welcher Phase sich das Spiel gerade befindet. Daraus schließen wir, dass ein emotionaler Spieler seinen Gesamtgewinn nicht erhöhen kann, indem er sich anders verhält als der oben beschriebene Automat. Und daraus folgt, dass Kooperation in jeder einzelnen Phase ein Gleichgewicht herstellt.

Interessant ist hier, dass jeder der beiden emotionalen Spieler in dieser Situation bei bestehendem Gleichgewicht mehr erzielt, als wenn beide Spieler rationale Akteure im selben Spiel wären. Aus diesem Blickwinkel eignet sich emotionales Verhalten besser zur Aufrechterhaltung von Kooperation beim Gefangenendilemma mit Wiederholungen, auch wenn die Zahl der Spielrunden beiden Spielern genau bekannt ist.

Kehren wir zu unserem spanischen Kellner zurück und zu der Frage, warum der Tourist ihm Trinkgelder gibt. In ihrer Interaktion verhalten sich beide wie Automaten mit zwei möglichen Aktionen: »Trinkgeld geben« bzw. »kein Trinkgeld geben« einerseits und »zuvorkommend bedienen« bzw. »schlampig bedienen« andererseits. Jeden Tag werden beide von einem der folgenden emotionalen Zustände beherrscht: »Zufriedenheit« bzw. »Verärgerung«. Der jeweilige Zustand hängt von der letzten Aktion des anderen ab. Der

Tourist ist zufrieden, wenn er die Speisen des vorigen Tages gut vertragen hat. Der Kellner ist zufrieden, wenn er am Vortag ein Trinkgeld bekam. Ein Zustand der Zufriedenheit veranlasst den Touristen schließlich, ein Trinkgeld zu geben, und den Kellner, guten Service zu bieten. All dies schreibt eine Dynamik vor, in der es keine Rolle spielt, welcher Tag es ist (das heißt, ob es sich eventuell um den letzten Urlaubstag des Touristen handelt). Die beiden Akteure sind lediglich Automaten, die zu einfach programmiert sind, um das Datum in die Gleichung einzubeziehen. Ist der Tourist ein emotionaler Automat, wie es so viele Menschen zu sein scheinen, belohnt er den Kellner für bekömmliche Speisen des Vortages. Dass ein bestimmter Tag sein letzter Urlaubstag in Spanien sein wird, spielt keine Rolle.

Mit dieser Beschreibung soll der Tourist nicht verunglimpft werden. Er ist klug genug, um zu wissen, um welchen Tag es sich handelt und welches sein letzter Urlaubstag ist, doch sein emotionaler Zustand verhindert es, dieses Wissen mit einer Entscheidung über ein Trinkgeld zu verknüpfen.

Was würde geschehen, wenn einer der beiden, sagen wir der Tourist, vollkommen rational (und eigennützig) reagiert, während der andere ein emotionaler Automat wie der oben beschriebene ist? Der Tourist würde dem Kellner jeden Tag ein Trinkgeld geben, außer am letzten. Andernfalls würde er am Folgetag schlecht bedient werden, was er verhindern möchte. Sind aber beide absolut rational, ist ihre Kooperation zum Scheitern verurteilt (wie weiter oben im Kontext des Gefangenendilemmas dargelegt wurde). Der Tourist gibt kein Trinkgeld und wird während seines gesamten Urlaubs miserabel bedient.

Die primäre Erkenntnis, die wir aus dieser gesamten Analyse mitnehmen können, ist recht überraschend: Nicht Raffinesse und Subtilität, sondern Einfachheit und Direktheit fördern Kooperation und sorgen schließlich dafür, dass beide Parteien einer Interaktion besser dastehen.

6

Fairness, Kränkung und Vergeltung – warum sich Trottel nicht vor sich selber ekeln

Den Nobelpreis für Wirtschaftswissenschaften im Jahr 1994 erhielt Reinhard Selten (gemeinsam mit John Nash) für seine Beiträge zur Spieltheorie. Selten entwickelte ein dynamisches Konzept des Gleichgewichts, bei dem Akteure ähnlich vorausdenken wie Schachspieler.

Seltens Student Werner Güth führte 1982 ein einfaches Experiment durch, das sogenannte »Ultimatumspiel«.[1] Dabei erhält ein Akteur (A1) eine Geldsumme, sagen wir 100 Euro, die er sich mit einem zweiten Akteur (A2) teilen soll; es gelten folgende Regeln: A1 bietet A2 einen bestimmten Teil der Geldsumme an; das Angebot kann zwischen 0 Euro und den gesamten 100 Euro liegen. Akzeptiert A2 das Angebot, dann wird die Summe dementsprechend aufgeteilt. Wird das Angebot abgelehnt, zieht der Experimentleiter die 100 Euro ein und beide Spieler gehen leer aus. Das Angebot des ersten Spielers ist im Grunde ein Ultimatum nach dem Motto »Friss oder stirb«, was den Namen des Spiels erklärt.

Zwei eigennützige und rationale Spieler werden sich auf eine Teilung einigen, bei der A1 99 Euro und A2 nur 1 Euro bekommt. Da das Spiel lediglich ein einziges Mal durchlaufen wird, sollte A2 jedes Angebot annehmen, das größer als Null ist, denn selbst 1 Euro ist besser als gar nichts. A1 weiß dies und sollte daher den geringstmöglichen Betrag anbieten, nämlich 1 Euro.

Genau dieses Ergebnis sagt Seltens Modell des Gleichgewichts voraus. Selten ist nicht nur ein großartiger Wissenschaftler, sondern auch ein Mensch von überragender intellektueller Integrität. (Ich genoss das Privileg, zwei Jahre lang mit ihm arbeiten zu dürfen.) Er war unzufrieden mit dem Gleichgewichtskonzept, das ihm einen weltweiten Ruf und schließlich den Nobelpreis eingebracht hatte. Selten postulierte, dass bei konkreten Anwendungen des Ultimatumspiels das Geld normalerweise ganz anders aufgeteilt wird als nach seinem Gleichgewichtskonzept.

Güth, der das Experiment in Deutschland mit zahlreichen Teilnehmern durchführte, fand heraus, dass die Geldsumme in den meisten Fällen zu gleichen Teilen aufgeteilt wurde. Zudem wurden die meisten Angebote, die bei unter 35 Prozent der Gesamtsumme lagen, vom Empfänger abgelehnt. Mit anderen Worten, der Spieler A2 verzichtete in den meisten Fällen auf die Möglichkeit, 35 Euro zu erhalten, wenn er so dafür sorgte, dass dem Anbieter die 65 Euro entgingen, die jener gierig für sich behalten wollte.

Hunderte Aufsätze wurden über das Ultimatumspiel geschrieben, seit Güth seine Ergebnisse veröffentlichte. Forscher aus den Bereichen Volkswirtschaftslehre, Betriebswirtschaftslehre, Politikwissenschaft, Psychologie, Anthropologie und Philosophie haben sich zu dem Thema geäußert. In vielen Studien wurde verglichen, wie sich Angehörige unterschiedlicher Kulturen, darunter afrikanische Ethnien und abgeschiedene Stämme im Amazonasbecken, beim Ultimatumspiel verhalten. Eine Gruppe von Forschern am Max-Planck-Institut in Jena verfasste 2007 sogar einen Aufsatz darüber, wie Schimpansen das Ultimatumspiel angehen.[2] (Falls dies undenkbar klingt, sei hier kurz geschildert, wie dies vor sich ging: Die Schimpansen saßen in getrennten Käfigen und hatten eine Vorrichtung mit zwei Tablettpaaren vor sich, auf denen jeweils zehn Bananen unterschiedlich aufgeteilt waren; auf dem einen fünf zu fünf, auf dem anderen hingegen neun zu eins. Mit Hilfe der Vorrichtung konnte Schimpanse A das gewünschte Tablettpaar zu sich heranziehen, allerdings nur ein Stück weit. Um ganz an die Bananen heranzukommen, musste Schimpanse B dieser Entscheidung zustimmen, indem er von seiner Seite an dem entsprechenden Tablett zog.)

Das Ultimatumspiel fand in wissenschaftlichen Disziplinen weit abseits der reinen Spieltheorie Beachtung, weil es um eine Frage kreist, die für alle Sozialwissenschaften grundlegend ist: Wie zutreffend ist die These, dass alle Menschen eigennützig und rational sind, wenn man bedenkt, dass diese Annahme den meisten theoretischen Modellen in den Wirtschaftswissenschaften und vielen Fächern der Sozialwissenschaften zugrunde liegt?

Verschiedene Varianten des Ultimatumspiels wurden studiert, um Erkenntnisse über die Unterschiede in den Überlegungen der beiden Parteien zu gewinnen. Das Angebot, die Geldsumme halbe-halbe zu teilen, könnte entweder dem Bedürfnis nach Gleichstellung und Fairness seitens des Anbieters entspringen oder aus der Befürchtung, der andere könnte ein zu niedriges Angebot ablehnen. Um die wahre Motivation des Bieters zu ermitteln, haben Forscher vorgeschlagen, das Verhalten nicht mit Hilfe des Ultimatumspiels zu studieren, sondern anhand des Diktatorspiels, von dem im vorigen Kapitel die Rede war. Beim Diktatorspiel muss der zweite Spieler das Angebot des ersten Spielers annehmen; dabei hat er keine Möglichkeit, sich für ein beleidigend niedriges Angebot zu rächen, indem er dafür sorgt, dass weder er noch der Kontrahent irgendetwas gewinnt.

Wenn Spieler, die beim Ultimatumspiel eine Aufteilung zu gleichen Teilen vorschlagen, sich beim Diktatorspiel genauso verhalten, können wir daraus folgern, dass ihre primäre Motivation der Wunsch nach Gleichberechtigung ist, denn beim Diktatorspiel hat der zweite Spieler keine Möglichkeit, den ersten zu bestrafen. Wenn sie jedoch beim Diktatorspiel auf einmal niedrige Angebote machen, wäre dies ein starkes Indiz dafür, dass ihre primäre Motivation für eine gleichmäßige Aufteilung beim Ultimatumspiel nicht etwa der Wunsch nach Gleichheit ist, sondern vielmehr die Furcht vor dem Verlust der gesamten Summe, falls sich der zweite Spieler für ein niedriges Angebot rächt. Die Ergebnisse von Experimenten, bei denen Spieler sowohl das Ultimatumspiel als auch das Diktatorspiel durchlaufen, zeigen, dass sich die Akteure im Ultimatumspiel relativ rational verhalten; sie lernen, die Reaktionen des Gegners vorauszusehen, und streben zur Maximierung ihres

Profits das niedrigste Angebot an, mit dem sie durchkommen, ohne die Ablehnung seitens des Kontrahenten herauszufordern.

Viele wichtige Erkenntnisse wurden gewonnen, indem man verglich, wie sich Vertreter unterschiedlicher Kulturen beim Ultimatumspiel verhalten. In einer Studie wurden Akteure des Ultimatumspiels in den Vereinigten Staaten, Japan, Slowenien und Israel verglichen.[3] Dabei wurden signifikante Unterschiede zwischen einzelnen Kulturen nachgewiesen, je nachdem ob der betreffende Spieler bietet oder antwortet. Spieler in Israel boten in der Regel die niedrigsten Summen. Japaner rangierten in puncto egoistisches Bieten nicht weit hinter Israelis. Spieler in Slowenien und den Vereinigten Staaten zeigten sich dagegen viel großzügiger.

Das verblüffendste Ergebnis dieser interkulturellen Vergleichsstudie bestand jedoch in der engen Korrelation zwischen den gemachten Angeboten und den Reaktionen darauf. Sowohl in Israel als auch in Japan wurden meist relativ niedrige Angebote angenommen. Wurden jedoch ähnlich niedrige – und sogar etwas großzügigere Angebote – in den Vereinigten Staaten gemacht, wurden diese häufig rundweg abgelehnt.

Aus diesem Experiment lässt sich folgern, dass die Normen für Fairness relativ und kulturell geprägt sind. Ein Angebot, das in Japan oder Israel als annehmbar gilt, könnte in den Vereinigten Staaten als unerhört niedrig angesehen werden. Umgekehrt könnte ein Angebot, das in den Vereinigten Staaten als normal empfunden wird, in Israel als überaus großzügig (oder sogar als »töricht«) betrachtet werden. Ein Angebot, das in allen Kulturen als unfair gilt, wird so gut wie immer ausgeschlagen. Selbst Israelis, die duldsamste Gruppe der Geldempfänger in diesem Spiel, lehnten Angebote von unter 20 Prozent meist ab, doch ihre Akzeptanzschwelle lag unter der von Amerikanern.

Spieler, die ein Teilungsangebot machen, wissen gleichsam wie durch Magie, was in ihrer Kultur als »fair« gilt, und probieren es mit dem niedrigsten Angebot, das wahrscheinlich durchgehen dürfte. Ihr Verhalten entspricht in hohem Maße den Vorstellungen von

Egoismus und Rationalität. Diese Fähigkeit, Signale der Fairness zu erkennen und zu deuten, ist, wie wir bereits im fünften Kapitel gesehen haben, einer der wichtigen Vorzüge rationaler Emotionen. Sie erspart uns unnötige Meinungsverschiedenheit und Zeitverschwendung.

Vor etlichen Jahren veröffentlichten mein Kollege Shmuel Zamir und ich die Ergebnisse eines Experiments zum Ultimatumspiel in veränderten Umgebungen.[4] In einer stabilen und homogenen Gesellschaft sind auch beständige Normen der Fairness anzutreffen. In dynamischen Gesellschaften, in denen sich Immigranten und Angehörige unterschiedlicher Kulturen mischen, entstehen in einem Prozess des Lernens und der ständigen Anpassung neue Fairness-Standards; in solchen Situationen können sich Normen viel schneller wandeln, als wir uns gemeinhin vorstellen. Um diese Dynamik zu erhellen, brachten wir in unserem Labor viele Akteure zusammen. Jeder durchlief das Ultimatumspiel mehrfach, aber jeweils mit einem anderen Gegenüber. Nach ungefähr zehn Spielen mit menschlichen Partnern wurden einige der Akteure dieses Experiments mit virtuellen Gegnern konfrontiert – eigens von uns entwickelten Computerprogrammen.

Wir verwendeten zwei verschiedene Typen von virtuellen Spielern. Typ A war darauf programmiert, als Bieter besonders niedrige Angebote – zwischen 13 und 16 Prozent – zu machen und als Empfänger jedes Angebot über 16 Prozent anzunehmen. Typ B war darauf programmiert, als Bieter großzügige Angebote – zwischen 45 und 50 Prozent – zu machen bzw. als Empfänger nur Angebote über 45 Prozent zu akzeptieren.

Eine Gruppe menschlicher Spieler wurde in diesem Experiment virtuellen Spielern des Typs A gegenübergestellt, nachdem sie zehn Spiele mit einem menschlichen Gegner durchlaufen hatten. Eine andere Gruppe wurde mit virtuellen Spielern des Typs B zusammengebracht. Die menschlichen Spieler wurden vorher nicht darüber unterrichtet, dass sie ab einem bestimmten Zeitpunkt gegen ein Computerprogramm spielen würden.

Das Experiment fand in Israel statt. Im ersten Teil des Versuchs, bei dem sich in zehn Spieldurchgängen menschliche Kontrahenten gegenübersaßen, wurde durchweg mit der Fairnessnorm gespielt, die für Israelis typisch ist – das häufigste Gebot lag knapp unter 40 Prozent. Nach zehn bis fünfzehn weiteren Runden gegen virtuelle Gegner nahmen jedoch beide Gruppen andere Normen der Fairness an. Menschliche Spieler, die gegen virtuelle Spieler des Typs A antraten, machten Angebote zwischen 20 und 40 Prozent; und die Spieler, die es mit Typ B zu tun hatten, gaben nunmehr Gebote ab, die nie unter 50 Prozent lagen.

Diese neuen Normen wurden unter dem Druck zweier unterschiedlicher Kräfte übernommen. Die menschlichen Spieler, die in der Rolle des Angebotsempfängers gegen einen virtuellen Bieter des Typs A spielten, wurden mit sehr niedrigen Offerten konfrontiert, die sie anfangs ablehnten. Im Lauf der Zeit mussten sie jedoch lernen, diese Angebote anzunehmen, denn ein fortwährendes Ablehnen hätte bedeutet, am Ende des Experiments nur sehr wenig Geld in der Tasche zu haben. Menschliche Akteure in der Rolle des Bieters, die es mit unerhört niedrigen Angeboten (von unter 17 Prozent) versuchten, stellten überrascht fest, dass diese Angebote durchweg angenommen wurden, wenn sie es mit einem virtuellen Empfänger des Typs A zu tun hatten. Dies ermutigte sie dazu, es weiterhin mit niedrigen Angeboten zu probieren. Die meisten Angebote fielen schließlich auf sehr niedrige Niveaus. Ähnliche Dynamiken, allerdings in umgekehrter Form, ließen sich bei den menschlichen Spielern beobachten, die gegen virtuelle Akteure des Typs B antraten. Angebote, die sogar nur geringfügig unter einer Aufteilung zu gleichen Teilen lagen, wurden ausgeschlagen, und die Spieler wurden dazu »erzogen«, nur eine gleichmäßige Aufteilung anzubieten.

Wir folgerten aus diesem Experiment, dass Normen der Fairness recht fragil sein können. Ein fester Vorsatz, jedes Angebot auszuschlagen, das als beleidigend niedrig empfunden wird, kann leicht schwinden, wenn erkannt werden muss, dass so gut wie alle erhaltenen Angebote empörend knickerig sind. Im Grunde werden solche Angebote beinahe per Definition fortan nicht mehr als beleidigend empfunden.

Das Verhalten der Bieter im Ultimatumspiel entspricht ganz den Vorstellungen von Egoismus und Rationalität. Das Gebaren der Empfänger bleibt indes ein wenig rätselhaft. Warum sollte jemand, der ein Angebot annimmt oder ablehnt, Geld auf dem Tisch liegen lassen, bloß um den anderen dafür zu bestrafen, dass er ein beschämend niedriges Angebot unterbreitet hat, wenn das Spiel nur ein einziges Mal gespielt wird und die beiden Akteure einander nie mehr wiedersehen? Robert Aumann gab darauf eine interessante Antwort – mit seiner Unterscheidung zwischen »Handlungsrationalität« und »Regelrationalität«. Demzufolge werden wir durch die Grenzen der uns verfügbaren kognitiven Ressourcen dazu veranlasst, einfache Verhaltensregeln anzunehmen, die in den meisten sozialen Interaktionen gut funktionieren, aber nicht unbedingt in allen. Nicht in einem überteuerten Laden zu kaufen oder die Haustür hinter sich abzuschließen ist in den meisten Fällen rational, aber nicht in allen. Anders gesagt: Anstatt jedes kleine Detail unserer Interaktionen vorauszuplanen, begnügen wir uns mit einem einigermaßen guten Grundsatz und halten uns an diesen.

Die Faustregel, welche die Angebotsempfänger im Ultimatumspiel anwenden, lässt sich mit folgender Devise zusammenfassen: »Nur nicht wie ein Trottel dastehen.« Da die meisten wichtigen sozialen Interaktionen im Leben der Menschen wiederholte Interaktionen sind, ist es erfolgversprechend, sich an diese Regel zu halten. Wenn ich in wiederholten Interaktionen die Bereitschaft bekunde, niedrige Angebote zu akzeptieren, verleite ich den anderen wahrscheinlich dazu, bei unserer nächsten Interaktion zu versuchen, mich auszubeuten. Regelrationalität wird häufig durch Gefühle angetrieben, besonders jene, die wir als »kluge Gefühle« bezeichnen. Der Wunsch nach Vergeltung und Bestrafung oder ein Gefühl von Kränkung statt Würdigung – all dies sind grundlegende Mechanismen zur Ableitung optimaler Regeln, die wir in täglichen

Interaktionen anwenden können, welche dem Ultimatumspiel ähneln.

Diese These wurde vor kurzem durch die Ergebnisse einer wichtigen neuroökonomischen Studie bestätigt. Die Neuroökonomie ist ein neues Forschungsgebiet der Ökonomie; Neuroökonomen untersuchen, welche Gehirnaktivitäten auftreten, wenn Menschen ökonomische Entscheidungen treffen.[5] Ökonomen und Psychologen haben in den letzten Jahren vermehrt bildgebende Verfahren eingesetzt, um bei Entscheidungsprozessen die Gehirnaktivitäten zu messen. Die speziellen Hirnregionen, die daran jeweils beteiligt sind, werden durch die Messung des Sauerstoffverbrauchs bestimmt.

In einer Studie wurde mit Hilfe der funktionellen Magnetresonanztomographie die relative Aktivität in unterschiedlichen Hirnregionen von Probanden gemessen, die in der Rolle des Angebotsempfängers am Ultimatumspiel teilnahmen. Die Forscher stellten fest, dass extrem niedrige Angebote eine Aktivität in Teilen des Gehirns auslösten, die mit Ekel und dem Brechreflex in Verbindung stehen. Das Gefühl des Ekels, das mit unseren Reaktionen auf beleidigende Angebote einhergeht, ist möglicherweise Teil eines Mechanismus, der sich herausbildete, um uns davor zu schützen, in wiederholten Interaktionen ausgebeutet zu werden.

Kurzum, es scheint so, als würde uns unfaires Verhalten im wahrsten Sinne des Wortes »anekeln«. Wollen wir wirklich die Vernunft einschalten, um uns umzustimmen, Kränkungen zu akzeptieren?

TEIL II

Vertrauen und Großzügigkeit

7

Stigmata und Vertrauensspiele – warum begehen Bienen Selbstmord?

Zwei in Washington, D.C., ansässige Wissenschaftler, Philip Keefer und Stephen Knack, untersuchten im Rahmen einer Studie, die sie 1997 in einer führenden Fachzeitschrift für Ökonomie veröffentlichten, in welchem Maße Menschen Fremden vertrauen.[1] Tausende Teilnehmer in Dutzenden von Ländern sollten ihr Vertrauen in Menschen bewerten, die sie nicht gut kannten, angefangen von ihrem Automechaniker über ihren Hausarzt bis zum Bediensteten einer staatlichen Behörde. Als eines der interessanten Ergebnisse dieser Studie ergab sich eine starke Korrelation zwischen dem Vertrauen, das Menschen Fremden zu schenken bereit sind, und dem Bruttoinlandsprodukt (BPI) des Landes, in dem sie lebten.[2] Länder mit hohen Vertrauenswerten wiesen entsprechend höhere BPI auf. Mit der Studie wurde kein unmittelbarer kausaler Zusammenhang zwischen Vertrauen und wirtschaftlicher Entwicklung aufgezeigt, aber nachfolgende Studien, teils in Form von Laborexperimenten, konnten überzeugende Ursachen für die Korrelation aufdecken.

Vertrauen ist ein Motor für die Kooperation zwischen einzelnen Menschen. Kooperation wiederum ist ein Antrieb zu wirtschaftlichem Wachstum und gesellschaftlichem Wohlergehen. Und Vertrauen setzt Glaubwürdigkeit voraus. Ohne Glaubwürdigkeit kann auf lange Sicht kein Vertrauen bestehen; und ohne Vertrauen wird Glaubwürdigkeit schließlich zerstört. Wenn in einem sozialen Umfeld praktisch kein Vertrauen existiert, ist es sinnlos, Glaubwürdigkeit aufbauen oder aufrechterhalten zu wollen; in dieser Situation ist man besser beraten, ein egoistisches und unzuverlässiges Verhalten anzunehmen. In Gesellschaften und Nationen lassen sich zwei Formen des Gleichgewichts unterscheiden: Bei einem »guten«

Gleichgewicht vertrauen die Menschen einander und verhalten sich in verlässlicher und kooperativer Weise (die das Vertrauen rechtfertigt). Bei einem »schlechten« Gleichgewicht schenken die Menschen einander kein Vertrauen, was dazu führt, dass dieser Mangel an Vertrauen als Rechtfertigung dafür dient, nicht vertrauenswürdig zu handeln, weil dafür keine Notwendigkeit erkannt wird. Es lässt sich auch ohne empirische Daten leicht erraten, welches dieser Gleichgewichte mit größerem wirtschaftlichem Wachstum einhergeht.

Unter Ökonomen ist man sich uneins in der Frage, ob diese Gleichgewichte durch Zufallsprozesse entstehen oder von bestimmten Ausgangsbedingungen abhängen. Trifft Ersteres zu, ist der Unterschied zwischen den heutigen Verhältnissen beispielsweise in Angola und der Schweiz auf einstige Zufallsereignisse zurückzuführen, die in Angola ein schlechtes und in der Schweiz ein gutes Gleichgewicht hervorbrachten. Nach dieser Sichtweise bestand ursprünglich die gleiche Chance, dass sich Angola über einen anderen Verlauf der Geschichte so entwickelt haben könnte wie die Schweiz und die Schweizer heute so leben könnten wie die Angolaner. Die Vertreter der gegenteiligen Ansicht argumentieren, bestimmte Ausgangsbedingungen (wie etwa klimatische, geologische und kulturelle Faktoren) sorgten dafür, welche Art von Gleichgewicht in einem Land letztendlich herrscht.

Natürlich ist nichts von alldem von Belang, wenn es möglich ist, das schlechte Gleichgewicht einer Gesellschaft in ein gutes zu verwandeln. Die These, wonach sich eine Gesellschaft auf ein Idealbild hin entwickelt, wird auch als »Konvergenztheorie« bezeichnet. Hierüber herrscht jedoch noch größere Uneinigkeit unter den forschenden Ökonomen. Verfechter der Konvergenztheorie, die offenbar von Natur aus optimistisch sind, gehen davon aus, dass es nur eine Frage der Zeit sei, bis Angola ein gutes Gleichgewicht erlangt, das seinen Bürgern einen Lebensstandard beschert, der dem der Schweizer entspricht. Ihre Gegner behaupten, solche Gleichgewichte seien »ergodisch« bzw. »absorbierend«, das heißt, man könne sie nur sehr schwer verändern. (Das schlechte Gleichgewicht »absorbiert« gleichsam die Veränderung, anstatt durch sie umgewandelt zu werden.) Die Szenarien für einen Wechsel von einem guten zu einem schlechten Gleichgewicht kann man sich leichter ausmalen. Dazu gehören Lebensmittel- und Wasserknappheit, Krankheiten und Seuchen sowie ein Regierungskollaps; jeder dieser Faktoren könnte den Zusammenbruch der Sozialordnung eines Landes herbeiführen. Es scheint indes besonders schwer, von einem schlechten zu einem guten Gleichgewicht überzugehen. Stellen Sie sich beispielsweise vor, Sie sollen mit drei weiteren Leuten eine große Truhe in der Wohnung eines Freundes in einen anderen Raum schaffen. Die Truhe ist so schwer, das sie nur mit dem vollen Kräfteeinsatz aller vier angehoben werden kann. Nach etlichen vergeblichen Versuchen, das Trumm anzuheben, wird klar, wie schwierig es ist, das Ding von der Stelle zu bewegen. Jeder der vier hegt wahrscheinlich Zweifel darüber, wie viel Mühe die anderen aufbringen und ob sie selber noch an einen Erfolg glauben. Es dürfte einiges an Diskussion erfordern, um die Aufgabe zu bewältigen, und sobald Misstrauen aufkommt, wird es erforderlich sein, das Verhalten der vier zu verändern, um ein besseres Gleichgewicht herzustellen. Falls es den vieren irgendwann gelingt, alle Kräfte zu bündeln und die Truhe anzuheben, würden sie ein gutes Gleichgewicht erreichen, doch dieses wäre sehr instabil. Nur einer der vier müsste sein Verhalten ändern (indem er sich beispielsweise ein wenig drückt), und schon würde das Vertrauen der anderen einbrechen und das Objekt zu Boden krachen.

Obwohl beide Lager im Disput über die Konvergenztheorie äußerst komplexe mathematische Modelle verwenden, wurde bislang keine Lösung des Problems gefunden.

Die Forschung in der Ökonomie unterscheidet sich in mancher Hinsicht von der wissenschaftlichen Arbeit in den Naturwissenschaften. Die zeitgenössische Ökonomieforschung ist theoretischer Natur und bezieht mathematische Modelle mit ein. Insofern ist diese theoretische Arbeit mit jener in der Physik vergleichbar. Aber anders als in der Physik, wo eine Hypothese letztendlich durch empirische Daten verifiziert wird, werden viele ökonomische Theorien weithin anerkannt, ohne je empirisch getestet zu werden. In vielen Fällen lassen sich die empirischen Ergebnisse, die eine bestimmte Theorie bestätigen oder widerlegen könnten, gar nicht herbeiführen. Wie in aller Welt sollten wir mit Hilfe empirischer Instrumente eine Theorie verifizieren oder falsifizieren, wonach sich der Lebensstandard in Angola innerhalb der nächsten tausend Jahre dem in der Schweiz angleichen wird?

Diese Art theoretischer Forschung ist in der Ökonomie dennoch sehr wichtig; das menschliche Verhalten ist viel zu komplex, als dass man es mittels mathematischer Modelle präzise beschreiben könnte. Die Rolle solcher Modelle besteht häufig vielmehr darin, eine Behauptung oder eine Erkenntnis zu klären oder zu verdeutlichen, die auch ohne Modell beschrieben werden könnte. In der Physik sind Modelle die Essenz der Wissenschaft, in der Ökonomie sind sie Werkzeuge. Es gibt einige ausgefallene Modelle in der Ökonomie, die aufzeigen, warum ein Monopol einen höheren Profit abwirft als ein Unternehmen in einem Wettbewerbsmarkt. Diese Modelle liefern viele wichtige Erkenntnisse, darunter auch solche, die für Strategieplanung maßgeblich sind, aber sie beschreiben nicht ansatzweise das gesamte Bild und sind sogar ziemlich nutzlos, wenn es darum geht, Voraussagen etwa über die Konjunktur zu machen.

In den 1990er Jahren schlugen drei amerikanische Wirtschaftsforscher vor, mit Hilfe eines einfachen Spiels, das sich für Laborversuche eignete, zu untersuchen, in welchem Maße Menschen bereit sind, anderen Vertrauen und Glauben zu schenken.[3] An diesem sogenannten »Vertrauensspiel« nehmen zwei Akteure teil; der erste Spieler (der Bieter) erhält eine bestimmte Geldsumme, sagen wir 100 Dollar, die er entweder ganz für sich behalten oder aber mit dem zweiten Spieler (dem Empfänger) teilen kann. Für jeden Dollar, den der Bieter dem Empfänger gibt, legt der Experimentleiter zwei zusätzliche Dollar drauf. Ein Beispiel: Gewährt der Bieter dem Empfänger 20 Dollar (von den ursprünglichen 100), hat der Empfänger am Ende 60 Dollar (das Dreifache des abgetretenen Betrags). Nun hat der Empfänger die Möglichkeit, einen Teil des erhaltenen Geldes – je nachdem wie großzügig oder geizig er ist – wiederum dem Bieter zu geben.

Versuchen Sie einmal, sich in die Teilnehmer dieses Spiels hineinzuversetzen und sich vorzustellen, was Sie tun würden. Ihr Verhalten als Bieter hängt ganz klar davon ab, wie viel Vertrauen Sie dem Empfänger schenken wollen. Wenn Sie die gesamte Ausgangssumme für sich behalten, gehen Sie mit 100 Dollar nach Hause und der Empfänger geht leer aus. Treten Sie ihm jedoch einen Teilbetrag ab, der dann verdreifacht wird, und der Empfänger gibt Ihnen die Hälfte dieser verdreifachten Summe zurück, stehen Sie am Ende beide besser da. Falls Sie ganz auf Risiko gehen und die gesamten 100 Dollar hergeben, hält der Empfänger 300 Dollar in Händen; gibt er Ihnen die Hälfte davon ab, haben schließlich beide 150 Dollar, und das ist insgesamt ein ordentlicher Gewinn.

Der Empfänger hat jedoch kein Motiv, den erhaltenen Betrag zu teilen, außer reinem Wohlwollen, purer Großzügigkeit oder einem Schamgefühl für undankbares Handeln. Der Bieter befindet sich also in einer Zwickmühle. Wenn wir bei beiden Spielern Eigennutz und Rationalität zugrunde legen, würde die Spieltheorie voraussagen, dass der Bieter dem Mitspieler keinen Cent geben wird, weil er davon ausgehen kann, dass er letzten Endes nichts zurückbekommt.

Ähnlich wie das Ultimatumspiel wurde auch das Vertrauensspiel rasch zu einem der meistdiskutierten Spiele in der Verhaltensökonomie. Von Anfang an zeigten Laborexperimente über das Verhalten im Vertrauensspiel wenig überraschend, dass die Bieter normalerweise bereit waren, einen beträchtlichen Anteil (meist etwa ein Drittel) ihres Ausgangsbetrags abzugeben. Die Empfänger wiederum belohnten diese Großzügigkeit in der Regel, indem sie dem Bieter den ursprünglich erhaltenen Betrag sowie einen kleinen Bonus überließen.

Die Bedeutsamkeit des Vertrauensspiels liegt jedoch nicht in dem Nachweis, dass Menschen bis zu einem bestimmten Grad anderen zu vertrauen bereit sind, sondern in der Möglichkeit, damit das Maß an Vertrauen in unterschiedlichen Kulturen zu bestimmen und zu vergleichen. Zu diesem Themenkomplex wurden einige interessante Experimente durchgeführt.

Betrachten wir ein Beispiel. Uri Gneezy und Chaim Fershtman, zwei israelische Forscher, untersuchten die Art und Weise, wie sich der ethnische Ursprung auf menschliches Verhalten auswirkt.[4] An dem Experiment nahmen Studenten der Universitäten von Tel Aviv und Haifa teil, deren ethnische Herkunft – Europa oder Nahost – sich leicht am Nachnamen ablesen ließ. Die Probanden spielten das Vertrauensspiel über Computerterminals, wobei die Bieter in Tel Aviv und die Empfänger im etwa 60 Meilen entfernten Haifa ansässig waren.

Jeder Spieler wurde über den Namen seines Kontrahenten unterrichtet. Unter den Spielerpaaren wurden all die Kombinationen gebildet, die möglich waren: Bieter europäischer Herkunft und Empfänger nahöstlicher Herkunft und umgekehrt sowie zwei europäische Spieler bzw. zwei Spieler aus dem Nahen Osten. Die überraschende und in gesellschaftlicher Hinsicht enttäuschende Schlussfolgerung bestand darin, dass die Empfänger mit nahöstlichen Nachnamen deutlich weniger bekamen als Empfänger mit europäischen Nachnamen. Diese Benachteiligung von Spielern aus Nahost war hauptsächlich auf das Verhalten der europäischen Akteure zurückzuführen, aber auch Probanden aus dem Nahen Osten diskriminierten in einem gewissen Maß Mitspieler derselben ethnischen Herkunft. Männer diskriminierten in dieser Hinsicht im Durchschnitt mehr als Frauen. Mit anderen Worten: Männer vertrauten Spielern mit europäischem Namen durchweg mehr als Spielern mit nahöstlichem Namen.

Wie dieser einfache Versuch zeigt, ist Diskriminierung durchaus anzutreffen. Wir erleben kaum noch unverhohlene Diskriminierung, weil die Gesellschaft diese massiv missbilligt. Aber abseits des sozialen Rampenlichts zeigt hier und da eine unterschwellige Diskriminierung ihre hässliche Fratze. In diesem Experiment entsprang das diskriminierende Verhalten einem intuitiven (und vielleicht sogar unterbewussten) Gefühl seitens vieler Bieter, das sie zu der Annahme führte, europäische Empfänger würden sie eher für ihre Großzügigkeit belohnen als nahöstliche Empfänger. Selbst Bieter aus dem Nahen Osten empfanden offenbar dasselbe über andere Vertreter ihrer eigenen Ethnie, wie in der von ihnen gezeigten Diskriminierung sichtbar wurde.

An dieser Stelle könnte man fragen, ob dieses intuitive Gefühl – Spieler aus dem Nahen Osten würden Großzügigkeit mit Geiz entlohnen – durch das gerechtfertigt war, was das Experiment über das Verhalten der Empfänger im Vertrauensspiel offenbarte. Die Antwort lautet: keineswegs. Unabhängig von ihrer ethnischen Herkunft neigten alle Empfänger dazu, freigiebige Bieter ebenso großzügig zu entlohnen. Genau genommen erwiesen sich Empfänger aus Nahost sogar geringfügig generöser als europäische Empfänger.

Wie ist die Stigmatisierung von Menschen orientalischer Herkunft entstanden? Im vorigen Kapitel war davon die Rede, dass Robert Aumann zwischen Regelrationalität und Handlungsrationalität zu unterscheiden vorschlägt. Eine regelrationale Handlung ist eine Handlung, die auf einer instinktiven Regel beruht, das heißt, die uns in vielen verschiedenen Interaktionen im Lauf eines Lebens »in der Regel« vorteilhaft erscheint. Eine handlungsrationale Aktion erfordert dagegen viel mehr kognitive Aufmerksamkeit und eignet sich für einen ganz bestimmten Handlungszusammenhang.

Vertrauen und Misstrauen werden hauptsächlich durch emotionale Regeln beeinflusst, also Regeln, die durch Emotionen geprägt sind. Regeln sind zwar wirksam und nützlich, indem sie zu raschen Entscheidungen verhelfen, doch sie haben auch einen entscheidenden Nachteil – sie stützen sich auf Übergeneralisierungen. Die Diskriminierung, die in dem oben beschriebenen Experiment zutage trat, ist ein Beispiel für diese Art von irreführender Verallgemeinerung. Sie entspringt der Auffassung, dass man Menschen, die weniger gut situiert oder anders sind, nicht trauen sollte. Dies mag zwar unter bestimmten Umständen vernünftig sein, aber unter anderen Vorzeichen könnte es unseren Interessen schaden. Solche Regeln bilden sich oft bereits nach sehr wenigen Fällen heraus, in denen wir der falschen Person Vertrauen schenkten, und sind nur schwer zu revidieren. Meist bleiben sie noch lange bestehen, selbst wenn sie sich als schädlich oder falsch erwiesen haben.

In dieser Hinsicht unterscheiden sich die Menschen nicht groß von Bienen, die sich ebenfalls massiv auf Regeln verlassen, welche sie nicht leicht umstoßen können. Ein interessantes Experiment zu dieser Frage wurde vor einigen Jahren in Deutschland durchgeführt. Dabei verwendete man »künstliche Blüten« – farbige runde Schächtelchen mit Nektar, der Bienen anlockte. Die Experimentleiter legten ein Feld mit künstlichen Blumen in zwei verschiedenen Farben an, Gelb und Blau. Die gelben »Blüten« wurden mit Nektar gefüllt, die blauen blieben leer.

Über dem künstlichen Blumenfeld wurde ein Schwarm junger Bienen ausgesetzt. Die Tiere begannen sofort, zwischen den Blüten hin und her zu schwirren. Die Bienen, die auf einer gelben Blüte landeten, konnten Nektar aufnehmen; jene, die blaue Blüten ansteuerten, wurden enttäuscht und flogen weiter. Im Lauf der Zeit ließen sich allmählich immer weniger Bienen auf blauen Blüten nieder, bis alle gelernt hatten, diese links liegen zu lassen und direkt auf die gelben Blüten zuzufliegen.

An einem bestimmten Punkt änderten die Experimentleiter die Bedingungen. Sie füllten die blauen Blüten mit Nektar und ließen die gelben leer. Sie erwarteten, dass die Bienen allmählich lernen würden, sich fortan den blauen Blumen zuzuwenden und die gelben außer Acht zu lassen. Dies war jedoch nicht der Fall. Die Bienen behielten ihr bisheriges Verhaltensmuster bei und suchten weiterhin stur die gelben Blüten auf. Sie blieben einem falschen

Stigma verhaftet und mieden die blauen Blüten, obwohl sie jedes Mal enttäuscht wurden, wenn sie sich einer leeren gelben Blüte näherten. Dies änderte sich auch nicht, als die Bienen durch Mangel an Nahrung immer schwächer wurden. Schließlich starb das gesamte Bienenvolk aus. In gewissem Sinn begingen die Bienen Selbstmord auf dem Altar des »Stigmas«, mit dem sie blaue Blüten behaftet hatten.

Das Bienenexperiment offenbart die Gefahren unbewusster Vorurteile, verweist aber auch auf eine Möglichkeit, wie wir Menschen solchen Urteilsverzerrungen entgegenwirken können. Wie das Vertrauensspiel zeigt, lässt sich die Bereitschaft, sich anderen Menschen preiszugeben oder auszuliefern, durch gesellschaftliche Bedingungen ändern. Wie diese Versuche deutlich machen, entsteht solch ein soziales Umfeld nur dann, wenn Emotionen an die Stelle von reinem logischem Eigeninteresse treten.

8

Sich selbst bewahrheitendes Misstrauen

Im Jahr 2001 wurde ich als Professor an das Europäische Hochschulinstitut (European University Institute, EUI) in der wunderbaren Stadt Florenz berufen. Das EUI wurde von der Europäischen Gemeinschaft als Ausbildungsstätte für Doktoranden und für die Forschung in verschiedenen Fächern gegründet. Jedem Mitglied der Europäischen Union ist eine bestimmte Zahl von Studienplätzen zugeteilt, so dass die eingeschriebenen Jungakademiker zu gleichen Teilen vielen verschiedenen Nationalitäten angehören. Dies kommt nicht nur der Universität selbst zugute, sondern auch der Forschung, denn die Studierenden bilden eine phantastische Probandenschaft für wissenschaftliche Experimente. Die meisten Studenten sprechen mindestens drei europäische Sprachen und haben in mehr als einem Land der Europäischen Union gelebt.

Ende 2001 rief der damalige deutsche Außenminister Joschka Fischer den gesamten Lehrkörper der sozialwissenschaftlichen Fakultät zusammen und erteilte den rund dreißig Professoren die sonderbare Aufgabe, eine Verfassung für die »Vereinigten Staaten von Europa« zu entwerfen. Als ich später ein Forschungsstipendium der EU erhielt, beschloss ich, gemeinsam mit einigen Kollegen den Themenkomplex »Vertrauen und Glaubwürdigkeit« im europäischen Kontext zu untersuchen.[1] Wir starteten ein Experiment mit einem Spiel, das auf einem »Markt der Gefälligkeiten« beruht.

Teilnehmer an der Studie waren Studenten aus unterschiedlichen Teilen Europas, die gerade erst an das EUI gekommen waren und sich daher noch nicht mit anderen Kommilitonen bekannt gemacht hatten. Sie wurden in mehrere Gruppen zu je fünf Probanden aufgeteilt. Die Mitglieder der jeweiligen Gruppe sahen einander nicht direkt; all ihre Interaktionen wurden über Computermonitore abgewickelt.

Zu Beginn wurde unter den Gruppenmitgliedern eine kurze Beschreibung eines jeden Teilnehmers herumgereicht. Darin nannten wir unter anderem das Alter und die akademischen Interessen des Betreffenden. Das wichtigste Detail für die Experimentleiter war indes das Herkunftsland. Jeder Proband erhielt nun 50 Euro und die Anweisung, einen beliebigen Teil dieser Summe an irgendein Mitglied der Gruppe abzutreten. Wie im Vertrauensspiel wurde der abgetretene Betrag verdreifacht. Der Empfänger dieser großzügigen Gabe erhielt dann die Möglichkeit, sich beim Geber mit einem Betrag seines Ermessens zu bedanken, abermals genau wie beim Vertrauensspiel.

Jede Gruppe wiederholte dieses Vorgehen in sechs Runden. Dadurch entstand ein dynamischer »Markt der Gefälligkeiten«, auf dem bestimmte Spieler andere als Nutznießer ihrer Großzügigkeit auswählten – mit der Erwartung, entweder in der gleichen oder in einer späteren Runde für diesen Großmut belohnt zu werden.

Wir wollten vergleichen, in welchem Maß die Probanden bereit waren, Empfängern aus Nordeuropa bzw. aus Südeuropa zu vertrauen. Zu diesem Zweck zählten wir Dänemark, Schweden, Finnland, Großbritannien, Deutschland, Belgien und die Niederlande zu Nordeuropa. Unter die südeuropäischen Länder reihten wir Italien, Spanien, Portugal, Griechenland und (aus bevölkerungsstatistischen Gründen) Frankreich ein. Es ist kein Zufall, dass die geographische Trennlinie zwischen Nord- und Südeuropa auch eine kulturelle Scheidegrenze bildet, nämlich die zwischen den graeco-romanischen Kulturen und den angelsächsisch-germanischen.

Aufgrund des Backgrounds der Experimentteilnehmer – allesamt junge Intellektuelle, die bereits intensiv mit internationalen und multikulturellen Interaktionen vertraut waren – hätte man vielleicht erwartet, dass sich die nationale Herkunft nicht auf die Vertrauensniveaus in dem Spiel auswirkt. Diese Annahme erwies sich jedoch als falsch. Südeuropäer wurden im Vergleich zu Nordeuropäern in signifikantem Maß diskriminiert, das heißt, Nordeuropäer misstrauten Südeuropäern. Dies zeigte sich sowohl darin, wer als Empfänger eines Geldbetrags ausgewählt wurde, als auch darin, wie viel Geld abgetreten wurde. Südeuropäer wurden relativ selten ausgewählt, und wenn, dann erhielten sie weniger Geld als Mitspieler aus dem Norden.

Der dynamische Aspekt des Spiels bot uns die Möglichkeit zu verfolgen, wie sich die Diskriminierung in den aufeinanderfolgenden Runden entwickelte. Wir hatten erwartet, dass sich Anzeichen von Diskriminierung im Fortgang des Spiels verringern würden, doch zu unserer Überraschung war das Gegenteil der Fall. Eine sorgfältige Analyse der Daten offenbarte den geheimen Grund der wachsenden Diskriminierung: In der ersten Runde zeigte sich ein gewisses Misstrauen gegenüber Südeuropäern, allerdings in einem geringfügigen Maß. Die Ziele dieses Misstrauens reagierten in der zweiten Runde wiederum selbst mit Argwohn; Misstrauen fördert natürlich eine misstrauische Reaktion. Die Nordeuropäer sahen darin eine Rechtfertigung ihrer Benachteiligung der Südeuropäer, was in der nächsten Runde zu noch stärkerer Diskriminierung führte, wodurch sich noch tieferes Misstrauen festsetzte und eine Spirale von immer weiterer Benachteiligung und Argwohn einsetzte. Ein kleines anfängliches Quäntchen ungerechtfertigter Diskriminierung nahm vor unseren Augen explosionsartig unverhältnismäßige Ausmaße an.

Das geringe Misstrauen, das zu Beginn des Spiels zum Ausdruck kam, bildete eine sich selbst erfüllende Prophezeiung, die sich bis zum Ende des Spiels zu regelrechter Diskriminierung auswuchs. Wenn junge, kultivierte Studierende an einer Elitehochschule sich derart verhalten konnten, so unsere Schlussfolgerung, dann dürfte dieses Phänomen in ganz Europa auftreten.

Es erwies sich als schwierig, die Studienergebnisse zu veröffentlichen, weil einige Rezensenten – aus meiner Sicht ungerechterweise – meinten, unser Artikel enthalte provozierende Beschuldigungen. Es ist dem Herausgeber der führenden Fachzeitschrift für Verhaltensökonomie, einem deutschstämmigen Spanier, hoch anzurechnen, dass er die Bedeutung des Studienreports erkannte und sich bereiterklärte, diesen zu publizieren.

Sowohl die Südeuropäer als auch die Nordeuropäer waren in einem gewissen Maß verantwortlich für das wachsende Misstrauen, das sich bei unserem Experiment zeigte. Ein Misslingen zwischenmenschlicher Kommunikation geht anscheinend häufig auf solches selbsterfüllendes Misstrauen zurück. Ein Arbeitgeber, der mangelndes Vertrauen in die Fähigkeiten eines Arbeitnehmers bekundet, beschränkt dessen Erfolgschancen. Scheitert der Arbeitnehmer daraufhin, fühlt sich der Arbeitgeber in seiner ursprünglichen Erwartungshaltung bestätigt. Und umgekehrt wird ein Angestellter, der von vornherein erwartet, dass jeder Arbeitserfolg von seinem Chef rundweg abgetan wird, genau jenen Mangel an Respekt und Anerkennung heraufbeschwören, auf den er sich innerlich einstellte. Die Angst vor Verletzung oder Enttäuschung in einem Liebesverhältnis kann bereits von sich aus die Beziehung zum Scheitern verurteilen.

9

Kulturelle Unterschiede, palästinensische Großzügigkeit und Ruths rätselhaftes Verschwinden

Reinhard Selten und ich erhielten 2008 ein Forschungsstipendium der Deutschen Forschungsgemeinschaft (DFG) für eine Laborstudie über Ethnozentrismus (Selbstbezogenheit), also die Beurteilung von Angehörigen anderer Gesellschaften allein aufgrund der eigenen Normen. Gemeinsam mit palästinensischen Kollegen von der Universität Bethlehem und der Al-Quds-Universität in Jerusalem führten wir zwei Versuchsreihen mit deutschen, israelischen und palästinensischen Probanden durch, die am Vertrauensspiel teilnahmen. Wie bereits erwähnt, treffen im Vertrauensspiel zwei Akteure aufeinander, ein Bieter und ein Empfänger. In der ersten Stufe erhält der Bieter vom Experimentleiter einen Geldbetrag, von dem er einen beliebigen Anteil abtreten kann. Auf jeden Dollar, den der Empfänger vom ersten Spieler erhält, legt der Experimentleiter zwei weitere drauf. In der zweiten Stufe kann der Empfänger einen beliebigen Teil seines Erlöses an den Bieter zurückgeben.

In der ersten Versuchsreihe ließen wir die Spieler jeder einzelnen Nationalität nur gegen Landsleute antreten: In Bonn spielten Deutsche das Vertrauensspiel mit Deutschen, an der Hebrew University in Jerusalem spielten Israelis miteinander und an der Al-Quds-Universität in Jerusalem waren es Palästinenser.

Indem es die Probanden anfangs nur mit Vertretern derselben Nationalität bzw. desselben Kulturkreises zu tun hatten, konnten wir in jeder separaten Gruppe eine Basislinie des Vertrauens ermitteln. Es zeigten sich signifikante Unterschiede zwischen den Gruppen. Die Palästinenser wiesen das größte Maß an Vertrauen auf und boten dem anderen Spieler im Durchschnitt 66 Prozent ihres Geldes. Die Israelis hingegen ließen das geringste Vertrauen erkennen; sie boten durchschnittlich nur 36 Prozent. Die deutsche Gruppe lag mit einem Durchschnitt von 50 Prozent in der Mitte.

Die Probanden dieser Studie spielten die Standardform des Vertrauensspiels, doch wir forderten die Spieler in der Rolle des Empfängers zudem auf, vorab vorauszusagen, wie viel sie vom Bieter zu erhalten vermuteten. Wie sich zeigte, fielen diese Schätzungen im Durchschnitt in jeder Gruppe überraschend präzise aus. Das Verhalten der Bieter entsprach in hohem Maß den Erwartungen der Empfänger. Palästinensische Empfänger an der Al-Quds-Universität waren nicht im Mindesten erstaunt über die großzügigen Angebote ihrer Kommilitonen, und die israelischen Studenten an der Hebrew University wiederum waren nicht überrascht über die niedrigen Offerten ihrer Landsleute. Anscheinend herrschen in jedem Kulturkreis eigene Vertrauensnormen, mit denen die Angehörigen der betreffenden Kultur bestens vertraut sind.

Wie aber haben die Teilnehmer an diesem Experiment die in ihrer jeweiligen Kultur vorherrschenden Normen so gut erlernt, dass sie das Verhalten der Bieter annähernd genau schätzen konnten? Unsere Probanden spielten das Vertrauensspiel allesamt zum ersten Mal und waren nicht mit dessen Einzelheiten vertraut. Wir alle sind jedoch unser Leben lang und tagtäglich in interaktive Situationen eingebunden, die zwar nicht genau dem Vertrauensspiel gleichen, aber in vielerlei Hinsicht ähneln. Unsere Erfahrungen in solchen Situationen sind so vielfältig und um so vieles bedeutsamer als eine einzige Teilnahme am Vertrauensspiel, dass die in unserer Kultur vorherrschenden Normen hinsichtlich Vertrauen und Großzügigkeit gleichsam in unsere Anschauungen eingebrannt sind. Dass wir solche Anschauungen hegen, ist von entscheidender Bedeutung für sozialen Erfolg. Es ist vielleicht sogar wichtiger als die Fähigkeit, Situationen zu analysieren.

In der zweiten Versuchsreihe ließen wir Spieler aus jedem Kulturkreis gegen Vertreter anderer Kulturen antreten. Dabei bildeten wir alle Paarungen, die möglich waren. Die Studie wurde mittels elektronischer Kommunikation gleichzeitig in Bonn, Jerusalem und im Westjordanland durchgeführt. Jeder Spieler wurde über die Nationalität seines Gegenübers unterrichtet.

Bei diesem Experiment trat Ethnozentrismus ganz deutlich in Erscheinung. Die Spieler in der Rolle des Empfängers machten die gleichen Anfangsvoraussagen über das Verhalten der Bieter wie in der ersten Versuchsreihe, in der sie gegen Vertreter ihrer eigenen Kultur angetreten waren. So schätzten zum Beispiel die Palästinenser das erwartete Angebot nach wie vor auf durchschnittlich 66 Prozent, auch wenn sie es nun mit israelischen Bietern zu tun hatten. Und Israelis, die von ihren Landsleuten gewöhnlich viel knapper bedacht wurden (mit 37 Prozent), erwarteten denselben niedrigen Grad an Vertrauen, wenn sie mit palästinensischen bzw. deutschen Bietern ein Paar bildeten.

Und wie stand es mit den Bietern? Diese handelten ebenfalls in Übereinstimmung mit den Normen ihrer jeweiligen Kultur und machten sowohl in der ersten als auch in der zweiten Versuchsreihe mehr oder weniger die gleichen Angebote, unabhängig davon, gegen wen sie antraten. Da die Bieter gleich viel boten, egal welcher Kultur ihr Gegenüber angehörte, folgerten wir, dass keine signifikante Diskriminierung aufgrund der Nationalität bzw. Kulturzugehörigkeit auftrat.

Dass hier keine unverhohlene Diskriminierung zutage trat, mag ermutigend erscheinen, doch ein etwas tieferer Blick unter die Oberfläche offenbarte ein weniger positives Bild. Das arglose Verhalten der Probanden dieses Experiments barg ein Maß an Ethnozentrismus, das möglicherweise dramatische und sogar tragische Folgen mit sich bringen könnte. Dies wurde klar, als israelische Bieter mit palästinensischen Empfängern zusammengebracht wurden. Gemäß den israelischen Normen, die sich bereits in der ersten Versuchsreihe manifestiert hatten, wurde nur sehr wenig geboten (im Durchschnitt ungefähr 36 Prozent). Israelische Bieter machten durchweg solch niedrigen Angebote, unabhängig davon, ob die Empfänger Israelis oder Palästinenser waren.

Die palästinensischen Normen sahen dagegen viel höhere Maßstäbe für Angebote vor (durchschnittlich etwa 66 Prozent). Aufgrund ihres Ethnozentrismus erwarteten die palästinensischen Empfänger von israelischen Bietern Angebote entsprechend dieser palästinensischen Norm. Sie waren daher zwangsläufig enttäuscht, als sie mitbekamen, wie viel – bzw. wie wenig – die israelischen Bieter lockermachten. In den Fragebögen, die die Teilnehmer am Ende des Experiments ausfüllten, deuteten die palästinensischen Probanden die Kluft zwischen dem, was sie von den israelischen Spielern erwartet hatten, und dem, was sie tatsächlich bekommen hatten, als Ausdruck der Diskriminierung seitens der Israelis gegenüber den Palästinensern. Sie erwogen nicht einmal die Möglichkeit, dass die Diskrepanz in Wirklichkeit auf unterschiedliche Verhaltensnormen zurückzuführen war und dass die Israels ihren eigenen Landsleuten genauso geringe Angebote unterbreiteten. Viele der gefährlichsten Merkmale des Ethnozentrismus treten eigentlich erst auf, weil wir nicht erkennen, dass es unterschiedliche Normen überhaupt geben kann.

Ein entgegengesetzter, positiver Effekt ließ sich verzeichnen, als die Palästinenser die Rolle des Bieters und die Israelis die des Empfängers übernahmen. In dem Fall erwarteten die israelischen Empfänger aufgrund ihres Ethnozentrismus niedrige Angebote (in der Größenordnung von 36 Prozent) seitens der palästinensischen Bieter, so wie sie es bei israelischen Bietern erlebt hatten. Sie waren angenehm überrascht, als sie Angebote von durchschnittlich 66 Prozent erhielten – fast doppelt so viel wie erwartet. Wie ihre Antworten in den Fragebögen ergaben, hatten die Israelis gar nicht an die Möglichkeit gedacht, dass die Palästinenser im Rahmen des Spiels einfach den Normen ihrer Kultur folgten. Viele der Israelis hielten die Angebote, die sie bekommen hatten, für eine unerklärliche positive Geste seitens der palästinensischen Spieler gegenüber den israelischen.

Ethnozentrismus tritt überall auf, wo wir unterschiedlichen kulturellen Verhaltensweisen begegnen. Bislang unberücksichtigt blieb hier die Frage, warum die palästinensische Norm vorgibt, im Vertrauensspiel um so viel mehr zu bieten als Israelis und Deutsche. Warum setzen Palästinenser in diesem Spiel so hohes Vertrauen in andere? Die hohen Angebote, welche die Palästinenser auch den Israelis und Deutschen fortgesetzt gewährten, zeigen ganz klar, dass dieses Phänomen nicht durch eine besondere Identifikation (im Sinne einer Einfühlung) mit ihren Kommilitonen bzw. durch eine Solidarität unter Palästinensern erklärt werden kann.

Ich vermag nicht zu behaupten, eine überzeugende Erklärung liefern zu können. Ich kann nur Mutmaßungen vorbringen, die sich in langen Gesprächen mit den palästinensischen Kollegen entwickelten, die das Experiment gemeinsam mit mir durchführten, insbesondere mit Mohammed Djani von der Al-Quds-Universität. Meine Kollegen führen die großzügigen Angebote der palästinensischen Akteure im Vertrauensspiel darauf zurück, dass den Werten »Kollektivismus« und »Individualismus« in der palästinensischen Kultur eine andere Bedeutung zukommt. Individualismus gilt dort nach wie vor als verwerflich, weil er in Widerspruch zu traditionellen und religiösen Werten steht. Im israelisch-palästinensischen Konflikt könnte es auch durchaus sein, dass sich die Palästinenser von einem übertriebenen Individualismus bedroht sehen.

Eine Geste der Großzügigkeit nicht entsprechend zu erwidern, gilt unter Palästinensern als viel verachtenswerter als in den westlichen Kulturen. Dies veranlasst palästinensische Bieter im Vertrauensspiel dazu, generöser gegenüber den Empfängern zu sein. Aufgrund ihres Ethnozentrismus erwarten palästinensische Bieter allerdings, dass Empfänger aus anderen Kulturen genauso reagieren wie palästinensische, obwohl ein egoistisches Verhalten in westlichen/israelischen Kulturen weitaus verbreiteter und legitimer ist.

Die Ausweitung der Internet-Nutzung und die wirtschaftliche Globalisierung beschleunigen das Tempo des interkulturellen Austauschs. Der Ethnozentrismus könnte in weniger als einem Jahrhundert verschwinden, nicht weil die Menschen lernen werden, das Verhalten von Vertretern anderer Kulturen zu würdigen, sondern weil sich die Unterschiede zwischen den Kulturen nahezu auflösen werden. Der Großteil der Menschheit wird sich ein einheitliches Verhaltensmuster aneignen. Wer nicht entsprechend diesem kanonischen Modell handelt, wird einfach nicht überleben, weder wirtschaftlich noch sozial. Doch bis dieser Prozess abgeschlossen ist, werden eher jene Erfolg haben, dies sich ihres Ethnozentrismus bewusst sind und es schaffen, ihr Verhalten der jeweiligen Umgebung anzupassen, auch wenn dies bedeutet, Altgewohntes zu verändern.

Dies ist besonders wichtig, wenn es um Verhandlungen geht, sei es im wirtschaftlichen oder im politischen Bereich. Wie Raymond Cohen in seinem Buch *Culture and Conflict in Egyptian-Israeli Relations* (Kultur und Konflikt in den ägyptisch-israelischen Beziehungen) argumentiert, scheitern Verhandlungen häufig eher an einem Ethnozentrismus als an handgreiflichen Differenzen zwischen den Parteien. Genau dies vereitelte in der Vergangenheit viele Versuche, eine Friedensvereinbarung zwischen Israelis und Palästinensern herbeizuführen. Um zu einer Einigung zu gelangen, genügt es nicht, dass die Verhandlungsführer ihren Ethnozentrismus überwinden und sich in die Position ihres Gegenübers hineinversetzen. Auch die Bevölkerungen der beiden Nationen werden ihren Ethnozentrismus bezwingen müssen. Ohne breiten öffentlichen Rückhalt unter Israelis und Palästinensern wird sich nie eine Vereinbarung umsetzen lassen.

Meine Kollegen, die an dem deutsch-israelisch-palästinensischen Experiment mitwirkten, und ich führten eine weitere Studie durch, um besser zu verstehen, wie sich kulturelle Unterschiede in wirtschaftlichen Interaktionen auswirken. Dabei verwendeten wir ein neues wechselseitiges Vertrauensspiel mit zwei Abwandlungen.

Die erste Variante unseres neu entwickelten Spiels bezeichneten wir als »Geben«. Dabei wird folgendermaßen vorgegangen: Jeder der beiden Akteure erhält zu Beginn einen gleich hohen Geldbetrag (beispielsweise 100 Euro). Jeder Spieler entscheidet dann, wie viel von dieser Summe er dem anderen zu geben bereit ist. Wie beim normalen Vertrauensspiel legt der Experimentleiter auf jeden abgetretenen Euro zwei weitere drauf.

In diesem Spiel entscheiden die beiden Akteure gleichzeitig, wie viel sie dem anderen geben, ohne zu wissen, wie viel der andere bieten wird. Der Gesamtbetrag, über den ein Spieler am Ende verfügt, setzt sich folglich aus dem zusammen, was er nicht an den Mitspieler abtritt und dem Dreifachen dessen, war er vom anderen bekommt. Ein Beispiel: Gibt der erste Spieler dem zweiten 30 Euro und erhält von diesem wiederum 20 Euro, hat er am Ende 130 Euro (70 Euro plus 60 Euro).

Die zweite Variante nannten wir »Nehmen«. Sie wird folgendermaßen gespielt: Auch hier bekommt jeder Akteur zu Beginn 100 Euro. Jeder der beiden erklärt dann, wie viel er sich als »Anteil« vom ursprünglichen Betrag des anderen nehmen wird. Der Experimentleiter gibt jedem Spieler 2 Euro für jeden Euro, der nach Abtreten des Anteils an den anderen Spieler in seinem Besitz bleibt. Der Gesamtertrag eines Spielers errechnet sich demnach so: Der Betrag, den er sich vom anderen Spieler genommen hat plus das Dreifache dessen, was ihm blieb, nachdem der Mitspieler sich seinen Anteil vom ursprünglichen Betrag nahm. Ein Beispiel: Nimmt sich der erste Spieler einen Anteil von 70 Euro und der zweite wiederum 80 Euro vom ersten (dem somit 20 Euro bleiben), dann hat der erste Spieler am Ende dieses »Nehmen-Spiels« 130 Euro (70 Euro plus 60 Euro).

Aus strategischer Sicht sind beide Spiele identisch. Die »Nehmen«-Version kann folgendermaßen als zweistufiges Spiel umformuliert werden: In der ersten Stufe nimmt sich jeder der Spieler den gesamten Betrag (100 Euro) von dem anderen, und in der zweiten Stufe durchlaufen beide das »Geben-Spiel«. Das Übereignen der 100 Euro in der ersten Stufe ist jedoch bedeutungslos, weil am Ende dieser Stufe jeder Spieler unverändert 100 Euro hat.

Wenn beide Spieler in eigennütziger Weise rational und nur auf ihren eigenen Vorteil bedacht sind, wird im »Geben-Spiel« keiner dem anderen auch nur einen Cent abtreten, so dass beide am Ende die 100 Euro haben, mit denen sie anfingen. Verhalten sich beim »Nehmen-Spiel« beide Akteure egoistisch rational, nimmt jeder vom anderen 100 Euro, so dass beide am Ende mit den ursprünglichen 100 Euro dastehen. Diese Verhaltensweisen bilden genau das Nash-Gleichgewicht der jeweiligen Spielvarianten. Angesichts der strategischen Äquivalenz der beiden Spiele lässt eine eigennützige Rationalität zwangsläufig in beiden Spielen ein ähnliches Verhalten mit nahezu identischen Endergebnissen erwarten; die Spiele unterscheiden sich nur in der Weise, wie sie bezeichnet werden. Die Ergebnisse des Experiments fielen jedoch sehr unterschiedlich aus. Die Spieler verhielten sich beim »Geben-Spiel« signifikant anders als beim »Nehmen-Spiel«. Zudem waren diese Verhaltensunterschiede kulturell bedingt.

Meine Kollegen verglichen die Verhaltensweisen von israelischen, palästinensischen und chinesischen Probanden, die in einem Experiment das »Geben-Spiel« und das »Nehmen-Spiel« durchliefen. Jedes Spielerpaar bestand aus Vertretern derselben Kultur. Israelis traten beim »Geben-Spiel« vergleichsweise geringe Beträge ab, strichen aber beim »Nehmen-Spiel« große Summen ein. Palästinenser verschenkten im »Geben-Spiel« relativ viel, heimsten im »Nehmen-Spiel« aber auch üppige Beträge ein. Die Chinesen offerierten im »Geben-Spiel« relativ kleine Summen und bedienten sich im »Nehmen-Spiel« ebenfalls nur bescheiden.

Die Vertreter der verschiedenen Kulturen legten unterschiedliche Verhaltensmerkmale an den Tag. Die Israelis legten großen Wert auf ihren persönlichen Gewinn. Ihr Verhalten entsprach am deutlichsten dem, was das Nash-Gleichgewicht postuliert. Daraus sollte man jedoch nicht schließen, dass Israelis im Allgemeinen egoistischer sind als Vertreter der beiden anderen Kulturkreise. Auf diesen wichtigen Aspekt werden wir später noch zurückkommen.

Im Unterschied dazu zeigten sich die Palästinenser im »Geben-Spiel« sehr großzügig, im »Nehmen-Spiel« hingegen eigennützig. Dies deutete darauf hin, dass Palästinenser bei ihren Entscheidungen größeren Wert auf nichtmonetäre Erwägungen legten, etwa die Erwartung von Ausgewogenheit. Ihr Verhalten war davon beeinflusst, welches Verhalten sie von anderen erwarteten, was wiederum davon abhing, wie die beiden Varianten des Spiels im Einzelnen bezeichnet wurden. Unterstreicht man bei der Beschreibung des Spiels den Aspekt des »Gebens«, nährt dies die Erwartung, dass der andere sich großzügig zeigt, und spornt alle dazu an, gemäß der allgemeinen Norm gebefreudig zu sein. Wird bei der Bezeichnung des Spiels hingegen der Aspekt des »Nehmens« betont, fördert dies egoistische Erwartungen, die sich dann als selbsterfüllend erweisen.

Die Chinesen waren einerseits bemüht, übermäßig großzügige Handlungsweisen zu vermeiden, und andererseits bestrebt, der Gegenseite nicht zu schaden. Sie gaben maßvoll und nahmen in Maßen und sorgten so weit wie möglich dafür, am Ende des Spiels genauso viel Geld zu haben wie zu Beginn. Das Verhalten der chinesischen Spieler erinnerte mich an Anekdoten, die mein Schwiegervater über seine Erfahrungen als Soldat der sowjetischen Roten Armee während des Zweiten Weltkriegs erzählte. Seine Geschichten endeten immer wieder mit demselben Satz, der seine wichtigste Erkenntnis aus der Kriegszeit und vielleicht das Geheimnis seines Überlebens zusammenfasste: »Nie freiwillig melden und nie Befehle verweigern.«

Das Verhalten der israelischen Spieler im »Nehmen-Spiel« überraschte mich nicht. Mit Kollegen diskutierte ich mehrfach über das durchgängige Phänomen, dass Israelis bei experimentellen Spielen viel mehr Konkurrenzgebaren und Nützlichkeitsdenken an den Tag legten als Probanden aus anderen Ländern. Das Phänomen trat bei den unterschiedlichsten Spielen auf, unter anderem beim Ultimatumspiel, dem Gefangenendilemma, dem Diktatorspiel und dem Vertrauensspiel. Dies ist besonders unangenehm für israelische Forscher, die häufig ihr Unbehagen und ihre Verlegenheit bekunden, wenn sie bei internationalen Konferenzen die Ergebnisse von Studien in Israel vorstellen und dabei die Sorge äußern, dass ein Hervorheben dieses Phänomens den Interessen jener dienen könnte, die mit antisemitischen Parolen hausieren gehen. Aber verweisen die Studienergebnisse wirklich auf einen tiefsitzenden israelischen Hang zu Konkurrenzdenken, übermäßiger Gier und Herzlosigkeit? Ich glaube nicht.

Meiner Meinung nach wurzelt dieses Phänomen in der mangelnden Ausgewogenheit zwischen dem israelischen Individualismus einerseits und dem besonderen Stellenwert von Solidarität und Geben in der israelischen Gesellschaft andererseits. In Krisenzeiten zeigen Israelis eine große Bereitwilligkeit, persönliche Interessen hintanzustellen und freiwillig gemeinsam anzupacken und sich gegenseitig zu unterstützen, wie dies selbst nach den höchsten internationalen Maßstäben selten zu erleben ist.

Die israelische Gesellschaft hätte den erbitterten einhundert Jahre langen Existenzkampf gar nicht überstehen können, wenn sie nur aus gierigen Individuen bestünde, die bloß ihre eigenen engen Interessen im Auge haben. Doch damit wird die Frage nur noch zugespitzter: Warum finden diese Beispiele überwältigender Solidarität und gegenseitiger Fürsorge in Laborversuchen keinen Niederschlag?

Die Antwort liegt, meines Erachtens, in dem hohen Stellenwert, den die israelische Gesellschaft gleichzeitig der Solidarität im Angesicht von Krisen und dem persönlichen Erfolg beimisst. Ebendiese Kombination bildet das Geheimnis hinter dem wirtschaftlichen, wissenschaftlichen und technologischen Erfolg, den Israel vorzuweisen hat. Solidarität und Einsatz für das Gemeinwohl fordern einen Preis, den der einzelne Israeli bereitwillig zahlt, wenn die Gesellschaft bedroht oder die Sicherheit gefährdet ist. In entspannteren Situationen verfolgt der durchschnittliche Israeli indes gern andere Werte, beispielsweise Konkurrenzdenken und Erfolgsstreben, gleichsam um sich von der schweren Bürde der Solidarität zu befreien. Um diese Last auszugleichen, gewährt er sich das natürliche Recht, die eigenen Interessen stärker zu verfolgen als seine europäischen oder amerikanischen Kollegen, die weniger häufig zur Solidarität aufgerufen sind. Die folgende Geschichte gibt einigen Aufschluss über die Wechselwirkungen zwischen Gemeinschaftsgeist und rationalen Emotionen in Israel.

Im Sommer des Jahres 2006 wütete ein heftiger militärischer Konflikt zwischen den israelischen Streitkräften und der Hisbollah im Libanon. Der Hisbollah gelang es, zivile Ziele in Israel zu treffen – mit einer Härte, wie Israel sie seit 1948 nicht mehr erlebt hatte.

Mitten in diesem erbitterten Krieg erhielt ich eine E-Mail von einer Bekannten namens Doris, deren Tochter Ruth kurz vor Ausbrechen des Krieges für den Sommer nach Israel gekommen war. Ich kenne Doris Ericson und ihren Mann, Larry, seit 1990, von meiner Zeit an der University of Pittsburgh. Nachdem meine Frau und ich nach Israel zurückgekehrt waren, sahen wir die Ericsons natürlich seltener. Im Jahr 2006 hatten wir Ruth, die inzwischen 27 war, seit fast siebzehn Jahren nicht gesehen.

In jener unruhigen Kriegszeit sollte uns Ruth an einem Freitagabend zum Essen besuchen. Gegen sieben Uhr rief sie aus dem Zentrum von Jerusalem an und bat mich, ihrem Taxifahrer zu erklären, wie er zu unserem Haus gelangte, und zwar möglichst kurz und bündig, weil der Akku ihres Mobiltelefons fast leer war.

Die Fahrt von der Stadtmitte zu uns dauert normalerweise etwa zwanzig Minuten. Als Ruth um Viertel vor acht immer noch nicht da war, wollte ich sie anrufen und nachfragen, ob alles in Ordnung sei. Ich erreichte sie aber nicht. Ich machte mir allmählich Sorgen, doch meine Frau, Atalia, versuchte, mich zu beruhigen. »Natürlich kann sie nicht antworten, wenn ihr Akku leer ist«, wandte sie ein. Als Ruth um Viertel nach acht immer noch nicht aufgetaucht war, konnte selbst Atalia ihre Besorgnis nicht verbergen.

Um neun Uhr hielten wir es nicht mehr aus und riefen bei der

Polizei an. Zu meiner Überraschung nahm der Beamte, mit dem ich sprach, mein Anliegen äußerst ernst. Es dauerte keine halbe Stunde, da stand ein Streifenwagen vor unserer Tür. Die Polizisten versuchten herauszufinden, wo sich Ruth befinden könnte.

Mir wurden alle möglichen Fragen gestellt, etwa ob der Taxifahrer ungewöhnlich reagiert oder mit einem Akzent gesprochen habe. Als mehrere Versuche scheiterten, Ruth über ihr Handy zu erreichen, schickte die Polizei einen Einsatzwagen in die Gegend, von der sie uns zuletzt kontaktiert hatte. Wir sollten Ruths äußere Erscheinung beschreiben, was wir aber nicht konnten. Die Polizisten verloren allmählich die Geduld. Zuletzt blieb uns nichts anderes übrig, als Ruths Eltern in Pittsburgh anzurufen. Dieses Telefongespräch war für mich das Unangenehmste an jenem Abend überhaupt. Ich fragte Doris, ob es möglich wäre, dass Ruth vielleicht lieber einen Freund oder eine Freundin besucht habe anstatt Bekannte ihrer Eltern. Doris beteuerte, Ruth kenne hier niemanden außer uns. Sie war allein zu Hause und völlig ratlos.

Nach dem Telefongespräch mit Doris waren Atalia und ich noch beunruhigter. Ich beschloss, ein letztes Mal zu versuchen, Ruth über ihr Handy zu erreichen. Zu meiner Überraschung hörte ich diesmal Ruths Stimme.

»Ruth, bist du es? Wo steckst du?«

»Eyal, ich bin bei euch«, antwortete sie.

»Nein, Ruth. Wo bist du jetzt?«

»Ich bin bei euch«, beteuerte Ruth.

In dem Moment schaltete sich der Polizist ein: »Sagen Sie ihr, wir schicken sofort einen Streifenwagen los. Sie soll Ihnen sagen, wo sie ist.«

»Ich glaube, sie ist verwirrt«, stammelte ich.

»Sie soll Ihnen beschreiben, was sie um sich herum sieht.«

Ich reichte den Hörer meiner Frau, die als ausgebildete Psychologin wohl besser mit dieser Situation klarkam.

»Ich sitze mit mehreren Menschen an einem langen Tisch«, erklärte Ruth. »Und du bist wohl gerade in der Küche, oder?«

»Ja, natürlich«, antwortete Atalia. »Könnte ich bitte mit jemandem am Tisch sprechen?«

»Klar, einen Moment.«

Kurz darauf war eine tiefe Männerstimme zu hören. Es stellte sich heraus, dass es ein Nachbar war, der nur wenige Häuser weiter wohnte. Ein unzuverlässiger Taxifahrer hatte Ruth an der falschen Adresse abgesetzt. Dies in Verbindung mit einer gewissen Verwirrtheit auf Seiten Ruths sowie einer übertriebenen Gastfreundlichkeit seitens der Nachbarn (die neu in das Viertel gezogen waren) hatte zu einer Komödie der Irrungen geführt, die wir nicht im Mindesten vergnüglich fanden.

Falls Ihnen das Verhalten meiner Nachbarn sonderbar erscheint, sollten Sie bedenken, dass sich all dies inmitten eines Krieges abspielte. Viele Israelis hatten Landsleute aus dem Norden aufgenommen, der mit Raketen beschossen wurde, weil der Süden außerhalb der Geschossreichweite lag. Unsere Nachbarn hatten vermutet, dass es sich bei der jungen Frau, die vor ihrer Tür stand, um einen der vielen Mitbürger aus dem Norden handelte, die vorübergehend in Jerusalem Zuflucht suchten. Und als sie Ruth so freundlich begrüßten und ins Haus baten, war jene überzeugt, bei den Freunden ihrer Eltern gelandet zu sein. Sie zog sofort die Schuhe aus, trat mit einem breiten Lächeln ein und begrüßte alle mit einer Umarmung.

Die anderen Gäste unseres Nachbarn meinten, dieser ungeladene Besucher verhalte sich ein wenig merkwürdig, vermieden es aber möglichst, Ruth in Verlegenheit zu bringen oder ihr das Gefühl zu geben, sie sei nicht willkommen.

Inzwischen hatte Atalia begriffen, dass Ruth irrtümlicherweise in einem benachbarten Haus gelandet war. Ganz aufgeregt rannte sie aus dem Haus, um Ruth herüberzuholen, und vergaß dabei sogar, sich Schuhe anzuziehen. Als der älteste Sohn der Nachbarn sah, wie Atalia barfuß herbeigeeilt kam, rief er: »Mama, da kommt noch so eine Verrückte!«

Etliche Stunden lang war Ruth als Gast einer Familie bewirtet worden, die sie überhaupt nicht kannte, und weder sie noch ihre

Gastgeber zogen die Möglichkeit in Betracht, dass es sich um einen Irrtum handelte, weil für sie unterschiedliche kulturelle Normen bezüglich des Verhaltens von Gästen und Gastgebern galten. Ruth kam nicht auf die Idee, im falschen Haus gelandet zu sein, denn nach der ihr vertrauten kulturellen Norm (jener der Vereinigten Staaten) war es unvorstellbar, dass ein vollkommen Fremder, der in ein beliebiges Haus marschiert, so freundlich empfangen wird. Indem sie die Situation aufgrund ihrer kulturellen Normen beurteilte, tappte sie in die Falle des Ethnozentrismus.

Für Ruths Gastgeber, eine religiöse israelische Familie, war es das Natürlichste auf der Welt, an einem Freitagabend zum Essen einen Fremden als Gast zu begrüßen, besonders während eines Krieges, der viele Menschen dazu veranlasste, in sicherere Landesteile zu flüchten. Sie gingen davon aus, dass jemand unter solchen Umständen ohne Umschweife ein fremdes Haus aufsucht und sich mit Fremden an einen Tisch setzt. Die Herzlichkeit, mit der sie Ruth empfingen, erschien ihnen ganz natürlich, und sie taten alles, damit sie sich weiterhin wohlfühlte, und mieden jedes Thema, das ihr unangenehm sein konnte. Auch sie gingen in die Falle des Ethnozentrismus, allerdings in eine, in der sie sich wohlfühlten.

Nach jenem Abend sah ich mich jedenfalls nie mehr genötigt, mich zu entschuldigen, wenn Israelis in Laborversuchen eigennützig und egoistisch erschienen.

Die Geschichte von Ruths rätselhaftem Verbleib lehrt uns etwas Wichtiges über das Spannungsfeld zwischen Solidarität und Individualismus: Warum ließen meine Nachbarn eine vollkommen Fremde so ohne weiteres in ihre Privatsphäre eindringen? Hätten sie sich in Friedenszeiten ähnlich verhalten? Die Großzügigkeit, die sie bewiesen, hatte zweifellos sehr viel mit der damaligen Kriegssituation in Israel zu tun.

Die Spannung zwischen Solidarität und Individualismus, die in der israelischen Gesellschaft so stark hervortritt, existiert in jeder Gesellschaft, wenn auch in gemäßigterer Form. In Krisenzeiten, etwa bei Kriegen oder Naturkatastrophen, sehnen sich die

Menschen nach Gemeinschaftssinn und verachten Konkurrenzdenken und Ichbezogenheit. Aber sobald die Gefahr gebannt ist, tritt stattdessen ein verstärktes Verlangen nach Individualismus und Eigennutz auf. Die Bourbon Street in New Orleans während des Hurrikans Katrina und die New Yorker Wall Street in Zeiten eines Börsenbooms gehören in Bezug auf menschliches Sozialverhalten gleichsam zwei vollkommen unterschiedlichen Planeten an.

Wir scheinen unseren Mitmenschen weniger egoistisch und großzügiger zu begegnen, wenn der Gemeinschaft eine Gefahr von außen droht. Dieses Verhalten, das wir als »Solidarität« bezeichnen, ist entscheidend für das Überleben von Kollektiven.

Solidarität als Ausdrucksform einer kollektiven Emotion ist das Thema des folgenden Kapitels.

10

Kollektive Emotionen und Onkel Walters Trauma

Im Sommer 1933, nur wenige Monate nach Adolf Hitlers Machtergreifung, marschierte Walter Lazar im ostpreußischen Königsberg rein zufällig mitten in einen großen Naziaufmarsch. Walter, der Bruder meiner Großmutter Jenny, war genau jener Typ des liberalen, kosmopolitischen Juden, den das nationalsozialistische Regime als Verkörperung des Bösen betrachtete. Als Walter sah, wie sich der Aufmarsch direkt vor seinen Augen formierte, war sein erster Gedanke, so schnell wie nur menschenmöglich das Weite zu suchen. Doch die Neugier überwältigte ihn. Anstatt wegzulaufen, arbeitete er sich langsam in die Mitte der Menge vor. Sein arisches Aussehen täuschte darüber hinweg, dass er Jude war, und die Menschen um ihn herum schienen ihn gar nicht wahrzunehmen.

Schließlich trat Hitler persönlich auf das Podium und hielt eine seiner gewohnt hitzigen Reden; er gestikulierte wild mit den Armen und brüllte sich schier heiser, um die Menge aufzupeitschen. Seine Sätze wurden häufig durch ein »Sieg Heil!« der Masse skandiert, gefolgt von absoluter Stille, in der die Schar gespannt auf die nächsten Worte des Führers wartete. Zunächst nahm Walter das Geschehen ringsumher mit Staunen und Fassungslosigkeit wahr. Doch allmählich überkam ihn ein seltsames Gefühl. Als die Versammelten die Nazihymne anstimmten, sang Walter mit und murmelte den Text. Kurz darauf bemerkte er plötzlich, dass er von den mächtigen Gefühlen der begeisterten Menge mitgerissen wurde. Gemeinsam mit den Umstehenden rief er laut »Sieg Heil!« und bejubelte jedes Wort aus Hitlers Mund.

Als er wieder zu Sinnen kam, verbarg er beschämt sein Gesicht und eilte zum Haus seiner Schwester, das nicht weit entfernt war.

Mein Vater, Oma Jennys Sohn Hans, war damals zwölf Jahre alt. Er erinnerte sich sein Leben lang daran, wie Onkel Walter an jenem Tag in Erscheinung trat. Hans öffnete die Tür. Da stand sein Onkel – kreidebleich und schweißgebadet. Jenny war so erschrocken und besorgt, dass sie sofort zum Telefon lief, um einen Arzt zu rufen, aber Walter beruhigte sie und erklärte, das sei nicht nötig. Er brach auf einem Sofa zusammen und schluchzte bitterlich: »Es war wie Hexerei. Wie konnte ich nur mitsingen und Hitler zujubeln?!«

Walters Geschichte ist eigentlich gar nicht ungewöhnlich. Es ist eine historische Tatsache, dass innerhalb weniger Monate nach Hitlers Machtergreifung viele ehemals engagierte Mitglieder der Sozialdemokratischen und der Kommunistischen Partei mit großer Begeisterung an Massenveranstaltungen der Nationalsozialisten teilnahmen. Eine verzückte Menge, die sich wie ein einziger Organismus verhält, kann einen starken emotionalen Einfluss ausüben und beinahe in Trance versetzen. Dieses Verhalten leitet sich von einem uralten, allgemeinmenschlichen Bedürfnis nach Gruppenzugehörigkeit ab.

Der evolutionäre Vorteil, der mit der Zugehörigkeit zu einer Gruppe einhergeht, ist offensichtlich. Mitglied einer Gemeinschaft zu sein verleiht dem Einzelnen viel mehr Sicherheit bei Bedrohungen durch Feinde und anderen Gefahren und verbessert den Zugang zu lebenswichtigen Ressourcen.

Wie in verschiedenen psychologischen Experimenten nachgewiesen wurde, ist das menschliche Bedürfnis nach Gruppenzugehörigkeit so bedeutsam, dass es sogar in abstrakten und kontextunabhängigen Situationen besteht. Probanden, die in zwei farblich gekennzeichnete Gruppen (Blau und Grün) aufgeteilt wurden und das Vertrauensspiel durchliefen, behandelten Mitglieder der eigenen Gruppe in der Regel großzügiger als die der anderen, obwohl die farbliche Zuordnung nichts mit dem Spiel selbst zu tun hatte. Der Mechanismus, der Gruppenzusammenhalt erzeugt und aufrechterhält, ist im Grunde ein emotionaler Mechanismus, der kollektive Gefühle entstehen lässt.

Wissenschaftliche, technologische und künstlerische Entwicklungen gehen in erster Linie auf kognitive und emotionale Fähigkeiten eines Einzelnen zurück. Die Sozialgeschichte der Menschheit wurde aber hauptsächlich durch kollektive Emotionen bestimmt. Kriege und Staatsverträge sowie Revolutionen und politische oder wirtschaftliche Umwälzungen werden größtenteils durch solche Emotionen angetrieben.

Mein verstorbener Kollege und Freund Gary Bornstein untersuchte in vielen seiner Forschungsarbeiten die Art und Weise, in der Spannungen *zwischen* verschiedenen Gruppen den Zusammenhalt *innerhalb* dieser Gruppen verstärken. In zwei entsprechenden Studien, an denen ich mitwirkte, spielten die Probanden leichte Abwandlungen des Gefangenendilemmas.[1,2] Bei dieser Variante des Spiels traten nicht zwei einzelne Akteure gegeneinander an, sondern jeweils zwei Paare. Jedes Paar spielte zunächst separat das Gefangenendilemma, einer gegen einen, und strich den entsprechenden Gewinn ein. Wenn aber eines der Paare zusammen einen höheren Ertrag erzielte als das andere Paar, erhielt jeder in dem »Siegerpaar« einen kleinen Bonus.

Anders als individuelle Emotionen, um die es in den vorausgegangenen Kapiteln ging, setzen kollektive Emotionen mehrere Einzelne in die Lage, ihre mentalen Zustände aufeinander abzustimmen. Dies äußert sich beispielsweise in dem Wunsch, rivalisierende Gruppen aus dem Feld zu schlagen. Und es liefert eine Erklärung dafür, warum selbst in Fällen, in denen die Gewinnprämie für jeden Einzelnen gering ist und zu spärlich erscheinen mag, um eine Kooperation zu rechtfertigen, die korrelierten Bewusstseinszustände zu einem intensiven Miteinander anregen können.

Das Maß an Kooperation, das sich bei unseren Gruppenexperimenten mit Farbcodierungen zeigte, war verblüffend und ging weit über die Zusammenarbeit hinaus, die beim normalen Gefangenendilemma ohne Gruppenbildung gewöhnlich zu beobachten ist. Diese Kooperation entsprang dem starken Bedürfnis, die andere Gruppe zu überbieten, obwohl die individuellen Belohnungen für Kooperation gleich hoch waren wie beim regulären Gefangenendilemma. Die Kooperation, zu der hier die Gruppenidentifikation anspornte, ermöglichte es den Teilnehmern dieses Experiments jedoch, viel höhere Erträge zu erzielen als beim normalen Gefangenendilemma.

Diese einfache Versuchsanordnung zeigt, wie Einzelne durch kollektive Emotionen ihre materiellen Verhältnisse verbessern können und insofern vielleicht auch ihre Überlebenschancen erhöhen. Für den Einzelnen bedeutet dies zweifellos einen evolutionären Vorteil. Im obigen Beispiel wurden in Wechselbeziehung stehende kollektive Emotionen zwischen lediglich zwei Kooperationspartnern in einer Spielergruppe hervorgerufen. Nun stelle man sich aber eine Situation vor, in der rivalisierende, gewaltbereite Banden gegeneinander antreten. Dies wäre ein klassisches Beispiel für das Entstehen kollektiver Emotionen. Jeder in der Gang ist so sehr von Empathie für seine Kumpels erfüllt, dass er für das Leben eines anderen oder die Ehre der Gang sein Leben aufs Spiel setzen würde. Umgekehrt brodelt in ihm der Hass gegenüber den Mitgliedern der verfeindeten Bande. Diese kollektiven Emotionen beeinflussen die Art und Weise, in der sich die Gangmitglieder untereinander und auch gegenüber den Rivalen verhalten. Sie erzeugen eine innere Verpflichtung (Commitment), für die Gruppe zu kämpfen und deren Rivalen zu bedrohen. Eine Gruppe, die diese kollektiven Emotionen unter ihren Mitgliedern zu entfachen vermag, gewinnt einen Vorteil gegenüber anderen. Dies erhöht die Überlebenschancen der Gruppierung.

Die menschliche Fähigkeit, Emotionen zu koordinieren und in eine wirkungsvolle Kraft zu verwandeln, hat offenbar weit zurückreichende evolutionäre Wurzeln. Wer keinem Kollektiv angehörte, weil er ausgestoßen wurde oder sich selbst absonderte, hatte deutlich geringere Überlebenschancen verglichen mit jenen, die auf die Gruppe eingeschworen waren. Kollektive Emotionen sind indes nicht allein beim Menschen zu beobachten; sie treten auch bei vielen Säugetieren und Vögeln auf.

Der interessierte Leser kann auf YouTube ein erstaunliches Video mit dem Titel »*Battle at Kruger*« ansehen. Das Video wurde von einer Touristengruppe im südafrikanischen Krüger-Nationalpark aufgenommen. Zu Beginn sieht man, wie eine kleine Büffelherde gemächlich ein Flussufer entlangtrottet. Plötzlich prescht ein Rudel Löwen heran, das auf der Lauer lag; die Raubtiere nehmen ein junges Büffelkalb ins Visier, das dicht neben seiner Mutter hertrabt.

In einer kurzen, wilden Jagd gelingt es den Löwen, die verängstigten Büffel auseinanderzutreiben. Das arme Kalb kann nicht mit der Herde mithalten; es wird abgesondert und ins Wasser getrieben. Nun gerät es in die Fänge der Löwen und scheint dazu verdammt zu sein, ertränkt und dann gefressen zu werden.

Aber selbst ein Büffeljunges ist zu groß, um ohne weiteres totgebissen zu werden. Das Kalb beweist eine bemerkenswerte Zähigkeit und kämpft um sein Leben. Als ob dies nicht schon genügte, taucht inmitten dieses zähen Ringens am Ufer des Flusses plötzlich ein Krokodil aus den Fluten auf und packt mit seinen scharfen Zähnen eines der Beine des Kalbs. Die verdutzten Löwen geben nicht auf und versuchen, das leidende Kalb aus dem Wasser zu zerren, während das Krokodil genauso hartnäckig in die andere Richtung zieht.

Die Löwen, die als Gruppe stärker sind als das Krokodil, obsiegen in diesem Tauziehen. Nun befindet sich das Kalb fest im Zugriff dreier Löwen. Sein tragisches Schicksal scheint besiegelt zu sein. Doch nun geschieht etwas höchst Erstaunliches. Die Büffel, die anfangs vor den Löwen geflüchtet waren, kommen mit Verstärkung zurück. Eine dicht gedrängte Büffelherde umringt die Löwen, die das Kalb in ihren Klauen halten. Den Büffeln gelingt es schließlich, einen Löwen nach dem anderen zu verjagen. Die Räuber lassen von ihrer Beute ab und suchen das Weite. Das Büffelkalb, das von den Löwen niedergerungen worden war, steht auf, als wäre nichts geschehen, und reiht sich wieder in die Herde ein.

Diese unglaubliche Episode zeigt, wie pflanzenfressende Büffel ein Rudel Löwen, die furchterregendsten Fleischfresser in diesem Wildreservat, besiegen können, indem sie die zahlenmäßige Kraft und Kooperation nutzen, die einer koordinierten Herde innewohnt. Die Touristen, die das Video aufnahmen, konnten ihre Gefühle nicht im Zaum halten. Auf der Tonspur der Aufnahme ist zu hören, wie sie die stampfende Büffelherde anfeuerten. Die Szenerie glich so sehr einem menschlichen Drama, dass die Augenzeugen nicht umhinkamen, von einem starken kollektiven Gefühl der Identifikation mitgerissen zu werden. Ich glaube, dass jeder, der das Video sieht, dieselbe Woge kollektiver Emotion in sich spürt. Der Link lautet www.youtube.com/watch?v=LU8DDYz68kM.

Ich habe zuvor schon darauf hingewiesen, dass kollektive Emotionen bisweilen stärker sein können als individuelle Gefühle. Ein Grund dafür besteht darin, dass sich diese beiden Arten von Emotionen in vielen sozialen Situationen in einem Feedbackmechanismus wechselseitig verstärken. In zahlreichen Religionen versammeln sich die Gläubigen in Kirchen, Moscheen, Synagogen oder anderen Kultstätten zum Gebet, und zwar nicht um der bloßen Zusammenkunft willen, sondern um eine Atmosphäre zu schaffen, in der die emotionale Kraft des Gebets verstärkt wird. Bei Fußballspielen werden Fans von ihren Kameraden im Stadion unentwegt aufgeladen und ihr Enthusiasmus überträgt sich wiederum auf andere. So entsteht eine Rückkopplungsschleife. Weibliche Teenager geraten in der Gegenwart eines Idols wie Justin Bieber regelrecht in Verzückung, allerdings meist nur wenn sie sich in einer Gruppe befinden. In einer Begegnung mit ihrem Schwarm unter vier Augen dürften sie viel gefasster reagieren.

Nicht selten kommt es vor, dass sich ganze Familien aufgrund politischen oder ideologischen Eifers entzweien; Ehegatten oder Kinder und Eltern reden nicht mehr miteinander, weil sie in Bezug auf strittige Themen gegensätzlicher Meinung sind. Wenn sich die Gemüter nach einer Weile wieder besänftigt haben, erklären die Betroffenen häufig, sie wüssten nicht, was in sie gefahren sei. Wie konnten sie zu einer Sache, die im Nachhinein unbedeutend erscheint, so extrem reagieren? Diese Reaktionen entspringen jedoch nicht allein unterschiedlichen intellektuellen Analysen politischer Fragen. Sie werden von kollektiven Emotionen begleitet, wie etwa Gruppenidentifikation, in diesem Fall die Identifikation mit einer bestimmten ideologischen Gruppierung in Abgrenzung zu einer anderen.

Damit kollektive Emotionen entstehen, muss häufig eine gegnerische Gruppe den Part eines Rivalen spielen oder eine Gefahrenquelle darstellen. Zur Bildung und Bewahrung eines kollektiven »Wir« ist ein kollektives »die anderen« erforderlich. Je größer der Unterschied zwischen »uns« und »den anderen« ist, desto stärker identifizieren »wir« uns mit der eigenen Gruppe; und dies macht es uns leichter, als Kollektiv aufzutreten.

Viele von uns sind mit diesem Verhaltensmuster vertraut. In Notlagen, etwa wenn ein Hurrikan heranzieht, packen die Menschen gemeinsam an, um das Kollektiv zu schützen, und erweisen sich häufig als äußerst großzügig. Ist die Gefahr gebannt, befasst sich jeder wieder mit seinen eigenen Dingen. Patriotisches Gebaren ist besonders ausgeprägt, wenn ein vermeintlicher Feind das Land bedroht. Wir mögen unsere eigene Regierung sehr kritisch sehen, aber gegenüber einem Ausländer stellen wir uns plötzlich begeistert hinter sie und ihre Werte.

Dieses Verhalten beschränkt sich nicht nur auf westliche Nationen und Kulturen. Mein Freund Yoshi Seijo Matsuoka entstammt einer berühmten japanischen Samurai-Familie, wodurch sich sein ausgeprägter Patriotismus erklärt. Nachdem Japan im Jahr 2011 von einem verheerenden Erdbeben und einem Tsunami verwüstet worden war, rief ich Yoshi an, um mich zu versichern, dass er und seine Familie wohlbehalten waren. Wir hatten uns lange nicht gesehen und unterhielten uns ausführlich. Irgendwann sprach ich Yoshi auf die Kritik an, die viele Japaner an ihrer Regierung übten, weil sie die Überlebenden der Katastrophe nicht schnell genug versorgte. Yoshi antwortete kurz auf meine Frage, doch dann warf er der israelischen Regierung beinahe wütend vor, »feige und undankbar« gehandelt zu haben, indem sie das Botschaftspersonal übereilt aus Tokio evakuierte, anstatt Solidarität mit dem japanischen Volk zu zeigen.

Angesichts dieser Beschuldigung konnte ich nicht schweigen und konterte umgehend, dass bestimmt für jeden abgezogenen israelischen Botschaftsangehörigen mindestens zwei israelische Ärzte und Rettungskräfte im Rahmen einer umfangreichen Katastrophenhilfe eingeflogen worden seien. Des Weiteren betonte ich, dass nur sehr wenige Länder auf der Erde so bereitwillig und kurzfristig Rettungsmannschaften in alle Welt entsendeten wie Israel. Dieses Hin und Her dauerte eine Zeitlang. Jeder von uns verteidigte sein eigenes Land leidenschaftlich, bis wir wieder zur Vernunft kamen und laut lachten.

Die Gruppenidentifikation kann sich im Lauf der Zeit ändern. Menschen wechseln von einer Arbeitsstelle zur anderen, ziehen von einer Stadt in eine andere; manche wandern sogar aus. Kollektive Gefühle für Gruppierungen, denen wir früher angehörten, können selbst dann noch fortbestehen, wenn wir gar nicht mehr Teil der Gruppe sind, mit der wir uns identifizieren. Das liegt daran, dass die Vorteile, die ganze Gruppen und die sie bildenden Einzelnen aus kollektiven rationalen Emotionen beziehen, bis zu einem gewissen Grad verstärkt werden, wenn sie vorbehaltlos und unabänderlich gelten. Andernfalls wäre die Bedrohung, die ein Kollektiv gegenüber rivalisierenden Gruppen entfalten kann, viel weniger wirksam. Man denke beispielsweise an Einwanderer, die stur an ihrer bisherigen nationalen Identifikation festhalten. Noch drastischer ist dieses Phänomen, wenn das neue Kollektiv, in das jemand eingebettet ist, im Widerstreit mit seiner früheren Gemeinschaft steht.

Dies erinnert mich an eine verstörende Geschichte, die mir mein Vater erzählte, der während des Zweiten Weltkriegs bei einer Bank in Israel arbeitete. Einer der Bankkunden, ein jüdischer Flüchtling aus dem nationalsozialistischen Deutschland, kam einmal im Monat, immer am gleichen Tag und zur gleichen Uhrzeit, und überwies ein Drittel seines monatlichen Gehalts auf ein mysteriöses Konto in Deutschland. Eines Tages fragte ihn mein Vater nach dem

Zweck der Überweisungen. Der Kunde richtete sich kerzengerade auf, wie ein Soldat beim Befehl »Stillgestanden«, und erklärte stolz: »Ich habe vielleicht nicht das Recht, direkt an dem Krieg zur Verteidigung des deutschen Heimatlandes teilzunehmen, aber ich halte es nach wie vor für meine Pflicht, die deutschen Kriegsanstrengungen zumindest finanziell zu unterstützen.«

Ein besonders klarer Beweis für die evolutionären Wurzeln kollektiver Emotionen ist die Tatsache, dass wir immer wieder kollektive Gefühle zu entwickeln versuchen, selbst wenn die Identifikation mit einer bestimmten Gruppe keinem vitalen Interesse dient. Ein Beispiel ist die Identifikation von Fans mit einem Sportclub.

Das Sport-Unterhaltungsgeschäft ist hauptsächlich darauf ausgerichtet, kollektive Emotionen zu erzeugen, die als Anker fungieren. Fanclubs dienen keinem realen Zweck (im Gegensatz etwa zu Gewerkschaften, die ihre Mitglieder vor Ausbeutung schützen, oder Nationalstaaten, die ihren Bürgern bestimmte Sicherheiten bieten). Das gemeinsame Anliegen von Sportfans ist rein virtueller Art – der Sieg ihrer Mannschaft. Andererseits sind Sportmannschaften nicht bloß ein Selbstzweck. Sie bestehen, um in einer Gesellschaft kollektive Emotionen zu erzeugen. Die Tiefe und Stärke solcher Emotionen lässt sich nur ermessen, wenn man sich in einem vollbesetzten Stadion mitten unter die dichte Schar der Anhänger mischt, die aufspringen und aus vollem Hals schreien, wenn »sie« ein Tor erzielt haben.

Und in welchem Maß beeinflussen diese Emotionen die Spiele selbst? In einer interessanten Studie, die 2005 von Forschern der University of Chicago und der Brown University veröffentlicht wurde, analysierte man die Entscheidungen von Schiedsrichtern bei einer großen Auswahl von Fußballspielen. Speziell beleuchtet wurde die Nachspielzeit nach Ablauf der regulären Spielzeit, für die es keine klaren Vorgaben in den Reglements gibt und über die allein der Schiedsrichter entscheidet.

Die Forscher fanden heraus, dass die Referees bei der Entscheidung über die Länge der Nachspielzeit häufig die heimischen Mannschaften bevorzugten. Teams, die erst spät in Führung gehen, ziehen eine kurze Nachspielzeit vor. Teams, die im Rückstand sind, wollen dagegen eine längere Extrazeit; je mehr Zeit sie bekommen, desto größer sind ihre Chancen aufzuholen. Bei der Studie kam Folgendes heraus: Wenn die Heimelf spät in Führung gegangen war, fiel die Nachspielzeit kurz aus; wenn aber die Gäste führten, waren die Schiedsrichter beim Festlegen der Nachspielzeit viel großzügiger. Da in den meisten Stadien die Fans der Gastgeber die Anhänger der auswärtigen Spieler an Zahl übertreffen, kann man durchaus annehmen, dass die Voreingenommenheit des Schiedsrichters zugunsten der heimischen Mannschaft auf die starken kollektiven Emotionen zurückzuführen ist, die von den heimischen Fans auf den Parteilosen »abstrahlen«.

Warum haben Frauen vergleichsweise wenig für Mannschaftssport übrig? Wie bereits erwähnt, entspringen kollektive Emotionen hauptsächlich dem Bedürfnis nach Unterstützung durch eine Gruppe, wenn es um das Erschließen lebenswichtiger Ressourcen geht, etwa im Rahmen einer Treibjagd. Da das Jagen in frühgeschichtlicher Zeit vorrangig den Männern oblag, waren jene häufig stärker auf kollektive Emotionen angewiesen als Frauen. Dies könnte erklären, warum sich Männer in der Regel mehr für Sport interessieren als Frauen – und warum Männer vielfach nationalistischer eingestellt sind als Frauen.

Zu den kollektiven Emotionen, mit denen wir uns bisher befasst haben, zählen Wut, Mitgefühl und Begeisterung, doch es gibt mindestens noch ein weiteres Beispiel: Kränkung. Eine kollektive Kränkung kann schmerzlicher treffen als eine persönliche Beleidigung.

Stellen Sie sich beispielsweise vor, Sie haben sich für eine Stelle beworben und erhalten folgende Antwort:

> Sehr geehrter Herr ...,
> wir bedanken uns für Ihr Interesse an unserem Unternehmen. Leider können wir Ihnen keine Stelle anbieten, weil Sie – offen gesagt – in standardisierten Tests

nur mittelmäßig abgeschnitten haben. Unsere Firma stellt in dauerhaften wie in vorübergehenden Arbeitsverhältnissen grundsätzlich nur Bewerber mit besseren Ergebnissen ein.
Wir wünschen Ihnen viel Glück bei der Suche nach einer Stelle, die Ihren Fähigkeiten entspricht.

Dies ist ein unangenehmer, peinlicher, ja sogar verletzender Brief. Stellen Sie sich nun aber vor, stattdessen folgendes Schreiben zu erhalten:

Sehr geehrter Herr ...,
wir bedanken uns für Ihr Interesse an unserem Unternehmen. Leider können wir Ihnen keine Stelle anbieten, weil Sie einen Migrationshintergrund haben. Unsere Firma stellt in dauerhaften wie in vorübergehenden Arbeitsverhältnissen grundsätzlich nur Bewerber ohne Migrationshintergrund ein.
Wir wünschen Ihnen viel Glück bei der Suche nach einer Stelle, die Ihren Fähigkeiten entspricht.

Die meisten von uns dürften den zweiten Brief als viel ungeheuerlicher empfinden als den ersten, auch wenn natürlich beide ausgesprochen beleidigend sind. Beide Schreiben sagen mehr über das Unternehmen aus als über den Bewerber. Der zweite Brief enthält jedoch nichts über die persönliche Eignung des Kandidaten, der allein auf Grundlage einer Gleichsetzung mit einer Gruppierung abgelehnt wird. Warum empfinden wir den zweiten Brief als kränkender? Warum würde sich ein Arbeitsuchender mit Migrationshintergrund durch den zweiten Brief schwerer beleidigt fühlen? Eine mögliche Antwort könnte darin liegen, dass der erste Brief so etwas wie eine rationale Begründung für die Absage enthält, wohingegen dem zweiten Schreiben jegliche vernünftige Begründung fehlt. Dies allein reicht als Erklärung aber nicht aus. Stellen Sie sich vor, der zweite Brief enthält folgende Formulierung:

In der Vergangenheit mussten wir feststellen, dass Angestellte mit Migrationshintergrund 20 Prozent mehr an Büroartikeln stehlen als andere Arbeitnehmer.

Damit wird scheinbar eine sachliche Rechtfertigung für die Ablehnung des Bewerbers geliefert, doch diese ist mindestens ebenso unerhört wie der Brief ohne diesen Zusatz, wenn nicht sogar noch unverschämter. Die Ablehnung eines Bewerbers aufgrund seiner ethnischen Zugehörigkeit stellt schließlich eine kollektive Beleidigung dar. Damit wird nicht nur der Einzelne herabgesetzt, sondern das ganze Kollektiv, mit dem er sich identifiziert. Dies ist ein weiteres Beispiel dafür, dass kollektive Emotionen stärker sein können als individuelle Emotionen.

Sind kollektive Emotionen auf persönlicher Ebene rational? Sehr häufig nicht. Onkel Walter erreichte nicht viel durch seine vorübergehende Begeisterung bei dem Naziaufmarsch, und ein vernünftiger eigennütziger Arbeitnehmer dürfte mehr auf direkte Kritik an der Person geben als auf Kritik, die auf Rassismus beruht. In einem anderen Sinn sind kollektive Emotionen jedoch rational. Sie sind für das Kollektiv rational. Betrachten wir die Gruppe als Einheit, schneidet diese besser ab, wenn ihre einzelnen Bestandteile kollektive Emotionen erfahren. Evolutionskräfte, die auf Gruppen wirken (und nicht auf individuelle Gene), können kollektive Emotionen formen. Um diese Form der evolutionären Prägung geht es im folgenden Kapitel.

11

Das Handicap-Prinzip – die Zehn Gebote und andere Garanten für kollektives Überleben

Das am weitesten anerkannte Evolutionsmodell beruht auf zwei wichtigen Elementen: Mutation und Selektion. Mutation sorgt dafür, dass in den Eigenschaften eines Organismus von Generation zu Generation willkürliche Veränderungen auftreten. Durch Selektion werden »günstige« Mutationen in einer Population verbreitet, wohingegen »ungünstige« allmählich aussterben. Individuen mit guten Merkmalen haben höhere Überlebenschancen und sorgen für mehr Nachkommenschaft.

In der Regel geht man davon aus, dass evolutionäre Kräfte die Eigenschaften einzelner Individuen (deren Gene) prägen, aber Mutation und Selektion beeinflussen auch die Entwicklung ganzer Gesellschaften. Gemeinschaften mit positiven Merkmalen (etwa sozialen Strukturen und Werten, die den Zusammenhalt stärken) haben höhere Überlebenschancen. Gruppierungen, denen diese Eigenschaften fehlen, werden beispielsweise häufiger im Kampf geschlagen und von Einzelnen verlassen.

Forscher in den Bereichen Biologie und Sozialwissenschaften verwenden vermehrt Modelle der Gruppenevolution, um soziale Strukturen bei Mensch und Tier zu erklären. Die beiden wichtigsten Evolutionsmodelle, die auf diesem Gebiet entwickelt wurden, sind »Gruppenselektion« und »Sippenselektion«. Diese beiden Modelle unterscheiden sich wesentlich und liefern mitunter völlig entgegengesetzte Schlussfolgerungen.

Nehmen wir als Beispiel die Frage, ob die Menschheit eines Tages eine Lebenserwartung von tausend Jahren erlangen wird. Nach dem Modell der »Sippenselektion« ist dies durchaus möglich. Die

Mutation wird willkürliche genetische Veränderungen hervorbringen, die den Menschen im Lauf der Zeit gegen nahezu jede bekannte Krankheit immun machen. Wer die lebensverlängernde Genveränderung nicht aufweist, stirbt aus, so dass nur Individuen mit einer tausendjährigen Lebensspanne übrig bleiben.

Gemäß dem Modell der »Gruppenselektion« ist eine derartige Entwicklung indes undenkbar. Gemeinschaften aus Menschen, die tausend Jahre leben, profitieren nicht mehr vom Generationenwandel und werden entwicklungsmäßig erstarren. Sie leiden unter ständigem Ressourcenmangel, da ihre Populationen zahlenmäßig explodieren. Dies führt zu Kriegen, in denen viel mehr Menschen ums Leben kommen als in Gesellschaften wie den unseren mit einer Lebenserwartung von nur achtzig Jahren.

Es wurde hitzig darüber diskutiert, ob und inwieweit das Modell der Gruppenselektion vertretbar ist. Kritiker halten es für grundlegend falsch, Gesellschaften oder Kollektive wie autonome Individuen zu betrachten. Aus ihrer Sicht können nur einzelne Lebewesen (Tiere oder Menschen mit ihren jeweiligen genetischen Strukturen) als Individuen angesehen werden, die dem Selektionsdruck unterliegen.

Für mich ist dieser Ansatz zu rigide. Die Frage »was zählt als Individuum« ist philosophischer Natur und nicht eindeutig zu beantworten. Man denke an Beispiele wie etwa Ameisenkolonien oder Korallenriffe, bei denen alles andere als klar ist, was mit dem Begriff des »Einzelnen« gemeint ist. In vielen Fällen kann es sinnvoller sein, eine ganze Ameisenkolonie als »Individuum« zu studieren. Dieselbe Überlegung gilt für Korallen als Ganzes gegenüber ihren einzelnen Polypen.

Genau genommen kann man sich auch einen einzelnen Menschen als Kolonie vorstellen, die aus den Zellen seines Körpers besteht. Dieser Ansatz wird in medizinischen Studien immer häufiger angewandt. Wie in verschiedenen Fachzeitschriften berichtet wurde, analysiert man den Wettbewerb zwischen Zellen in lebenden Organismen mit Hilfe spieltheoretischer Modelle, anhand derer sich vielfältige pathologische Erscheinungen, unter anderem auch Krebsgeschwülste, anschaulich erklären lassen.

»Altruismus« ist einer der quälendsten Problemkreise, dem Sozialwissenschaftler (einschließlich Ökonomen) und Biologen derzeit nachgehen. Mit dem Modell der »Sippenselektion« lässt sich erklären, warum sich ein Einzelner möglicherweise für einen Verwandten (etwa ein Geschwister oder einen Nachkommen) opfert. Diese Art von Selbstlosigkeit kann fortbestehen und sich in einer Population ausbreiten, denn das Weiterleben von Verwandten bedeutet faktisch das Weiterbestehen eigener Gene, wenn man davon ausgeht, dass Familienmitglieder ähnliches Erbmaterial besitzen. So wie Gene weiterbestehen, so werden auch Verhaltensmerkmale weitergegeben.

Wie aber erklärt sich wirklich selbstloses Verhalten, beispielsweise die Hilfsbereitschaft gegenüber Menschen, die nicht dasselbe Erbgut aufweisen? Das moralische Prinzip, anderen zu helfen (auch wenn sie nicht mit einem verwandt sind), ist nahezu universell; es ist in allen Kulturen und Religionen verankert. Welchen Vorteil genießen Einzelne, wenn sie für andere da sind und einen ausgeprägten Gemeinschaftssinn zeigen? Die innere Befriedigung, die man erfährt, wenn man anderen hilft, kann als Erklärung nicht genügen. Dieses positive Gefühl ist ein Anzeichen dafür, dass Geben zum individuellen Überleben beiträgt, so wie der Genuss beim Verzehr von süßer Schokolade ein Anzeichen dafür ist, dass Zucker (im richtigen Maß) für unser Überleben notwendig ist. Aber in beiden Fällen liefert das Gefühl der Befriedigung keine Erklärung.

Das Bedürfnis, anderen zu helfen, auch wenn sie nicht verwandt sind, tritt nicht nur beim Menschen auf, sondern auch bei Tieren. Die im vorigen Kapitel geschilderte Episode aus dem Krüger-Nationalpark ist ein treffendes Beispiel. Der Graudrossling (*Turdoides squamiceps*), der in Wüstengebieten im Nahen Osten heimisch ist, belegt dies ebenfalls. Graudrosslingschwärme weisen sehr komplexe soziale Strukturen auf. Sie leben in »Kommunen« mit gemeinschaftlichen Schlafbereichen, in denen die Erwachsenen sämtliche

Jungvögel des Schwarms gemeinsam aufziehen. Sie helfen einander beim Brüten, bei der Nahrungsbeschaffung und beim Schutz der gesamten Brut. Jeder erwachsene Vogel investiert im Grunde massiv in die Versorgung des Schwarms, zu Lasten seiner eigenen Jungen. Wäre all dies der Fall, bloß weil Graudrosslinge einen psychischen Kick kriegen, wenn sie anderen helfen?

Beide Modelle – »Sippenselektion« und »Gruppenselektion« – liefern Erklärungen dafür, warum sich im Lauf der Evolution Hilfsbereitschaft als Verhaltensmuster herausgebildet hat. Sowohl der Mensch als auch der Graudrossling bezieht aus der Fürsorge für andere einen eigenen Vorteil in Form einer erhöhten Überlebenschance. In Gemeinschaften fördert Altruismus die Bereitschaft, etwas zurückzugeben. In Gemeinschaften mit einem ausgeprägten Sinn für wechselseitige Hilfsbereitschaft ist kein Platz für Schmarotzer. Wer nicht das Bedürfnis hat, anderen zu helfen, wird durch soziale Ausgrenzung oder Ächtung bestraft, was wiederum seine Überlebensaussichten schmälert. Wer dagegen gibt, wird in der Regel mit der Unterstützung der anderen belohnt.

Untersuchungen mit Hilfe der fMRT ergaben, dass das Gehirn bei sozialer Ächtung in den gleichen Regionen und im gleichen Maß aktiv ist wie bei Krankheit und akuter Gefahr. Mit anderen Worten: Soziale Ausgrenzung und existentielle Bedrohungen führen zur gleichen Stressreaktion.

Natürlich bestehen zwischen menschlichen Gemeinschaften und Graudrosslingschwärmen auch Unterschiede. Ein Graudrossling, der sich nur um seine eigenen Jungen kümmert, erfährt von seinen Artgenossen keine Unterstützung und läuft Gefahr, aus dem Schwarm verjagt zu werden. Die gemeinsamen Lebensstrukturen und die enge Zusammenarbeit der Graudrosslinge sorgen dafür, dass das Verhalten jedes Einzelnen genau und wirksam überwacht werden kann. Menschliche Gemeinschaften sind hingegen weniger auf das Kollektiv ausgerichtet und lassen mehr Individualismus zu. So ist es für Menschen schwierig, das altruistische Verhalten anderer zu kontrollieren, wohingegen Graudrosslinge dies vergleichsweise einfach und umfassend tun. Dies kann den Vorteil von Selbstlosigkeit unter Menschen schmälern.

Verschiedentlich wurde versucht, menschliche Gemeinschaften zu schaffen, die ganz und gar kollektiv organisiert sind. Solche Kommunen breiteten sich in den Vereinigten Staaten in der Hippiekultur der 1960er Jahre aus. In israelischen Kibbuzen gab es bis weit in die 1990er Jahre gemeinschaftliche Schlafquartiere für Kinder. Dass sich menschliche Kommunen selten über lange Zeiträume halten, deutet darauf hin, dass Lebensstile wie die der Graudrosslinge für den Menschen nicht natürlich sind.

Ein weiteres Beispiel für Selbstlosigkeit unter Vögeln liefert das Verhalten der Stare. Im Gegensatz zu den Graudrosslingen schützen Stare ihre eigenen Partner und Jungen mit größter Sorgfalt. Sie kümmern sich nicht um fremde Jungtiere und reagieren aggressiv, wenn ein Rivale versucht, ihnen den Partner auszuspannen. Bei äußeren Bedrohungen beweisen Stare jedoch beeindruckenden Mut. Nähert sich ein Beutegreifer einem Schwarm von Staren, stößt der erste Vogel, der dies bemerkt, laute Schreie aus, um seine Artgenossen zu warnen. Aus Sicht eines Egoisten wäre dies nicht nur reine Energieverschwendung, sondern würde auch die eigene Sicherheit gefährden, indem der Räuber aufmerksam gemacht wird.

Zoologen rechnen diese Art von Selbstlosigkeit einer anderen Kategorie zu als die des Graudrosslings. Das Verhalten der Stare ist mit dem »Handicap-Prinzip« verwandt, das der israelische Biologe Amotz Zahavi bereits 1975 formulierte.[1] Dieser Theorie zufolge erlegen sich Tiere (insbesondere männliche) selbst ein Handicap auf oder begeben sich in scheinbar gefährliche Situationen, um potentiellen Paarungspartnern zu signalisieren, dass sie über genetische Vorteile verfügen. Somit verbessern sie ihre Erfolgsaussichten bei der Paarung und schlagen ihre Konkurrenten aus dem Feld. Zahavi postulierte das »Handicap-Prinzip« ursprünglich als Erklärung für die evolutionäre Entwicklung des Pfauenschwanzes. Pfauen weisen eine ungewöhnlich eindrucksvolle Schwanzfiederung auf. Diese Schleppen sind zugleich aber auch ausgesprochen schwer und bieten dem Pfau in seinem natürlichen Habitat im Gegenzug keinen physischen Vorteil. Genau genommen sind die Federkronen so beschwerlich, dass sie von Nachteil sind.

Die Erkenntnis, dass Pfauenschleppen im Grunde Handicaps darstellen, brachte Zoologen natürlich auf die Frage, warum diese in der Evolution nicht längst ausgesondert wurden. Zahavi fand darauf eine geniale und originelle Antwort: Der Vorteil des Pfauenschwanzes liegt genau darin, dass er eine Behinderung darstellt. Solch eine lange Schleppe ist ein Luxus, den sich nicht jeder Pfau leisten kann. Nur die stärksten, gesündesten und klügsten Exemplare können sich trotz ihrer schweren und hinderlichen Schleppe leicht und geschickt bewegen. Eine große Federkrone ist im Grunde ein Signal, das Potenz signalisiert und Pfauenhennen anzieht, die robuste Paarungspartner suchen, welche ihre Gene weitervererben und so die Überlebenschancen ihrer Art erhöhen. Ein Pfau mit sehr langem und schwerem Schwanzgefieder kommt in den Genuss eines aufregenden Liebeslebens mit mehreren Hennen und gibt damit überlebenstüchtige Gene weiter. Die männlichen Nachkommen solcher Pfauen tragen dann natürlich ebenfalls lange und schwere Schleppen.

Mein Kollege Yair Tauman griff auf das Handicap-Prinzip zurück, um zu erklären, warum so viele Gründer von Start-up-Unternehmen im Hightechbereich das Studium abbrachen, obwohl sie ihren Abschluss schon fast in der Tasche hatten.[2] Der Microsoft-Gründer Bill Gates und der Facebook-Initiator Mark Zuckerberg, die beide vorzeitig von Harvard abgingen, sind nur zwei der bekanntesten Beispiele. Nach Taumans Modell sind sich solche Menschen ihrer eigenen Fähigkeiten sehr wohl bewusst und empfinden es als vorteilhaft, das Studium abzubrechen, weil dieses »Handicap« ein positives Signal an potentielle Investoren sendet. Sie geben damit zu verstehen, dass sie so sehr an sich selbst glauben und von ihren eigenen Ideen so überzeugt sind, dass sie dafür die Arbeitsmarktvorteile eines akademischen Abschlusses aufzugeben bereit sind.

Das Handicap-Prinzip erklärt auch die Selbstlosigkeit, die bei Staren zu beobachten ist. Stare stolzieren nicht herum und protzen mit nutzlosen Schweifen; allerdings machen sie sich bemerkbar, indem sie ihre Artgenossen mit lauten Schreien vor Beutegreifern warnen. Je näher ein Star einen Räuber an sich herankommen lässt und je lauter er warnt, desto stärker signalisiert er, dass er vorteilhafte Gene besitzt, und erhöht so seine Aussichten, potentielle Paarungspartner zu beeindrucken.

In dieser Hinsicht unterscheidet sich der Mensch kaum vom Star. Vor ein paar Jahren meldete sich mein Neffe Ro'i freiwillig zum Dienst in einer militärischen Eliteeinheit. Er und seine Kameraden wollten den Abschluss ihres anstrengenden Ausbildungslehrgangs mit einer großen Party in einem Club in Tel Aviv feiern; sie gingen von einem Club zum anderen, um den bestmöglichen Preis für eine Reservierung auszuhandeln. Sie schlugen einen vortrefflichen Deal heraus: Einer der größten und mondänsten Clubs in der Stadt bot ihnen nicht nur an, ihre Party dort gratis zu feiern, sondern übergab jedem der Soldaten der Einheit ein wertvolles Geschenk. Dafür sollten sich die Soldaten lediglich damit einverstanden erklären, dass zahlendes Publikum mitfeiern durfte. Der Club nahm an jenem Abend sehr viel Geld ein. Hunderte junger Frauen strömten zu der Party, in der Hoffnung, einen starken und tapferen jungen Mann aus einer Eliteeinheit kennenzulernen. Und die Anwesenheit so vieler junger Frauen lockte wiederum ebenso viele Burschen an.

Man könnte argumentieren, dass sowohl Stare als auch Menschen, etwa Freiwillige einer gefährlichen Militärmission, keinen echten Altruismus an den Tag legen, weil sie genau wissen, was sie dafür zurückbekommen, wohingegen der wahre Altruist gibt, ohne dafür eine Gegenleistung zu erwarten. Einige Biologen behaupten sogar, reine Selbstlosigkeit gebe es gar nicht und könne in der Natur unmöglich existieren, weil jede Verhaltensweise, die keinen Vorteil bietet, durch die natürliche Selektion irgendwann ausstirbt. Zwanghafte Altruisten, die bedingungslos geben, könnten aus evolutionärer Sicht nicht überleben, weil sie in Gefahrenlagen anderen zur Seite stehen, selbst aber keine Hilfe annehmen.

Es gibt jedoch eine evolutionsbedingte Erklärung auf der genetischen Ebene, die pure Selbstlosigkeit in sozialen Gruppen mit sehr geringer genetischer Heterogenität rechtfertigen kann. In solchen Kollektiven gleicht die Unterstützung eines Gruppenmitglieds dem Beistand für eine Tochter oder einen Bruder. Nach dieser Theorie ist die Lebenserhaltung eines anderen in einer genetisch homogenen Bevölkerungsgruppe gleichbedeutend mit der eigenen Lebenserhaltung, denn im Grunde wird so das eigene Erbmaterial erhalten und weitergegeben. Unter Forschern wird darüber debattiert, ob diese Erklärung auch für den Altruismus der Stare gilt, aber man geht allgemein davon aus, dass diese Theorie zumindest das Verhalten von sozialen Insekten wie Ameisen und Bienen erklärt, die vor langer Zeit die Fähigkeit zur individuellen Fortpflanzung verloren haben und stattdessen treu ihren Königinnen dienen. Es sollte darauf hingewiesen werden, dass Selbstlosigkeit und großzügiges Geben unter Menschen in ethnisch homogenen Gemeinschaften stärker verbreitet sind.

Vor ungefähr einem Jahr wurde ich von der Universität Oslo eingeladen. Die norwegische Regierung hatte stattliche Gelder für eine Studie bewilligt, in der das skandinavische Wirtschaftssystem umfassend mit den freieren Marktwirtschaften anderer Industriestaaten verglichen werden sollte. Dieser Forschungsaufwand wurde nicht ganz ohne politischen Hintergedanken betrieben. Ich bekam den Eindruck, dass die norwegische Regierung versuchte, die Vorteile des egalitären skandinavischen Systems vor sich selbst, ihren Bürgern und der übrigen Welt zu rechtfertigen.

Ehrlich gesagt wird es jedem, der einmal in Norwegen oder Schweden war, ausgesprochen schwerfallen, etwas gegen den skandinavischen Ansatz vorzubringen. Die skandinavischen Länder verfügen über starke Volkswirtschaften sowie ausgezeichnete Gesundheits- und Bildungssysteme, die allen Bürgern kostenlos offenstehen, und kennen so gut wie keine Armut und Kriminalität. Die Steuersätze gehören zu den höchsten weltweit; dennoch ist die Steuerhinterziehung so gut wie unbekannt.

Als ich nach meiner Meinung gefragt wurde, erklärte ich, man sollte untersuchen, ob der außergewöhnliche Erfolg des skandinavischen Systems auf dieses System selbst zurückzuführen ist oder auf die Öffentlichkeit, die sich für dieses System entschied. Es wäre sehr schwer, so argumentierte ich, den skandinavischen Modus auf andere Länder zu übertragen. Die skandinavischen Länder sind viel homogener als die meisten westlichen Nationen, sowohl in ethnischer als auch in kultureller Hinsicht. Sie entwickelten sich im Lauf der Geschichte aus kleinen Wikingerstämmen, in denen egalitäre Teilhabe Tradition war.

In Ländern wie den Vereinigten Staaten, die mit einer viel stärkeren ethnischen und kulturellen Ungleichartigkeit fertigwerden müssen, dürfte es schwierig sein, ein Wirtschaftssystem nach skandinavischem Vorbild einzuführen, denn dies würde massive Transfers über die ethnischen und kulturellen Grenzen hinweg mit sich bringen. Das National Bureau of Economic Research in den Vereinigten Staaten untersuchte unlängst das Spenderverhalten in amerikanischen Gemeinden. In ethnisch gemischten Wohngegenden wurde wenig gespendet. Eine Zunahme an ethnischer Vielfalt um 10 Prozent ging im Durchschnitt mit einer Verringerung der Wohltätigkeit um 14 Prozent einher.[3]

Die erbbiologische Erklärung für die Ausbreitung selbstlosen Gebens stützt sich auf drei Elemente. Das erste ist Abschreckung. Wer keine Solidarität übt, wird aus dem Gesellschaftsleben ausgeschlossen und zahlt somit einen sehr hohen persönlichen Preis für sein Verhalten. In frühgeschichtlichen nomadischen Jäger- und Sammlergesellschaften kam dies einem Todesurteil gleich. Eine erfolgreiche Jagd erforderte die enge Zusammenarbeit. Wer nicht an einem Strang zog oder nicht zu teilen bereit war, lief sehr schnell Gefahr zu verhungern und hatte wenig Aussicht sich fortzupflanzen. Egoistische Verhaltensweisen starben somit aus.

Als zweites Element wäre das Handicap-Prinzip zu nennen. Allein schon der Akt sichtbaren Gebens erhöht die Fortpflanzungschancen des Einzelnen. Das dritte Element bildet die Tatsache, dass in genetisch homogenen Umfeldern großzügiges Verhalten gegenüber anderen dazu dient, die Gene des Altruisten weiterzugeben.

Das Modell der Gruppenselektion liefert uns eine einfache, direkte und schlüssige Erklärung dafür, warum selbstloses Verhalten in der Evolution Bestand hat. Diesem Modell zufolge wirken Mutation und Selektion auf der Ebene der Gruppe, im Gegensatz zur individuellen (das heißt genetischen) Ebene. Gruppen, die gegenseitiger Unterstützung keinen moralischen Wert beimessen, sterben schneller aus als konkurrierende Gruppen.

Stellen wir uns zwei Stämme vor, die um die Kontrolle über lebenswichtige Ressourcen kämpfen. In einem der Stämme herrscht ein starkes moralisches Gebot zu gegenseitiger Unterstützung. In dem anderen Stamm herrscht die Auffassung, jeder Einzelne solle sich nur um sich selbst kümmern. Es ist unschwer vorherzusagen, wie der Kampf ausgeht. Wir sollten jedoch beachten, dass das Prinzip der Selbstlosigkeit auch auf der Ebene der Gruppe gewisse Grenzen einhalten muss, um sich vorteilhaft auszuwirken. Ein Stamm, dessen Moralkodex es verlangt, dass sich der Einzelne in jeder denkbaren Situation für die anderen opfert, wird schneller aussterben als ein konkurrierender Stamm mit einem weniger umfassenden Gebot der Selbstlosigkeit.

Dies ist einer der Gründe dafür, weshalb in der Geschichte der Menschheit der Religion so große Bedeutung zukommt; sie schafft einen sozialen Zusammenhalt, der ihren Anhängern als Kollektiv zugute kommt. Die Zehn Gebote sind ein treffendes Beispiel für dieses Prinzip; sie trugen dazu bei, dass die relativ kleine Gemeinschaft der Juden und später die viel größeren Gemeinschaften der Christen und der Muslime fortbestanden. Es ist kein Zufall, dass fast der gesamte Inhalt der Zehn Gebote in aller Welt in Form von religiösen oder sozialen Verhaltensregeln übernommen wurde.

Im Kern beruhen die Zehn Gebote auf drei verschiedenen Mechanismen: Erstens sichern sie die physische Existenz der Gruppe und deren sozialen Zusammenhalt; zweitens fördern sie die Fortpflanzung; und drittens halten sie den Einzelnen davon ab, die Gruppe zu verlassen.

Die ersten drei Gebote sollen den Vorrang dieses Moralkodex vor allen anderen Gesetzen garantieren. Gemeinschaften, die ihren Kodex ernster nehmen, befolgen diesen umso eifriger und haben somit bessere Aussichten fortzubestehen. Die übrigen sieben Gebote begründen einen Gesellschaftsvertrag durch das Verbot von Diebstahl, Ehebruch und Mord sowie ein Anhalten zu wechselseitig zuträglichen Beziehungen zwischen Familienmitgliedern und Nachbarn.

Es ist augenscheinlich, wie wichtig viele dieser Gebote für das Wohlergehen einer Gemeinschaft sind. Einige Gebote bedürfen jedoch einer eingehenderen Betrachtung. Das nach jüdischer Tradition vierte Gebot, »Gedenke des Sabbats: Halte ihn heilig!«, nach Martin Luther das dritte Gebot, »Du sollst den Feiertag heiligen«, spielt eine große Rolle für den Zusammenhalt der Gruppe. Der religiöse Feiertag dient der Ruhe; der Einzelne soll nicht eigene Interessen verfolgen, sondern sich der Gemeinschaft widmen. Dies stärkt den kollektiven Geist. Im Wortlaut des 5. Buchs Mose wird ausdrücklich auf »die anderen« verwiesen: »An ihm darfst du keine Arbeit tun: [ebenso wenig] dein Sohn und deine Tochter, dein Sklave und deine Sklavin, dein Rind, dein Esel und dein ganzes Vieh und der Fremde, der in deinen Stadtbereichen Wohnrecht hat.«

Das Gebot fördert auch stabile wirtschaftliche Beziehungen innerhalb der Gruppe und mindert die Gefahr, dass Einzelne aussteigen und sich anderen Gruppen anschließen. Ein »Arbeitnehmer« wird sich einen »Arbeitgeber« suchen, der die Feiertagsruhe selbst einhält und dies auch dem Angestellten zugesteht. Dem »Arbeitnehmer« wird es schwerfallen, für jemanden zu arbeiten, der den Feiertag nicht würdigt und daher erwartet, dass am Feiertag gearbeitet wird. Dies schafft wechselseitige Abhängigkeiten innerhalb der Gemeinschaft und verhindert das Ausbrechen Einzelner.

Das fünfte (bzw. nach Luther das vierte) Gebot, »Du sollst deinen Vater und deine Mutter ehren«, unterscheidet sich von den anderen. Als einziges verspricht es demjenigen, der es befolgt, eine Belohnung: »... damit du lange lebst und es dir gut geht in dem Land, das der Herr, dein Gott, dir gibt.« Es entsteht ein zweckdienlicher sozialer Mechanismus – ein Generationenvertrag, der als starke Motivation wirkt, sich fortzupflanzen.

Auf den ersten Blick mag es unklar erscheinen, warum das Ehren von Vater und Mutter dem Fortbestand der Gruppe dienen sollte und warum jenen, die das Gebot befolgen, eine so verlockende Belohnung wie ein langes Leben verheißen werden sollte. Ältere Mütter und Väter müssen für lange Zeit geehrt und unterstützt werden, nachdem ihre Fruchtbarkeit geschwunden ist. Aus rein evolutionärer Sicht sollte man sich vielleicht ausschließlich um die Kinder und nicht um die Eltern kümmern, damit das eigene Erbgut weitergegeben wird und die Gruppe fortbesteht. Man könnte sogar auf den Gedanken kommen, es wäre für die Gruppe vorteilhafter, die Eltern sich selbst zu überlassen, anstatt sie zu unterstützen, weil betagte Eltern wertvolle und begrenzte Ressourcen aufbrauchen und umgekehrt fast nichts zum Kollektiv beitragen. Sie können die bestehende Generation nicht beschützen und bringen keine weiteren Nachkommen hervor.

Dieser Gedankengang erweist sich jedoch als falsch. Ein Sittenkodex, der eine gleichgültige oder sogar ablehnende Haltung gegenüber bejahrten Eltern zulässt, schreckt davon ab, Kinder zu haben, und gefährdet so den Fortbestand der Gruppe. Die wahre Bedeutung der Verheißung, »... damit du lange lebst ...«, wird somit offensichtlich: Ehre deinen Vater und deine Mutter, damit auch deine Kinder dich achten, wenn du alt bist. Dieser Generationenvertrag gleicht einer Rentenversicherung. Wenn ich meine erwachsenen Kinder dazu anhalte, ihre Großeltern regelmäßig zu besuchen und sich nach deren Wohlbefinden zu erkundigen, erinnere ich sie daran, wenn auch vielleicht nur unbewusst, dass der Generationenvertrag auch für mich gilt. Zusammenfassend kann man also sagen, dass das fünfte (vierte) Gebot nicht nur die Unterstützung und Pflege der Eltern sicherstellt, sondern auch die Fortpflanzung fördert, ohne die die Gruppe nicht weiterbestehen würde.

Der Talmud und die Bibel enthalten neben den Zehn Geboten viele weitere Regeln und Vorschriften, die den Zusammenhalt und die Beständigkeit der Gruppe gewährleisten sollen. Diese Gebote waren besonders notwendig für ein versprengtes Volk wie die Juden, die kein eigenes Staatsgebiet besaßen und vielen Anreizen ausgesetzt waren, die Gruppe zu verlassen und sich stattdessen den Kulturkreisen anzuschließen, die sie umgaben.

Die Regeln für koschere Speisen sind ein interessantes Beispiel. Viele Menschen glauben, diese Vorschriften sollen nur vor unhygienischen Nahrungsmitteln schützen, doch ihr wahrer Zweck besteht darin, den Gruppenzusammenhalt zu wahren. In praktisch jeder Epoche und Kultur galt und gilt das gemeinsame Speisen als wichtiges gesellschaftliches Bindeglied. Die Vorschriften für koschere Speisen schränken die Möglichkeiten, dass Juden und Nichtjuden zusammen essen, außerordentlich ein und begrenzen somit den gesellschaftlichen Austausch insgesamt. Dies wiederum schwächt mögliche Anreize, dem Kollektiv den Rücken zu kehren. Wäre das gemeinsame Speisen von Juden und Nichtjuden vollständig untersagt worden, wären vielleicht unerwünschte Anfeindungen geschürt worden. Die Aufstellung einer komplexen Reihe scheinbar willkürlicher Regeln darüber, was gegessen werden darf, schränkt den interreligiösen Kontakt auf subtilere Weise ein.

Die obige Analyse stützt sich auf das Modell der Gruppenselektion. Aber jedes Evolutionsmodell (auch eines, das auf der Ebene der Gruppe ansetzt statt auf der des Einzelnen) muss neben der Selektion zugleich die Mutation berücksichtigen. Im Modell der Gruppenselektion sorgen Mutationen dafür, dass die Gemeinschaft nicht in ihren Normen erstarrt.

Besonders wichtig ist dies bei Veränderungen der Umgebung. In liberalen Gesellschaften, in denen Minderheiten, freie Meinungsäußerung, öffentliche Proteste und exzentrisches Verhalten toleriert werden, können Mutationen einen positiven Beitrag leisten. Ein liberales Umfeld macht es der Gruppe leichter, sich einem veränderten Milieu anzupassen. Viele der bedeutendsten sozialen Veränderungen in der Geschichte der Menschheit wurzelten zunächst in Verhaltensweisen, die von den gesellschaftlichen Normen abwichen. Fundamentalistische Gesellschaften, die jeden Neuerungsansatz bereits im Keim ersticken, verhindern jeden Wandel. Sie verlieren die Fähigkeit, ihre Normen und Werte veränderten Umgebungen anzupassen, und verringern so ihre Aussichten, im soziogenetischen Wettbewerb zu bestehen.

12
Geben können, nehmen können – wie sich unnötige Verteilungskämpfe verhindern lassen

In den vergangenen Jahren wurden etliche Studien durchgeführt, um die mentalen Prozesse zu durchleuchten, die bei altruistischem Geben ohne Gegenleistung auftreten. Einen der interessantesten Versuche zu diesem Thema unternahmen zwei meiner Freunde, Uri Gneezy und Aldo Rustichini.[1]

Gneezy und Rustichini wollten die allgemein anerkannte These prüfen, dass materielle Anreize stets die Motivation zur Erfüllung bestimmter Aufgaben erhöhen; eine abgeschwächte Form dieser These lautet, dass Anreize die Motivation auf keinen Fall verringern. Zu diesem Zweck führten sie eine Feldstudie durch. Feldstudien unterscheiden sich von Laborversuchen dadurch, dass sie in der normalen Alltagsumgebung der Probanden stattfinden. In vielen Fällen wird den Versuchspersonen nicht einmal mitgeteilt, dass sie an einer Studie teilnehmen. Feldversuche haben gegenüber Laborversuchen den Vorteil, dass ihre Ergebnisse im Allgemeinen als beweiskräftiger angesehen werden. Andererseits hat der Experimentleiter bei Feldstudien in der Regel viel weniger Einfluss auf die Umgebung, in der die Probanden agieren. Häufig kommen Variable ins Spiel, die dem Experimentleiter gar nicht bekannt sind. Ich möchte hier zwei dieser Experimente vorstellen, die Gneezy und Rustichini durchgeführt haben.

In dem einen Fall beobachteten die beiden Forscher eine Gruppe von Schülern, die im Rahmen eines Pflichtprojekts von Haus zu Haus gingen, um Spenden für benachteiligte Jugendliche zu sammeln. Die Kinder wurden in zwei Gruppen eingeteilt. Jenen in Gruppe A (der Kontrollgruppe) wurde gesagt, das gesamte Spendenaufkommen werde, wie allgemein üblich, einer zentralen Wohlfahrtseinrichtung übergeben. Den Teilnehmern in Gruppe B erklärte man, sie würden als Entschädigung für ihre Zeit und Mühe 20 Prozent der gesammelten Spenden erhalten. Beide Gruppen zogen gleichzeitig los und waren gleich lang unterwegs.

Das Ergebnis war überraschend und einleuchtend zugleich. Die Kinder, denen man eine Vergütung für ihren Aufwand versprochen hatte, sammelten im Durchschnitt deutlich weniger als die der Kontrollgruppe. Der finanzielle Anreiz *verringerte* also die Motivation – entgegen der verbreiteten Annahme, wonach Boni die Leistungsbereitschaft nur erhöhen können.

Viele von uns dürften das Resultat dieses Experiments richtig vorausgesehen haben. Es sagt weniger über das Vorgehen der Kinder aus als darüber, was wir intuitiv über das Verhältnis zwischen mentaler und materieller Entlohnung denken. Sobald den Kindern in Gruppe B eine Bezahlung für ihre Bemühungen zugesagt wurde, verringerte sich die geistige Befriedigung, die sich möglicherweise aus dem Vollbringen einer guten Tat ziehen ließ. Aus einem Freiwilligeneinsatz für einen guten Zweck wurde so ein bezahlter Job. Und für einen Job war das Entgelt ziemlich miserabel, gemessen am erforderlichen Aufwand. Wäre den Kindern die Aufgabe vor vornherein als bezahlter Job angeboten worden, hätten sie wahrscheinlich beides abgelehnt – den Auftrag und die Vergütung. Da sie aber keine andere Wahl hatten, gaben sie sich wenig Mühe und erzielten entsprechend klägliche Ergebnisse.

Mein Freund Dan Ariely beschrieb die Situation, in der sich die Kinder der Gruppe B befanden, einmal mit folgender Analogie: Ein Ehepaar hat ein befreundetes Paar zu einem vorzüglichen Abendessen zu sich nach Hause eingeladen; als sich die Gäste herzlich verabschieden, zückt der Gastgeber auf einen Wink seiner Frau hin den Geldbeutel und fragt die Gäste: »Fast hätte ich es vergessen: Wie viel schulden wir euch für das ausgezeichnete Essen?«

So wie monetäre Anreize den mentalen Antrieb zu selbstlosem Verhalten verringern können, so können Geldstrafen für egoistisches Verhalten die mentale »Strafe«, etwa in Form eines schlechten Gewissens, vermindern und somit zu noch eigennützigerem Gebaren bewegen. Dies war Thema des zweiten Versuchs von Gneezy und Rustichini. Im Rahmen dieser Studie sollten Kindertagesstätten in Haifa notieren, wie häufig im Monat Eltern ihre Kinder zu spät abholten.

Nachdem ein Ausgangswert ermittelt worden war, schlugen die Experimentleiter vor, über einen Zeitraum von einem Monat Geldbußen für zu spätes Abholen zu verhängen. Auf diese Weise sollte getestet werden, wie die Strafen das Verhalten der Eltern beeinflussten. Die Höhe des (insgesamt geringen) Bußgeldes bemaß sich danach, wie oft und um wie viel sich die Eltern verspäteten. Die Ergebnisse dieser zweiten Studie stimmten mit denen der ersten überein. Das Verhängen von Strafen führte nicht etwa dazu, dass die Kinder seltener verspätet abgeholt wurden, sondern sogar häufiger. Da die Eltern nun für die zusätzliche Zeit bezahlten, in der sich die Kinder nach Schließen der Tagesstätte noch in Obhut befanden, betrachteten sie dies als eine Art bezahlten Babysitter-Service. Und deswegen war es ihnen nun nicht mehr unangenehm und peinlich, wenn sie zu spät kamen.

Die Erkenntnisse aus den Versuchen von Gneezy und Rustichini sind sehr wichtig, um die Verhaltensweisen von Organisationen und privaten Unternehmen zu verstehen. Sie werden jedoch nur selten eingesetzt, um wirksame Anreize zu schaffen. Auf der Ebene des Einzelnen, etwa in Beziehungen zwischen Freunden, wird in der Regel stark darauf geachtet, den Überblick über Gefälligkeiten (materieller und anderer Art) zu behalten und sich so schnell wie möglich für einen Gefallen zu revanchieren. Häufig beruht dies nicht auf dem edelmütigen Wunsch, großzügig zu sein. Es entspringt vielmehr einem egoistischen Charakterzug. Weil Gefälligkeiten in der Gesellschaft als Handlungen angesehen werden, die vergolten werden sollten, will der Begünstigte die »Gefälligkeitsschulden« möglichst schnell begleichen, selbst wenn damit die innere Erfüllung des Gunstbeweisenden zunichtegemacht wird. Werden die Bedürfnisse des Gebenden und des Empfangenden bewusst berücksichtigt, gehen das Bezeugen und Annehmen von Gefälligkeiten unter Verwandten und Freunden in der Regel viel reibungsloser und ausgeglichener vonstatten.

In meiner Kindheit kamen meine Familie und die nähere Verwandtschaft, darunter die sieben Geschwister meiner Mutter nebst Anhang, an Feiertagen stets bei meiner Großmutter in Jerusalem zusammen. Als Festtagsmahl wurde der traditionelle Tscholent aufgetischt, ein Eintopf aus Fleisch, Bohnen, Graupen und Kartoffeln. Meine Mutter und jede ihrer Schwestern bereiteten im Voraus eine der Zutaten zu, die dann in einem riesigen Topf fertig gegart wurden. Oft waren mehr als vierzig Gäste zugegen.

Jede der Hausfrauen bereitete regelmäßig doppelt so viel vor wie nötig. Selbst wenn alle restlos satt waren, blieb von dem Tscholent immer die Hälfte übrig. Und dann wurde jedes Mal darüber diskutiert, wie die Reste aufgeteilt werden sollten. Zunächst erklärte jede der Schwestern lang und breit, warum sie unmöglich auch nur einen einzigen Löffelvoll mit nach Hause nehmen könne; die eine machte gerade eine Diät, bei der anderen war der Kühlschrank voll und so weiter. In dieser Phase war am häufigsten der Satz zu hören: »Bei mir landet es ohnehin im Abfall.«

In der zweiten Phase wurde dann ernsthaft verhandelt. »Matilda, das ist aber nicht nett von dir. Ich habe letztes Mal die gesamten Reste mitgenommen. Wenn du dieses Mal nicht das mitnimmst, was ich zubereitet habe, rede ich nicht mehr mit dir.« Im dritten Stadium wurde schließlich ein Kompromiss erzielt. »Also gut, ich nehme etwas von dem hier, wenn du den Reis und die Bohnen nimmst.«

Wir waren alle verrückt nach dem Tscholent. Aber der Genuss, den uns die Speise bereitete, war unbedeutend im Vergleich zu der Befriedigung, die aus dem Geben gezogen wurde. Das Bedürfnis zu geben war so groß, dass sogar darüber gestritten werden musste. Jede der Frauen erinnerte sich genau daran, welche der Schwestern im Jahr zuvor welche spezielle Zutat ausgeschlagen hatte.

Einmal begann das Ritual der Resteverteilung mit der üblichen Runde von Argumenten und Gegenargumenten. Tante Rachel stimmte, ganz entgegen der Gewohnheit, nicht in den vertrauten Chor ein. Tante Matilda bemerkte dies sofort und beeilte sich, die unerwartete Bresche zu nutzen. »Von dem hier musst du unbedingt etwas mitnehmen«, erklärte sie und drückte Rachel zwei überquellende Tüten mit abgepackten Resten in die Hand. Rachel nahm die Sachen und erwiderte lediglich: »Ausgezeichnet, vielen Dank.«

Ein verdutztes Schweigen setzte ein. Alle schauten Tante Rachel an, so als habe sie den Verstand verloren. Tante Dina schob sich neben meine Mutter und flüsterte ihr ins Ohr, Onkel Moshe (Tante Rachels Mann) stecke mit seiner Schreinerei möglicherweise in finanziellen Schwierigkeiten. Der gesamte Haushalt müsse an allen Ecken sparen!

Nachdem Moshe allen Anwesenden beteuert hatte, dass sein Geschäft so gut laufe wie noch nie und dass die Haushaltsfinanzen grundsolide seien, dämmerte es den Schwestern allmählich, dass Rachel in Wahrheit Matilda einen Gefallen tat, indem sie die Reste annahm, und nicht umgekehrt.

Damit änderte sich alles. Die Familienzusammenkünfte wurden viel entspannter. Am Ende des Mahls blieb zwar immer noch die Hälfte der Speisen übrig, aber die Aufteilung der Reste wurde viel ausgewogener. Jeder war froh, dem anderen etwas zu überlassen, hatte aber auch nichts dagegen, selbst etwas anzunehmen.

Und dies ist der Kern dieser Geschichte: Wenn Geben durch sich selbst belohnt wird, kann bisweilen auch Nehmen eine Gefälligkeit sein. Hätten meine Tanten weiterhin nach rein wirtschaftlichen Kriterien verhandelt, so hätte jede froh sein müssen, so viel von dem Eintopf wie möglich mit nach Hause zu nehmen und vielleicht sogar noch über den letzten Tropfen zu streiten. Tante Rachel hatte durch ihre feinfühlige emotionale Herangehensweise das ganze Problem abgekürzt und eine Lösung herbeigeführt, die allen zugutekam.

TEIL III

Sexualität und Liebe

13

Das Hormon, das Vertrauen stiftet

Oxytocin ist ein Hormon, das von stillenden Frauen und ihren Neugeborenen ausgeschüttet wird. Studien an Primaten ergaben, dass dieses Hormon für die Bindung verantwortlich ist, die unmittelbar nach der Geburt zwischen Mutter und Kind entsteht. Der Stoff wird auch von Frauen und Männern beim Orgasmus freigesetzt und daher häufig als »Liebeshormon« bezeichnet. Als evolutionärer Mechanismus erhöht Oxytocin die Chancen, dass ein Neugeborenes überlebt und dass Gene von einer Generation zur nächsten weitergegeben werden.

Bevor wir eigene Kinder haben, wundern sich viele von uns darüber, wie junge Mütter die Energie aufbringen, um sich nach neun anstrengenden Monaten der Schwangerschaft um einen Säugling zu kümmern. Dies gelingt ihnen unmittelbar nach einer oft schwierigen und entkräftenden Geburt, lange bevor sie eine emotionale Bindung zu ihrem Kind entwickeln konnten.

Dies ist gewährleistet, weil weibliche Primaten und somit auch Frauen durch die Evolution mit einem Hormon ausgestattet wurden, das die Entstehung einer Bindung zwischen Mutter und Kind rein instinktiv steuert. Das Hormon ermöglicht es dem Neugeborenen sogar, direkt nach der Geburt zu erkennen, wie wichtig es ist, die Brust der Mutter zu finden. Säuglinge werden mit dem Instinkt geboren, Milch aus der Brust der Mutter zu saugen.

Oxytocin steht auch mit zwei bekannten Entwicklungsstörungen in Zusammenhang. Ein Oxytocin-Ungleichgewicht, vor allem ein Defizit des Hormons im Gehirn, lässt sich typischerweise bei Menschen feststellen, die an einer Autismusspektrumstörung (ASS) leiden. Ein Oxytocin-Mangel ist einer der Gründe, weshalb es Kindern mit ASS schwerfällt, Empathie gegenüber anderen Menschen zu zeigen, soziale Situationen richtig zu beurteilen und Nahestehenden vertrauen zu können.

Genau umgekehrt ist es bei Menschen, die ein extrem seltenes neurologisches Leiden aufweisen, das sogenannte Williams-Syndrom, das durch unterschiedliche physiologische und psychische Störungen gekennzeichnet ist, darunter Herzleiden, Verdauungsstörungen und Bluthochdruck. Die Betroffenen weisen meist einen niedrigen IQ auf (zwischen 60 und 90), aber ihre sozialen Kompetenzen sind umso bemerkenswerter. Sie empfinden Empathie und können bei anderen Menschen überdurchschnittlich gut Emotionen erkennen. Und sie sind bereit, anderen Menschen, selbst vollkommen fremden, beinahe blind zu vertrauen. Kinder mit dem Williams-Syndrom bekunden gegenüber jedem in ihrem Umfeld ihre Zuneigung. Dadurch sind sie gefährdet, sexuell ausgebeutet zu werden, denn aufgrund ihres übersteigerten Vertrauens und ihres Wunsches, anderen gefällig zu sein, fallen sie Pädophilen leicht zum Opfer. Neurologen gehen davon aus, dass eine Wechselbeziehung zwischen einer erhöhten Ausschüttung von Oxytocin und dem Sozialverhalten von Menschen mit dem Williams-Syndrom besteht.

Angesichts der wichtigen Rolle, die Oxytocin beim Entfalten einer Bindung zwischen Mutter und Neugeborenem und bei der Entstehung von Störungen in der sozialen Entwicklung spielt, kann davon ausgegangen werden, dass dieses Hormon das Sozialverhalten von gesunden Erwachsenen beeinflusst.

Oxytocin ist harmlos, wenn es dem Menschen in geringer Dosierung verabreicht wird (meist in Form von Nasentropfen, ähnlich jenen, die man gegen Schnupfen nimmt).

Im Rahmen eines 2005 durch die Ökonomen Ernst Fehr und Michael Kosfeld sowie den klinischen Psychologen Markus Heinrichs durchgeführten Experiments der Universität Zürich spielten zwei Gruppen von Probanden das Vertrauensspiel; die eine Gruppe erhielt vorab eine Dosis Oxytocin, die andere ein Placebo ohne den aktiven Wirkstoff. Die Ergebnisse waren eindeutig: Die Teilnehmer in der Oxytocin-Gruppe zeigten eine viel ausgeprägtere Kooperation. Diese Kooperation wirkte in beide Richtungen: Die Bieter gaben mehr (sie vertrauten ihrem Gegenüber stärker als die Teilnehmer in der Kontrollgruppe) und die Empfänger gaben den Bietern einen größeren Anteil von dem zurück, was sie bekommen hatten (sie zeigten sich großzügiger).

Mit weiteren Experimenten konnten die Wissenschaftler ausschließen, dass das Oxytocin die Probanden lediglich entspannt hatte – ähnlich wie Alkohol oder Beruhigungspillen es getan hätten – und somit nur indirekt kooperationsbereiter gemacht hatte. Es war eindeutig, dass Oxytocin vertrauensbildend wirkte und soziale Bindung und Nähe herstellte.

Trotz all seiner Wunderwirkungen kann Oxytocin aber auch negative Folgen zeitigen. Bei einem Experiment, das ich kürzlich mit zweien meiner Studenten, Einav Hart und Shlomo Yisrael, durchführte, zeigte sich, dass sich durch Oxytocin die menschliche Fähigkeit verringern kann, die Absichten anderer zu erkennen.[1] Wir spielten den Probanden Videoclips der Gameshow *Split or Steal* vor, von der bereits im dritten Kapitel die Rede war. Sie sollten raten, wie sich die Kandidaten der Show nach ihrer kurzen Besprechung entscheiden würden – für »Teilen« oder für »Stehlen«. Eine Teilnehmergruppe erhielt Oxytocin, die andere ein Placebo. Die Probanden wussten nicht, zu welcher Gruppe sie gehörten. Jene, die Oxytocin erhalten hatten, konnten die Entscheidungen der *Split-or-Steal*-Spieler viel schlechter voraussagen als die Versuchspersonen in der Kontrollgruppe. Beim Vergleich der Reaktionszeiten der beiden Gruppen stellten wir fest, dass sich die Probanden mit Hormongaben viel weniger Mühe gaben und ihre Prognosen schneller abgaben als die Kontrollgruppe. Es ist ziemlich klar, warum Oxytocin diese Wirkung zeigen sollte. Uns liegt weit mehr daran, die Absichten anderer zu erkennen, wenn wir den Menschen um uns herum misstrauen. Da Oxytocin jeden Argwohn dämpft und Vertrauen stärkt, macht es uns anfälliger für Manipulationen durch andere.

Aufgrund seiner positiven wie negativen Wirkungen ist der Einsatz des Hormons Oxytocin möglicherweise gefährlich, wenn es als Manipulationsmittel missbraucht wird. Ein Spray namens *Liquid Trust*, das als aktiven Wirkstoff Oxytocin enthält, ist inzwischen im Handel erhältlich. Es wird als Substanz angeboten, die Käuferentscheidungen beeinflussen kann. Laut Website des Produkts eignet sich *Liquid Trust* ideal für Verkaufspersonal, vereinsamte Liebesuchende sowie Angestellte und Führungskräfte, die ihr Arbeitsumfeld positiv beeinflussen wollen, indem der Wirkstoff dem Gegenüber in die Nase steigt und ihn gewogen macht. Wäre es überhaupt praktizierbar, die Verwendung von Oxytocin zu verbieten? Es ist unklar, ob sich ein Verbot durchsetzen ließe, da das Hormon geruch- und geschmacklos und praktisch nicht nachweisbar ist, wenn es direkt in die Luft gesprüht wird.

Interessanterweise wurde auch nachgewiesen, dass Oxytocin nicht nur Vertrauen hervorruft, sondern auch Gruppenvorurteile auslöst. Probanden, denen das Hormon verabreicht wurde, begegneten Angehörigen ihrer eigenen sozialen Gruppierung wohlwollender und Fremden missbilligender. Dies eröffnet die Möglichkeit, dass dasselbe Hormon, welches für Liebe und Vertrauen zuständig ist, auch für Ethnozentrismus und sogar Fanatismus verantwortlich ist.[2]

Will man die Ergebnisse der bisherigen Studien über Oxytocin optimistisch betrachten, so ist hervorzuheben, dass das Hormon die Aussichten auf Kooperation steigern und somit viele ökonomische und soziale Interaktionen verbessern kann. Diese Rose hat jedoch einen Dorn. Angenommen, Vertreter zweier Länder beschließen, bei Verhandlungen über eine strittige politische Frage Oxytocin anzuwenden (aus freien Stücken, nicht durch äußeren Druck), um die Verhandlungsatmosphäre zu verbessern und das Vertrauen zu stärken. Vergessen wir nicht: Damit sich das Hormon hier positiv auswirken kann, müssen die Unterhändler einander als Partner ansehen und nicht als Rivalen. Nehmen wir an, dies ist tatsächlich der Fall. Stellen wir uns zudem vor, dass die Verhandlungen zum

Teil (wenn auch nicht ausschließlich) durch einen Einsatz von Oxytocin wirklich zu einer befriedigenden Einigung führen. Würde die Öffentlichkeit solch eine Übereinkunft als legitim anerkennen? Ich bezweifle das. Gegner der Einigung auf beiden Seiten würden – wohl zu Recht – einwenden, die Verhandlungsführer hätten unter Drogeneinfluss Zugeständnisse gemacht, die sie in nüchternem Zustand niemals in Betracht gezogen hätten.

Ungeachtet solch fiktiver Überlegungen verdeutlicht Oxytocin den klaren Zusammenhang zwischen Fühlen und Denken. Es erinnert daran, dass der Hormonhaushalt im eigenen Körper sogar kognitive Prozesse beeinflusst. Somit ist jegliches Denken auf einer gewissen Ebene emotional.

14

Männer, Frauen und Evolution – Mythen auf dem Prüfstand

Liebe und Sexualität sind die bei weitem wichtigsten emotionalen Faktoren für unser unmittelbares genetisches Fortbestehen. So überrascht es nicht, dass nahezu 80 Prozent der Probanden, die Daniel Kahneman und seine Kollegen im Rahmen ihrer Studie über Glück untersuchten, angegeben haben, Sexualität und Liebe seien in ihrem Leben am ausschlaggebendsten für Glück.[1] Die anderen rationalen Emotionen, die in diesem Buch beleuchtet werden, sind für den Fortbestand indirekt notwendig, denn sie erhöhen unsere Anpassungsfähigkeit in der entsprechenden Umgebung und unsere persönlichen Überlebenschancen. Liebe und Sexualität tragen indes direkt zum genetischen Fortbestehen bei, denn sie sorgen dafür, dass wir Nachkommen in die Welt setzen und aufziehen.

Die meisten Tierarten brauchen zur Fortpflanzung keine Liebe; für sie genügt eine rein sexuelle Verbindung. In der Regel kommt es bloß zu einer kurzen Paarung, häufig nur ein einziges Mal mit einem bestimmten Partner. Und die Männchen übernehmen nur wenig oder gar keine Verantwortung für die Aufzucht der Brut.

Viele von uns kennen vielleicht auch menschliche Exemplare, die in ihrer Einstellung zu sexuellen Beziehungen dieser Beschreibung entsprechen. Die meisten Menschen weisen in Sachen Sexualität jedoch ein anderes Verhaltensmuster auf. Die Institution der Ehe, die beinahe in jeder Kultur anzutreffen ist, verdeutlicht ganz stark die Haltung gegenüber Liebe und Sexualität, die für den Menschen charakteristischer ist. Dieser Unterschied zwischen der menschlichen Sexualität und der der meisten Tiere hängt damit zusammen, dass das Aufziehen eines menschlichen Kindes ein sehr langer und komplexer Prozess ist, der die Beteiligung von mehr als nur einem Elternteil erfordert.

Während die Menschen meist ein ganzes Jahr geduldig warten, bis ihre Kleinen laufen lernen, können neugeborene Gazellen bereits zwei Tage nach ihrer Geburt stehen und gehen. Pferdestuten sehen bereits nach einem halben Tag, wie ihre frischgeworfenen Fohlen die ersten Schritte machen.

Die Lebenserwartung von Gazellen und Pferden ist kürzer als die des Menschen, überspannt aber trotzdem rund dreißig Jahre. Die Zeit, die erforderlich ist, damit ein Kind nicht mehr von der elterlichen Fürsorge abhängt, nimmt etwa 20 Prozent der Lebenserwartung des heutigen Menschen ein. Bis vor ungefähr zweihundert Jahren beanspruchte die Kindererziehung bis zu 30 Prozent der elterlichen Lebensspanne. Es gibt praktisch keine anderen Lebewesen, die gemessen an ihrer Lebenserwartung eine so lange Jugend durchlaufen.

Aus evolutionärer Sicht hat es keinen Sinn, Nachkommen zu haben, wenn sich diese nicht wiederum selbst fortpflanzen. Nur wenn ein Kind das Erwachsenenalter erreicht hat, kann es zum genetischen Fortbestand seiner Eltern beitragen. Wäre die Kindheit gemessen an der Lebensdauer eines einzigen Elternteils genügend kurz und erforderte vergleichsweise wenige Ressourcen, könnten Mütter ihre Sprösslinge so gut wie allein großziehen. Je länger die Kindheit dauert und je mehr investiert werden muss, um ein Kind großzuziehen, desto wichtiger ist es, dass auch der Vater sich beteiligt, der schließlich ebenfalls (genetisch) davon profitiert, Kinder zu haben, die das Erwachsenenalter erreichen.

In vorausgegangenen Kapiteln wurde erörtert, welche Rolle soziale Emotionen beim Eingehen von (Selbst)Bindungen (Commitment) spielen. Zorn trägt beispielsweise dazu bei, dass Drohungen glaubwürdig werden. Liebe hingegen erzeugt eine glaubhafte Verpflichtung zu uneigennützigem Verhalten gegenüber Partnern – eine Verpflichtung, die eine Vorbedingung für elterliche Kooperation in der Kindesfürsorge darstellt. Aus Sicht des Mannes erhöht die der Liebe entspringende Paarbindung die Wahrscheinlichkeit, dass das Kind, welches er großzuziehen hilft, tatsächlich sein eigenes Kind ist und verwandte Gene in sich trägt und nicht der Abkömmling eines anderen Mannes ist, mit dem seine Partnerin ein Verhältnis hatte. Enge und beständige Bindungen sowie Sozialstrukturen, die auf monogamen Beziehungen aufbauen, erwachsen der enormen Energie, die menschliche Eltern aufbringen müssen, damit ihre Nachkommen erfolgreich überleben.

Menschliche Eltern versorgen im Allgemeinen mehrere Kinder, die nicht gleichzeitig geboren wurden. Darin unterscheiden sie sich von anderen Lebewesen, deren Nachkommen das elterliche Nest verlassen, bevor die Mütter weiteren Nachwuchs in die Welt setzen. Mein Kollege Motty Perry hat gemeinsam mit zwei Kollegen in einer Studie anhand der Spieltheorie nachgewiesen, dass dieses Phänomen, neben der Paarbindung, für die geläufige Familienstruktur beim Menschen verantwortlich ist.[2] Ohne diese Bindung würden Männer nie wissen, ob die mühsam beschaffte Nahrung tatsächlich ihren eigenen Kindern zugutekommt und nicht etwa Sprösslingen anderer Männer aus früheren Schwangerschaften.

Beim Menschen dauert die Kindheit ausgesprochen lang, weil unsere Nachkommen zusätzlich zu der körperlichen und kognitiven Entwicklung, die alle Lebewesen zunächst durchlaufen, komplexe soziale Fähigkeiten erwerben müssen. Nur sehr wenige Tiere gehen langfristige Beziehungen mit einem einzigen Paarungspartner ein (Hamster und Füchse sind nennenswerte Ausnahmen). Die allermeisten Tiere kennen ein weitaus abwechslungsreicheres Sexualleben mit vielfachen gelegentlichen Paarungen. Ihre sexuellen Aktivitäten dienen ausschließlich der Fortpflanzung. Bei diesen Spezies beruht die Sexualität auf einer intensiven und bisweilen aggressiven »Spermienkonkurrenz« zwischen den Männchen und einer strengen Partnerselektion seitens der Weibchen.

Die besonderen Merkmale der Spermienkonkurrenz zwischen den Männchen unterscheiden sich von Spezies zu Spezies, je nach deren evolutionärer Entwicklung. Der Wettbewerb zwischen Drohnen (männlichen Bienen) beschränkt sich beispielsweise auf rund zehn Minuten in ihrem recht kurzen Leben. Wenn eine junge Bienenkönigin geschlechtsreif ist, unternimmt sie einen sogenannten Hochzeitsflug, bei dem sie einen ganzen Schwarm von Drohnen anlockt. Nur den stärksten und schnellsten Drohnen gelingt es, die große Bienenkönigin zu besteigen und zu besamen. Die Drohnen sterben kurz darauf. Die Königin hingegen bewahrt deren Spermien bis zu ihrem Lebensende (das heißt bis zu dreißig Jahre) in ihrer Samenblase auf und verwendet diese zur Befruchtung der Millionen Eier, die sie produziert.

Die Spermienkonkurrenz unter männlichen Mäusen ist nicht weniger interessant. Sie tritt hauptsächlich nach Abschluss der Paarung in Erscheinung. Nachdem das Männchen ein Weibchen besamt hat, sondert es eine klebrige Substanz ab, die den Fortpflanzungstrakt des Weibchens im Grunde verschließt und so verhindert, dass sich andere Männchen mit dem Weibchen erfolgreich paaren, bevor seine Spermien vollständig absorbiert wurden. Diese Strategie, die entfernt an den mittelalterlichen »Keuschheitsgürtel« erinnert, erhöht die Chancen des Männchens, ein Weibchen erfolgreich zu besamen, und spornt es zudem an, ihre Leibesfrucht zu versorgen, denn es besteht eine größere Gewissheit, dass die Nachkommen von ihm sind.

Verschiedene Spezies bedienen sich ganz unterschiedlicher Arten von Spermienkonkurrenz, doch im Allgemeinen bildet diese eine der beiden evolutionsbedingten Strategien, die das Fortbestehen des eigenen Erbmaterials gewährleisten. Die andere ist eine »Marketingstrategie« (man denke an den Pfauenschwanz sowie andere Eigenschaften und Verhaltensmerkmale, die sich mit Hilfe des Handicap-Prinzips erklären lassen), durch die die Attraktivität einzelner Männchen aus Sicht der Weibchen erhöht wird.

Aufgrund geschlechtsspezifischer physiologischer Unterschiede hinsichtlich der Fortpflanzung haben sich bei Männern und Frauen unterschiedliche emotionale und sexuelle Verhaltensweisen herausgebildet. Diese drücken sich vor allem in dreierlei Hinsicht aus:

1. Die maximale Zahl von Kindern, die eine Frau gebären kann, liegt weit unter hundert (den am besten belegten historischen Rekord hat eine russische Bäuerin des achtzehnten Jahrhunderts inne, aus deren 27 Schwangerschaften 64 Kinder entsprangen). Im Gegensatz dazu kann ein Mann theoretisch hunderttausend Kinder zeugen. Und während eine Frau ihr maximales Fortpflanzungspotential erreichen kann, indem sie sich in ihrem gesamten Leben nur mit einem einzigen Mann paart, bräuchte ein Mann ungefähr tausend Frauen, um sein maximales Zeugungspotential auszuschöpfen.
2. Eine Frau weiß genau, wer ihre biologischen Kinder sind; sie entsprangen schließlich ihrem Schoß. Ein Mann kann nie mit Gewissheit sagen, ob die Kinder, die seine Partnerin gebar, tatsächlich von ihm gezeugt wurden.
3. In den eigentlichen Fortpflanzungsprozess »investieren« Mütter bei weitem mehr an Ressourcen als Väter, denn Mütter tragen ihre Leibesfrucht neun Monate lang in sich.

Ein weiterer wichtiger physiologischer Aspekt kommt noch hinzu: Männer verfügen im Durchschnitt über mehr Muskelmasse als Frauen.

Um zu verstehen, in welchem Maß diese physiologischen Ungleichheiten auch Unterschiede in den emotionalen Reaktionen und im Sexualverhalten zwischen Männern und Frauen bedingen, möchte ich einige weitverbreitete Klischeevorstellungen unter die Lupe nehmen. Dabei sollten wir nicht vergessen, dass die evolutionären Kräfte, die Unterschiede zwischen den Geschlechtern herausbildeten, der feministischen Revolution und dem modernen Denken weit vorausgingen. Sie existierten bereits, bevor die menschliche Zivilisation entstand, und zwar im täglichen Überlebenskampf, in dem ein Mangel an eingehender Kindesfürsorge durch beide Elternteile so gut wie sicher den Tod des Kindes bedeutete.

Am Ende des Kapitels werde ich zudem kurz erläutern, warum sich evolutionsbedingte geschlechtsspezifische Unterschiede im emotionalen und sexuellen Verhalten selbst in unserer modernen Welt hartnäckig halten.

Klischeevorstellung 1: Männer sind viel eher bereit als Frauen, sich auf kurze einmalige sexuelle Begegnungen *(One-Night-Stands)* ohne emotionale Bindung einzulassen.

Die Fakten: Ein Mann kann theoretisch tausendmal so viele Kinder zeugen, wie eine Frau gebären kann. In der Praxis haben Männer und Frauen durchschnittlich gleich viele Kinder, und zwar aus dem einfachen Grund, dass jedes Kind genau zwei biologische Elternteile hat. Dies bedeutet, dass Männer in einem fortwährenden Wettkampf um größere Fruchtbarkeit mit anderen Männern stehen. Aus dieser Sicht verringert eine langfristige Bindung an einen einzigen Partner das Potential des genetischen Fortbestehens, denn sie beschränkt die Zahl der Kinder, die der Mann haben kann, auf die maximale Zahl an Kindern, die ihm seine Partnerin zu gebären vermag. Im Gegensatz dazu brauchen Frauen nur einen einzigen Mann, um ihre maximale Fruchtbarkeit auszuschöpfen, und erzielen keinerlei Vorteil, wenn sie mehrere Geschlechtspartner haben.

Klischeevorstellung 2: Frauen haben ein größeres Bedürfnis als Männer, Liebe auszudrücken.

Die Fakten: Sexuelle Beziehungen mit mehreren Partnern ohne jegliche emotionale Bindung einzugehen hat keinen Einfluss darauf, wie viele Kinder eine Frau gebären kann. Andererseits verringert dies die Überlebenschancen der Kinder, denn ohne Partner mit einer emotionalen Bindung zu der Frau und den Kindern teilt niemand die Bürde der Kindesaufzucht. Wenn sich die Mutter allein um die Kinder kümmern muss, kommt dem Nachwuchs weniger Schutz und Nahrung zugute, als wenn sich der Vater an der Kindererziehung beteiligt. Die Fortpflanzung fordert den Frauen im Allgemeinen mehr an Ressourcen ab als den Männern, denn Frauen können nur alle neun Monate eine Schwangerschaft durchlaufen. Folglich müssen Frauen bei der Paarung viel wählerischer sein als Männer und sicherstellen können, dass sich ihre Partner an sie und die Kinder binden und sich für sie einsetzen.

Klischeevorstellung 3: Frauen sind mehr auf das Wohl und die Gesundheit ihrer Kinder bedacht; Männer hingegen sind eher um ihre eigene Gesundheit besorgt und weniger um die ihrer Kinder.

Die Fakten: Das typische Rollenklischee der »umsorgenden Mutter« ist in vielen Kulturen anzutreffen, und zwar aus gutem Grund. Weil Frauen bei der Zahl der Kinder, die sie haben können, viel eingeschränkter sind als Männer, müssen sie viel mehr an Ressourcen investieren als Männer, um jene Kinder zu schützen und zu versorgen, die sie bereits haben. Hierin liegt die evolutionäre Wurzel der »fürsorglichen Mutter«. Wenn all ihre Kinder das Erwachsenenalter erreicht haben und sie ihre Fruchtbarkeit verloren hat (mit etwa fünfzig Jahren), ist die Aufgabe einer Frau, ihren genetischen Fortbestand zu gewährleisten, erfüllt. Ein Mann im gleichen Alter kann weiterhin zur Verbreitung seines Erbguts beitragen und nach wie vor Kinder zeugen. Seine weitere Zeugungsfähigkeit wird nur durch Tod oder Krankheit begrenzt. Anders gesagt: Aus Sicht des genetischen Fortbestehens haben ab einem Alter von fünfzig Jahren nur Männer »etwas zu verlieren«. Dies könnte die Ursache für männliche Hypochondrie in späteren Lebensjahren sein.

Klischeevorstellung 4: Frauen sind eifersüchtiger als Männer und ihren Partnern gegenüber misstrauischer.

Die Fakten: Diese These ist empirisch fast unmöglich zu überprüfen. Durch Erklärungen, die auf die Evolution verweisen, lässt sie sich nicht stützen. Beide Geschlechter haben gute Gründe, eifersüchtig zu sein. Ein Mann muss sicher davon ausgehen können, dass die Kinder, die seine Partnerin zur Welt bringt und für die er sorgt, biologisch tatsächlich seine Kinder sind. Eine Frau muss sich darauf verlassen können, dass ihr Partner sie nicht verlässt und sich an eine andere Frau bindet und somit ihren Kindern seinen Schutz und seine Fürsorge entzieht.

Diese evolutionsbedingten Quellen der Eifersucht unterscheiden sich jedoch zwischen Männern und Frauen und führen zu unterschiedlichen Verhaltensweisen. In mehreren Studien, unter anderem von Monica T. Whitty und Laura Lee Quigley, wurde festgestellt, dass Männer emotional am stärksten verletzt sind, wenn ihnen ihre Partnerin sexuell untreu geworden ist, während Frauen stärker darauf bedacht sind, emotionale Treue zu wahren.[3] Interessanterweise zeigen sich auch unterschiedliche emotionale Reaktionen auf Untreue zwischen Männern und Frauen, die ihren Partner betrügen. Frauen, die eine intensive emotionale (aber keine sexuelle) Beziehung mit anderen Männern haben, empfinden stärkere Gewissensbisse als Frauen, die sich auf außerehelichen Sex ohne jede emotionale Bindung einlassen. Demgegenüber haben Männer größere Schuldgefühle über Sex mit anderen Frauen als über emotionale Bindungen zu anderen Frauen. Dies kann dazu führen, dass sich Paare darüber streiten, ob einer der beiden den anderen betrogen hat und ob Eifersucht überhaupt gerechtfertigt ist, auch wenn sie sich über die Tatbestände einig sind.

Klischeevorstellung 5: Männer neigen stärker zu ehelicher Untreue als Frauen.

Die Fakten: Eine interessante Studie, die vor einigen Jahren in den Vereinigten Staaten mit Hilfe von DNS-Tests an Neugeborenen durchgeführt wurde, ergab, dass 5 bis 10 Prozent der Neugeborenen nicht die biologischen Kinder der Männer sind, die als ihre Väter angegeben worden waren.[4] Die meisten dieser Männer wissen gar nicht, dass sie die biologischen Kinder eines anderen Mannes großziehen.

Diese Statistik beantwortet jedoch nicht die Frage, ob Männer oder Frauen häufiger untreu sind. Die Tatsache, dass Männer mehr Sexualpartnerinnen brauchen, um ihr maximales Fruchtbarkeitspotential zu erreichen, könnte dazu führen, dass sich Männer eher Seitensprünge leisten, doch das bedeutet nicht unbedingt, dass sie auch in der Praxis häufiger untreu sind.

Angenommen, man ordnet sämtliche Männer in einer bestimmten Stadt danach ein, wie anziehend sie auf Frauen wirken – von höchst attraktiv bis total unansehnlich. Und auch wenn dies absolut unrealistisch ist, stellen wir uns zum Zweck dieses Gedankenexperiments vor, dass alle Frauen dieselben Kriterien bezüglich der Attraktivität von Männern haben. Nehmen wir ferner an, dass in dieser virtuellen Stadt jeder Mann mit einer Frau verheiratet ist und jede Frau mit einem Mann.

Nun fragen Sie sich, welche dieser Männer die größte Chance haben, mit etlichen Frauen außereheliche Affären einzugehen. Die Antwort liegt auf der Hand: Die Männer, die in der Attraktivitätsliste am höchsten rangieren. Sie können den meisten Frauen vor Ort eine Gelegenheit für eine viel »bessere Partie« bieten als die Männer, mit denen jene Frauen verheiratet sind. Für Frauen erhöht sich nicht die Zahl der Kinder, die sie gebären können, indem sie die Zahl ihrer Geschlechtspartner aufstocken. Sie gewinnen jedoch die Chance, das genetische Erbe zu optimieren, das sie ihren Kindern mitgeben, wenn sie sich mit einem attraktiveren Mann paaren. Ein Mann, der nur geringfügig attraktiver ist als der eigene Ehemann, dürfte eine Frau kaum dazu verleiten, Ehebruch zu begehen, aber George Clooney hätte wohl eine gute Chance. Männer hingegen gewinnen dadurch, dass sie nach dem Motto »Masse statt Klasse« handeln, und neigen daher dazu, weniger wählerisch zu sein. Es muss kein Supermodel aufkreuzen, damit sie untreu werden.

Welchem Prozentsatz der Männer wird es also gelingen, sich den Wunsch nach einer außerehelichen Affäre zu erfüllen? Die Antwort auf diese Frage hängt von zwei Variablen ab – erstens der Verteilung der Attraktivitätsnoten durch die Frauen und zweitens dem Vorteil, den Frauen daraus ziehen, dass sie ihren Männern treu bleiben.

Nehmen wir beispielsweise an, dass der attraktivste Mann in der Stadt auf einer Notenskala von 1 bis 10 (von schlecht bis sehr gut) eine volle 10 erhält, während die anderen Männer eine durchschnittliche 5 bekommen. Gehen wir des Weiteren davon aus, dass der Vorteil durch Treue gering ist (was in wohlhabenden Gesellschaften der Fall ist, in denen Frauen nicht davon abhängig sind, dass die Männer Ressourcen zur Kindesaufzucht beisteuern). In diesem Fall dürfte der »Markt für Ehebruch« ganz unkompliziert sein. Nahezu alle Männer (außer jenem mit der Spitzennote) werden ihren Ehefrauen treu bleiben, wohingegen alle Frauen bis auf eine ihre Männer betrügen werden (und zwar alle mit demselben hochattraktiven Mann). In diesem Fall ginge der Ehebruch überwiegend von den Frauen aus, auch wenn Männer ganz klar Vorteile daraus ziehen, mehrere Geschlechtspartnerinnen zu haben. Diese scheinbar paradoxe Situation entsteht durch die Marktkräfte, die in dem beschriebenen Beispiel herrschen. Alle Männer wollen Ehebruch begehen, aber nur einer tut es tatsächlich; demgegenüber betrügen alle Frauen, bis auf eine, ihren Gatten, allerdings nur mit dem attraktivsten Mann in der Stadt.

Dieses Beispiel ist zugegebenermaßen extrem, aber es kann verallgemeinert werden. Immer wenn an der Spitze einer Attraktivitätsliste nur wenige »Stars« stehen, die bei weitem mehr bevorzugt werden als die Rangnächsten, lassen sich mehr Frauen auf Seitensprünge ein als Männer. Dies mag bis zu einem gewissen Maß den tatsächlichen Verhältnissen in wohlhabenden und toleranten Gesellschaften entsprechen, in denen die traditionelle Familienstruktur kaum noch durch ökonomische Zwänge aufrechterhalten wird. In traditionellen und religiös geprägten Gesellschaften muss für eheliche Untreue indes ein hoher Preis bezahlt werden, wobei Frauen meist strenger bestraft werden als Männer. Die Sanktionen reichen von sozialer Ächtung bis zur Hinrichtung und verringern die Motivation zur Untreue erheblich.

Klischeevorstellung 6: Männer sind konkurrenzorientierter als Frauen.

Die Fakten: An der Hebrew University in Jerusalem wurde 2003 eine umfangreiche Studie zum Geschlechterverhältnis auf allen

Ebenen der Hochschule durchgeführt, von den Studierenden bis zu den Professoren. Die Studie lieferte interessante Ergebnisse. Unter den Studierenden, die einen Bachelor-Grad erwarben, waren 61 Prozent Frauen. In den Master-Studiengängen waren die Frauen noch etwas stärker vertreten, nämlich mit 62,5 Prozent. Dagegen betrug die Zahl der weiblichen Doktoranden nur 46 Prozent. Im Lehrkörper machten die Frauen sogar nur noch 33 Prozent aus. Und der weibliche Anteil an den Lehrstuhlinhabern war mit gerade einmal 11 Prozent beschämend gering. Die Zahlen sorgten bei denjenigen, die mit der Zusammensetzung des Lehrkörpers vertraut waren, für wenig Überraschung, doch sie lösten eine heftige Diskussion darüber aus, warum der Frauenanteil von einem akademischen Rang zum nächsten so deutlich abnimmt.

Eine ähnliche Diskussion an der Harvard University vor einigen Jahren führte dazu, dass der Universitätspräsident Larry Summers seinen Hut nehmen musste, nachdem er durch Äußerungen zu diesem Thema für öffentlichen Unmut gesorgt hatte. Summers hatte gemutmaßt, dass der Mangel an Frauen in höheren akademischen Positionen in den Naturwissenschaften damit zusammenhängt, dass Frauen und Männer unterschiedliches Konkurrenzgebaren zeigen. An der Hebrew University verlief die Diskussion weniger hitzig. Die Daten zum Anteil von Frauen, die den Bachelor- und den Master-Abschluss machten, und die Noten, die weibliche Studierende in ihren Kursen erzielten, ließen keinen Zweifel daran, dass Frauen intellektuell genauso viel draufhaben wie ihre männlichen Kollegen. Warum aber sind dann umso seltener Frauen anzutreffen, je höher man in der akademischen Stufenleiter aufsteigt?

Einige sahen die Ursache in der schweren Bürde, die die Kindererziehung Frauen auferlegt, bzw. im Mangel an Kindertagesstätten und in den schwierigen Aufstiegschancen für Mütter mit kleinen Kindern. Manche Stimmen warfen der Universität vor, Frauen bewusst oder unbewusst zu diskriminieren, und behaupteten, Männer fühlten sich in einem rein männlichen Arbeitsumfeld wohler.

Es ist vielleicht bequem, die Schuld für ein ungleiches Geschlechterverhältnis in Institutionen und Unternehmen auf einzelne Personen oder spezifische Bedingungen zu schieben, doch meiner Meinung nach ist dieser Ansatz ungeeignet. Bequem ist er, weil er fälschlicherweise den Eindruck erweckt, dass sofort radikale Veränderungen erzielt werden könnten, wenn man nur nachdrücklich genug Gleichstellungsmaßnahmen durchsetzt. Ungeeignet ist der Ansatz, weil er nur die Angebotsseite für höhere Positionen berücksichtigt und nicht die Nachfrageseite, das heißt die Voraussetzungen auf Seiten der Stellensuchenden.

Durch etliche Studien im Bereich der Verhaltensökonomie wurden in den letzten Jahren neue Erkenntnisse zu diesem Sachverhalt gewonnen. Uri Gneezy und Aldo Rustichini stellten beispielsweise fest, dass sich Männer und Frauen unter Wettbewerbsbedingungen unterschiedlich verhalten.[5] Die Wissenschaftler boten Männern und Frauen eine finanzielle Belohnung, wenn sie sich am Computer in einem Labyrinth zurechtfanden. In der ersten Phase des Experiments erhielten die Teilnehmer für jede gelöste Aufgabe einen festen, gleich hohen Betrag. Dabei traten keine geschlechtsspezifischen Unterschiede auf. Frauen und Männer waren in gleicher Weise erfolgreich.

In der zweiten Phase galten andere Entlohnungsbedingungen. Es gab keinen festen Betrag für jede Problemlösung; vielmehr richtete sich die Prämie nach dem Abschneiden in einem Wettstreit. Das heißt, die Teilnehmer wurden verglichen und nach ihrer Leistung eingestuft; und der Erlös richtete sich danach, wie hoch sie eingestuft wurden. Nun hing die Entlohnung eines jeden Teilnehmers nicht mehr nur von der eigenen Leistung ab, sondern auch vom Abschneiden der anderen. In dieser Phase erzielten Männer deutlich bessere Ergebnisse als Frauen. Außerdem schnitten Frauen in der konkurrenzunabhängigen Phase der Studie besser ab als in der Wettbewerbsphase.

Der Grund dafür ist nach wie vor unklar. Eine mögliche Erklärung könnte darin bestehen, dass sich die Frauen weniger motiviert fühlten, die Labyrinthaufgaben zu lösen, wenn sich die Entlohnung nach dem Abschneiden in einem Wettbewerb richtete. Eine andere Erklärung könnte lauten, dass die Leistungen der Frauen durch den Stress der Wettbewerbssituation negativ beeinflusst wurden. Gneezy und Rustichini folgerten jedenfalls, dass Männer in Wettbewerbssituationen besser abschneiden als Frauen.

Ein weiteres Forscherduo, Muriel Niederle von der Stanford University und Lise Vesterlund von der University of Pittsburgh, untersuchte ebenfalls geschlechtsspezifische Unterschiede unter Wettbewerbsbedingungen.[6] Die Teilnehmer an dieser Studie wurden für das Lösen kognitiver Aufgaben entlohnt; sie mussten fünf zweistellige Zahlen addieren. In diesem Fall konnten die Probanden jedoch zwischen zwei Entlohnungsoptionen wählen: Entweder erhielten sie einen Betrag, der sich ausschließlich nach ihrem eigenen Abschneiden richtete, oder aber einen Betrag, der von ihrem Abschneiden im Wettstreit mit anderen abhing. Die Mehrheit der männlichen Teilnehmer, 73 Prozent, entschied sich für die Wettbewerbsvariante. Unter den Frauen waren es dagegen nur 35 Prozent. Diese große Diskrepanz bestand unabhängig von den relativen Leistungen der Männer und Frauen beim Lösen der Aufgaben. Die Kluft war teilweise auf die simple Tatsache zurückzuführen, dass sich viele der weiblichen Probanden in einer Wettbewerbssituation weniger wohl fühlten, egal wie gut sie im Addieren von Zahlen waren. Dies ist eines der interessantesten Ergebnisse der Studie: Selbst Frauen, die sehr gut abschnitten und mit der Wettbewerbsvariante höhere Entlohnungen hätten erzielen können, bevorzugten die konkurrenzlose Methode.

Auch etliche weitere Studien deuten darauf hin, dass Frauen und Männer unterschiedliche Einstellungen gegenüber Wettbewerb hegen. Aus einigen geht hervor, dass Frauen Verhandlungssituationen stärker meiden als Männer.

Geschlechtsspezifische Unterschiede im Wettbewerbsgebaren tragen vielleicht dazu bei, das Ungleichgewicht zwischen Männern und Frauen in Führungspositionen zu erklären, wenn auch vielleicht nur teilweise. Sherwin Rosen und Edward Lazear von der University of Chicago verfassten bereits in den 1980er Jahren einen maßgebenden Artikel, in dem sie die Beförderungsprozeduren in großen Organisationen mit Sportwettkämpfen verglichen.[7] Ein Mitarbeiter, der befördert werden will, muss etliche Rivalen »besiegen«, um die nächste Stufe zu erreichen, genau wie ein Sportler oder eine Mannschaft in einem Turnier. Je höher man in der Hierarchie aufsteigt, desto näher gelangt man an die Spitze der Pyramide. Auf jeder höheren Stufe wird der Wettbewerb schärfer.

Rosen und Lazear lieferten eine sehr interessante Erklärung dafür, dass der größte Gehaltssprung normalerweise zwischen der vorletzten Stufe der Pyramide und der Spitze auftritt. Auf jeder anderen Stufe des Leistungswettbewerbs, so erläutern sie, bekommt man mit einer Beförderung nicht nur mehr Geld und mehr Prestige, sondern auch eine weitere wichtige Belohnung, nämlich das Recht, um die nächste Ebene in der Rangordnung zu konkurrieren, auf der man noch mehr Geld und Ansehen gewinnt. Für denjenigen, der ganz an die Spitze der Pyramide gelangt ist, gibt es diesen zusätzlichen Gewinn nicht, weil keine weiteren Stufen zu erklimmen sind. Als Ausgleich dafür winkt für den Sprung von der vorletzten auf die oberste Stufe eine größere Gehaltserhöhung als für alle übrigen Beförderungen. Wäre dies nicht so, würde dies die Motivation für eine Beförderung ganz an die Spitze verringern; und damit würden die Chancen sinken, den »besten Mann« für den Spitzenposten zu gewinnen.

Der Wettstreit um Beförderung am Arbeitsplatz ist normalerweise nicht so offen und durchsichtig wie im Modell von Rosen und Lazear, aber er existiert. Und er wird zweifellos umso härter, je höher man in der Hierarchie aufsteigt. Das könnte der Grund dafür sein, dass Frauen, die Konkurrenzsituationen im Durchschnitt mehr meiden als Männer, auf einer bestimmten Stufe aus dem Wettkampf aussteigen, selbst wenn ihre Kompetenzen und Beförderungschancen denen der Männer entsprechen, mit denen sie konkurrieren. Und deswegen dürften geschlechtsspezifische Gleichstellungsmaßnahmen im Allgemeinen nicht die geeignete Strategie sein, um den Frauenanteil in Führungspositionen zu erhöhen.

Nach dem Modell von Rosen und Lazear liefe eine gesetzliche Regelung zur Erhöhung der Frauenquote darauf hinaus, beim Hochsprung die Latte um zwanzig Zentimeter niedriger anzulegen, wenn eine Frau springt. Dies würde nichts daran ändern, dass es sich trotz allem um einen Wettkampf handelt. Frauen, die Wettkämpfen insgesamt eher aus dem Weg gehen, würden sich dabei keineswegs wohler fühlen. Es könnte sogar die gegenteilige Auswirkung haben. Zu wissen, dass sie nach anderen Kriterien beurteilt werden als Männer, könnte ihrem Selbstbild schaden und die Befriedigung verringern, die sie andernfalls daraus ziehen, wenn sie einen Wettbewerb gewinnen. Und dies wiederum könnte Frauen noch mehr davon abhalten, überhaupt an dem Wettbewerb teilzunehmen.

Eine wirksamere Strategie bestünde darin, Frauen und Männer nach denselben Kriterien zu beurteilen, aber Frauen einen größeren Anreiz zu geben, sich überhaupt am Wettbewerb zu beteiligen. Solche Anreize könnten darin bestehen, Frauen eine »Prämie« für die Teilnahme am Wettbewerb zu erteilen, noch bevor der Sieger verkündet wird, oder Frauen, die den Wettbewerb gewinnen, eine höhere Siegerprämie zu bieten (etwa ein höheres Gehalt oder höhere Boni für eine Beförderung).

Geschlechtsspezifische Unterschiede im Konkurrenzgebaren entwickelten sich zweifellos im Lauf der Evolution. Wettbewerbsstärke bot Männern einen größeren Überlebensvorteil als Frauen. Die Konkurrenz zwischen Männern um Paarungspartnerinnen ist für viele Spezies kennzeichnend. Wettbewerbsstärke bot Männern einen evolutionären Vorteil bei der Weitergabe ihres Erbguts. Die Jagd, das Beschaffen von Nahrung und der Schutz der Familie vor Feinden und Räubern sind immanent männliche Aufgaben (aufgrund der muskulöseren Statur, die Männer im Allgemeinen im Vergleich zu Frauen aufweisen). Diese Tätigkeiten erfordern ein hohes Maß an Wettbewerbsstärke. In einer unwirtlichen oder feindlichen Umgebung, in der Nahrung knapp und schwer zu beschaffen ist, riskiert ein Mann, der sich nicht mit anderen messen will, dass er und seine Familie zugrunde gehen.

Klischeevorstellung 7: Männer sind risikobereiter als Frauen.

Die Fakten: Medizinforscher, die vor einigen Jahren Studien zum männlichen Hormon Testosteron durchführten, entdeckten einen unglaublichen Zusammenhang zwischen der Konzentration des Hormons im Körper und der Struktur der Finger. Diesen einfachen Zusammenhang kann jeder an sich selbst leicht überprüfen. Dazu legt man die rechte Hand flach und mit gespreizten Fingern auf einen Tisch und misst die Länge des Zeigefingers und des Ringfingers. Dann errechnet man das Längenverhältnis. Bei den meisten Männern ist der Zeigefinger kürzer als der Ringfinger, das Verhältnis ist also kleiner als eins. Je geringer der Quotient ist, desto größer ist der Testosteronspiegel. Diese Korrelation besteht nicht unbedingt immer, aber sie tritt bei der Mehrzahl aller Fälle in einer statistisch signifikanten Größenordnung auf.

Hohe Testosteronspiegel stehen auch in einer statistischen Korrelation mit stärkerer Libido, höherer Konzentration und größerer Muskelmasse. Das Hormon wirkt sich auch positiv auf die Gesundheit aus, indem es etwa den Lipidspiegel und das Herzinfarktrisiko senkt.

Andererseits wird Testosteron auch mit etlichen negativen Erscheinungen in Zusammenhang gebracht, darunter vielen unerwünschten Verhaltenszügen. Menschen mit erhöhtem Testosteronspiegel sind meist anfälliger für Nikotin- und Alkoholmissbrauch. Das Risiko, dass ein Mann mit hohen Testosteronwerten zum Raucher wird, ist nahezu doppelt so hoch wie bei einem Mann mit relativ niedrigem Testosteronspiegel. Männer mit viel Testosteron neigen außerdem zu Gewalt und suchen die Gefahr.

Die Sache mit den Fingern geht jedoch noch weiter. Ökonomen an der University of Cambridge verglichen die Fingerlängen von Hunderten sogenannter *Daytrader*, die an der Börse kurzfristig mit

Wertpapieren spekulieren.[8] Manchmal werden Aktien, Devisen oder Derivate in weniger als einer Minute, bisweilen sogar binnen Sekunden gekauft und wieder verkauft.

Fast alle Daytrader sind junge Männer, die nur eine Zeitlang für eine Makleragentur arbeiten und rasch ersetzt werden. Die Cambridger Forscher verfolgten die Arbeitsleistung verschiedener Daytrader und kamen zu einem erstaunlichen Ergebnis: Je geringer der Quotient von Zeigefinger zu Ringfinger, desto risikofreudiger ist der Daytrader beim Handeln mit Wertpapieren und desto höher sind seine durchschnittlichen Profite. Selbst Neulinge wissen, dass eine größere Risikobereitschaft zu höheren durchschnittlichen Profiten führen kann. Aber es wäre natürlich völlig absurd, die statistische Wahrscheinlichkeit einer ausgeprägten Risikobereitschaft in Erwartung hoher Profite anhand von Fingerlängen vorauszusagen. Und doch ist dieser Zusammenhang wissenschaftlich belegt.

Viele weitere Forschungsergebnisse deuten darauf hin, dass Männer und Frauen ein unterschiedliches Risikoverhalten zeigen. In den letzten Jahren wurde eine interessante Studienreihe zum Verhalten von Jugendlichen durchgeführt. Dabei ging es besonders um die Frage, warum so viele Jugendliche im Alter zwischen dreizehn und dreiundzwanzig Jahren so obsessiv »Kicks« suchen, gern provozieren und unbekümmert Risiken eingehen. Eltern von Kindern in dieser Altersstufe können das Verhalten ihrer Sprösslinge oft nur schwer verstehen und vergessen dabei, dass sie sich in ihrer Jugend genauso verhielten.

Studien haben ergeben, dass sich das Gehirn eines Jugendlichen über diese zehn Jahre hinweg immer noch »in Entwicklung« befindet; dabei sind neue Erfahrungen, auch in Extremsituationen, wichtig für die Herausbildung einer Erwachsenenpersönlichkeit.

Beim Risikoverhalten lassen sich deutliche Unterschiede zwischen Jungen und Mädchen feststellen. Männliche Jugendliche gehen viel größere Risiken ein als junge Frauen im selben Altersbereich und auch im Vergleich zu älteren Männern. Dies ist vielleicht einer der Hauptgründe, weshalb im Lauf der Geschichte auf den Schlachtfeldern vor allem das Blut junger Männer vergossen wurde.

Das unterschiedliche Risikoverhalten der Geschlechter beruht auch auf evolutionären Entwicklungen, die mit dem männlichen Wettbewerb um Partnerinnen zusammenhängen. Sie lassen sich anhand von Zahavis »Handicap-Prinzip« erklären, das in einem der vorigen Kapitel erläutert wurde. Risikobereitschaft signalisiert Mut – eine Eigenschaft, die auf größere Erfolgschancen schließen lässt, wenn es um die Nahrungsbeschaffung und den Schutz der Nachkommen geht. Dies verleiht Männern, die in der Gegenwart von Frauen über ihre Risikobereitschaft prahlen, einen Evolutionsvorteil.

Aber auch die Anwesenheit eines Geschlechtsgenossen verleitet Männer zu höherer Risikobereitschaft. Experimente, bei denen die Reaktionen von Männern bei Autorennen-Simulatoren analysiert wurden, haben gezeigt, dass die Risikobereitschaft deutlich steigt, wenn ein weiterer Mann zugegen ist. Eltern von Teenagern, die nervös sind, wenn ihr hormonstrotzender Sohn nach dem Autoschlüssel fragt, können viel entspannter sein, wenn der Sprössling allein herumkutschiert und nicht von Altersgenossen begleitet wird.

Die natürliche Selektion spielt hier ebenfalls eine Rolle. Die Zurschaustellung hoher Risikobereitschaft in Gegenwart eines oder mehrerer Geschlechtsgenossen soll potentielle Paarungsrivalen einschüchtern. Noch im neunzehnten Jahrhundert war dieses Gebaren so ausgeprägt, dass viele Männer wegen belangloser Beleidigungen ihr Leben im Duell aufs Spiel setzten.

Klischeevorstellung 8: Männer begehren jüngere Frauen, während Frauen dem Alter ihrer Partner weniger Bedeutung beimessen.

Die Fakten: Statistische Daten zeigen klar und unwiderlegbar, dass die meisten Ehemänner älter sind als ihre Frauen. Spiegelt dies aber biologisch oder kulturell geprägte Vorlieben wider?

Die gesellschaftlichen Normen in Bezug auf die Altersunterschiede bei Ehepartnern werden durch zwei wichtige Elemente beeinflusst: Erstens die unterschiedlich lange Fertilitätsspanne bei Männern und Frauen und zweitens die langwährenden Beziehungen, die das Geschlechtsleben des Menschen kennzeichnen. In Gesellschaften, in denen zwanglose sexuelle Begegnungen *(One-Night-Stands)* die Regel sind, hat der Mann keinen Grund, eine jüngere Frau einer älteren vorzuziehen, vorausgesetzt, beide Frauen sind fruchtbar. In langwährenden monogamen Beziehungen verhält es sich jedoch anders. Um eine maximale Fruchtbarkeit zu erzielen, dürfte ein Mann, der auf eine einzige Partnerin in einer langfristigen Beziehung beschränkt ist, eine möglichst junge Frau bevorzugen (vorausgesetzt, sie ist fruchtbar), um im Verlauf der Zeit die größtmögliche Zahl an Kindern hervorzubringen.

Vor einigen Jahren wurde in Finnland eine interessante Studie durchgeführt, um den optimalen Altersunterschied zwischen Ehepartnern zu ermitteln – optimal in Hinsicht darauf, dass möglichst viele Kinder gesund das Erwachsenenalter erreichen und sich selbst fortpflanzen.[9] Die Autoren der Studie stützten ihre Erkenntnisse auf historische Daten zur Sami-Population vom siebzehnten bis zum neunzehnten Jahrhundert. Für die Studie wählte man die im Norden Skandinaviens ansässigen Sami (Samen, früher »Lappen«) und den entsprechenden Zeitraum, um den aus biologischer Sicht optimalen Altersunterschied in einer völlig natürlichen, von der modernen Medizin unbeeinflussten Umgebung zu ermitteln. Den Studienergebnissen zufolge war der optimale Altersunterschied größer als fünfzehn Jahre. Die Paare, die in der Studie untersucht wurden, wiesen eine breite Spanne an Altersunterschieden auf; einige Männer heirateten zwanzig Jahre ältere Frauen, andere Männer hingegen fünfundzwanzig Jahre jüngere Frauen. Den optimalen Altersunterschied für das Großziehen möglichst vieler gesunder Kinder wiesen allerdings Ehepaare auf, bei denen der Mann statistisch 16,4 Jahre älter war als die Frau.

In einer Nachfolgestudie, in der Ehepaare im heutigen Schweden betrachtet wurden, die offensichtlich von den neuesten medizinischen Fortschritten profitieren, zeigte sich, dass sich der optimale Altersunterschied auf sechs Jahre verkürzt hat. Aber selbst in zeitgenössischen westlichen Gesellschaften trifft man nicht selten auf Ehepaare mit einem Altersunterschied von bis zu zwanzig Jahren oder sogar noch mehr. Es ist kein Zufall, dass große Altersunterschiede besonders bei berühmten Persönlichkeiten und ihren Angetrauten auffallen. Dies hat weitgehend gesellschaftliche Gründe. Solche Ehen beruhen meist auf einem »Handel«, durch den der ältere Mann gesellschaftlich aufgewertet wird, indem er Vitalität und jugendlichen Elan signalisiert; die jüngere Frau wiederum bezieht daraus sozialen Status, Wohlstand und Bekanntheit.

Klischeevorstellung 9: Männer begehren, mehr als Frauen, äußerlich attraktive Partner. Frauen begehren, mehr als Männer, beruflich erfolgreiche Partner.

Die Fakten: Beiden Geschlechtern ist ein attraktives Erscheinungsbild des Partners in gewissem Grad wichtig, denn dieses war in der Vergangenheit ein Kennzeichen von Gesundheit und Fruchtbarkeit. Andererseits ist das, was bei Menschen als attraktiv angesehen wird, sehr stark von der jeweiligen Kultur abhängig und alles andere als universell gültig (außer bestimmte Maße der Gesichtssymmetrie, die bei der Definition von Schönheit bekanntlich eine bemerkenswert einheitliche Rolle spielen). Dass sich Menschen von dem angezogen fühlen, was in einer bestimmten Kultur gerade als modisch attraktiv gilt, hängt hauptsächlich damit zusammen, dass mit einem begehrenswerten Partner eine gesellschaftliche Aufwertung einhergeht. Dies ist auch einer der Gründe dafür, dass Männer in der Regel häufiger mit ihren Liebesabenteuern prahlen als Frauen.

Bei der Suche nach beruflich erfolgreichen Partnern sieht es anders aus. In vorgeschichtlichen Gesellschaften zeigte sich beruflicher Erfolg in Jagdgeschick, und dieses mehrte die Attraktivität für eine Partnerin in zweierlei Hinsicht. Zum einen erhöhte es die Aussichten, eine große Kinderschar zu ernähren. Zum anderen – und das war vielleicht noch wichtiger – wurde Jagdgeschick in gewissem Maß an nachfolgende Generationen weitervererbt, und dies erhöhte die Chancen, sich über mehrere Generationen hinweg erfolgreich zu vermehren, wodurch wiederum der Fortpflanzungserfolg der Frau deutlich gesteigert wurde.

Nach dieser Überlegung sollte bei der Partnerwahl auch für Männer der berufliche Erfolg einer Frau entscheidend sein. Männer und Frauen verfolgen jedoch nicht die gleichen »Fortpflanzungsstrategien«. Wie bereits angemerkt, haben Männer evolutionsbedingte Gründe, mehr Wert auf Quantität (das heißt die absolute Anzahl an Nachkommen) zu legen, wohingegen für Frauen Qualität wichtiger ist. Dies ist anscheinend der evolutionäre Grund dafür, dass der berufliche Erfolg des Partners für Frauen bedeutsamer ist als für Männer.

Klischeevorstellung 10: Frauen sind redseliger als Männer.

Die Fakten: Louann Brizendine veröffentlichte vor einigen Jahren ein Buch mit dem Titel *Das weibliche Gehirn. Warum Frauen anders sind als Männer*. Darin lieferte sie eine Erklärung für die ständig herrschende Spannung, die viele Ehepaare kennen: Frauen, so Brizendine, redeten dreimal so viel wie Männer![10] Anhand von Daten, die Brizendine in ihrer Klinik sammelte, errechnete sie, dass Frauen im Durchschnitt 20000 Wörter pro Tag aussprechen, Männer hingegen nur 7000. Das weibliche Gehirn verfüge über eine achtspurige Autobahn, um Gefühle zu verarbeiten. Das männliche Gehirn hingegen gleiche eher einem Feldweg. Diese Unterschiede sind laut Brizendine auf die Auswirkungen des Testosterons zurückzuführen, die dazu führten, dass Männer so sehr an Sex denken, dass ihre Fähigkeit der Gefühlsbekundung blockiert werde.

Viele Männer mögen zwar meinen, ihre Frau oder Freundin sei ein glänzendes Beispiel für dieses Phänomen, doch in Wahrheit liegt Brizendine falsch. Ungefähr ein Jahr nach Erscheinen ihres Buchs führten Matthew Mehl und einige seiner Kollegen von der

Psychologischen Fakultät der University of Arizona eine umfassende und gründliche Studie zum Thema »Gesprächigkeit« von Männern und Frauen durch.[11] Ihre Erkenntnisse veröffentlichten sie in der renommierten Fachzeitschrift *Science*. Diesem Aufsatz zufolge besteht kein Unterschied hinsichtlich der Zahl der Wörter, die Männer und Frauen aussprechen. Vertreter beider Geschlechter artikulieren im Durchschnitt ungefähr 16 000 Wörter pro Tag. Diese Erkenntnis stützte sich auf eine Erhebung mittels Tonbandaufnahmen, durchgeführt bei einer großen Gruppe von Probanden. Die drei gesprächigsten Studienteilnehmer waren übrigens Männer. Der Spitzenreiter kam auf durchschnittlich 47 000 Wörter pro Tag. In unserem Themenzusammenhang kommt es jedoch nicht darauf an, welche Thesen Brizendine und Mehl im Einzelnen verfechten, sondern auf die Tatsache, dass sehr viele Menschen, Frauen wie Männer, davon überzeugt sind, Frauen seien geschwätzig und Männer glichen eher Schweigemönchen.

Warum gehen hier Realität und gängige Wahrnehmung so weit auseinander? In der psychologischen Fachliteratur über Beziehungen diskutiert man seit langem intensiv über das Interaktionsmuster *Demand/Withdraw* (Fordern/Verweigern) – einer der Partner fordert, über Probleme in der Beziehung zu sprechen, während der andere solchen Gesprächen möglichst aus dem Weg geht. Das Verhaltensmuster »Forderung/Verweigerung« spielt anscheinend eine wichtige Rolle bei der Stigmatisierung von Frauen als Quasselstrippen. Eine eingehende Studie, die 1990 an der University of California in Los Angeles (UCLA) zu dem Thema realisiert wurde, führte zu dem Schluss, dass in den meisten Forderung/Verweigerung-Situationen die Frauen die Fordernden sind, wohingegen die Männer mit Passivität oder Verweigerung reagieren.[12]

Die UCLA-Studie beflügelte weitere Forscher in dem Bemühen, die unterschiedlichen Rollen von Männern und Frauen in *Demand/Withdraw*-Situationen zu erhellen. Einige Wissenschaftler behaupteten, die Forderung seitens der Frauen und die Verweigerung seitens der Männer seien darauf zurückzuführen, dass die Geschlechter Emotionen auf unterschiedliche Weise verarbeiten. Weitere Recherchen zu dem Thema ergaben mit der Zeit, dass dies nicht der Fall ist. So wurde etwa durch eine Studie nachgewiesen, dass die aktive bzw. die passive Rolle in *Demand/Withdraw*-Situationen nicht durch das Geschlecht der Partner bestimmt wird, sondern davon abhängt, welcher Partner das Gespräch einleitet.[13] Im Allgemeinen ist der initiierende Partner aktiv und der andere entzieht sich, unabhängig vom Geschlecht des Impulsgebers. Eine weitere Studie, die 2010 veröffentlicht wurde, zeigte auf, dass das Verhaltensmuster *Demand/Withdraw* unter homosexuellen Partnern (sowohl männlichen Homosexuellen als auch lesbischen Frauen) im gleichen Maß auftritt wie unter Heterosexuellen.[14] Und aus einem Report von 2006 geht schließlich hervor, dass die Interaktionsmuster in *Demand/Withdraw*-Situationen auch stark von kulturellen Faktoren geprägt sind.[15] Bei pakistanischen Paaren sind die Haltungen, die wir normalerweise Männern und Frauen zuschreiben, genau umgekehrt. Insgesamt deuten diese Studien darauf hin, dass die Rolle der Frau als der Fordernden in *Demand/Withdraw*-Situationen nicht durch unterschiedliche Mechanismen der Emotionsverarbeitung bedingt ist. Anscheinend streben Frauen in Beziehungen häufiger nach Veränderung, während Männer es vorziehen, den Status quo beizubehalten.

Damit bleiben aber zwei Fragen zum Phänomen »Forderung/Verweigerung« unbeantwortet. Erstens: Warum streben Frauen in Beziehungen stärker nach Veränderung als Männer? Zweitens: Warum wählt der Partner, an den die Forderung gerichtet wird (egal ob Mann oder Frau), so häufig die passive Rolle und vermeidet jeglichen Konflikt, anstatt »zurückzufeuern« oder auf eine Diskussion über das Anliegen des Fordernden einzugehen? Schließlich reagiert man normalerweise sehr energisch auf ein unliebsames Ansinnen von Leuten, mit denen man nicht verheiratet ist.

Die erste Frage haben wir eigentlich schon beantwortet, als wir den evolutionären Grund dafür erörterten, warum Frauen emotionalen Einsatz seitens ihrer männlichen Partner erwarten. Das

Muster »Forderung/Verweigerung« tritt häufig auf, wenn ein Beziehungspartner (in der Regel die Frau) sich über mangelndes Engagement und zu wenig Zuwendung seitens des Partners beklagt.

Zur Beantwortung der zweiten Frage möchte ich auf eine simple Erkenntnis der Spieltheorie zurückgreifen. Warum entzieht sich der Partner, an den eine Forderung gestellt wird? Mit dem Geschlecht hat dies nichts zu tun. Und es hat im Grunde auch nichts mit monogamen Beziehungen zu tun. Dieses Phänomen ist typisch für viele intensive und dauerhafte Interaktionen. Das Verhaltensmuster »Forderung/Verweigerung« tritt beispielsweise häufig bei Eltern und ihren Kindern auf (wobei die Eltern fordern und die Kinder sich entziehen). Das Verhalten, das mit *Demand/Withdraw*-Situationen einhergeht, erzeugt ein Gleichgewicht zwischen den Interaktionspartnern. In den meisten Fällen bildet das Muster »Forderung/Verweigerung« Teil eines fortlaufenden Verhandelns zwischen den Partnern, bei dem einer der Partner eine Veränderung verlangt, die für den anderen Einbußen mit sich bringt.

Passivität als Antwort auf eine Forderung bedeutet nicht unbedingt mangelndes Interesse an den Wünschen des Partners. Diese Strategie soll ein Gleichgewicht herstellen – auf einen Teil wird eingegangen, ohne aber alle geforderten Veränderungen zu akzeptieren. In wiederholten Interaktionen kann diese Strategie nach dem Motto »Kein Kommentar« zu einem Gleichgewicht beitragen. Manchmal ist Schweigen eben Gold.

Die letzte Klischeevorstellung, mit der wir uns befassen wollen, hängt nicht direkt mit Unterschieden zwischen den Geschlechtern zusammen, ist aber für das Thema dieses Kapitels insgesamt von Belang.

Klischeevorstellung 11: Homosexualität gefährdet den Fortbestand der menschlichen Rasse.

Die Fakten: Diese Behauptung wird häufig von Geistlichen fast aller großen Religionen aufgestellt und mit folgendem Argument untermauert: »Der Schöpfer befürwortet den Fortbestand der Menschheit, aber gleichgeschlechtlicher Sex trägt nicht zur Fortpflanzung bei und entspricht somit nicht dem Willen Gottes.« Interessanterweise stoßen selbst einige ausgesprochen weltliche Personen unter Verweis auf die Kräfte der Evolution ins selbe Horn.

Diese Behauptung impliziert eine sehr enge Auffassung von »Sippenselektion«, dem evolutionären Fortbestehen einer genetischen Linie. Der Bestand der Spezies wird nicht nur durch jene gesichert, die Nachkommen in die Welt setzen, sondern auch durch jene, die das Überleben von Sprösslingen mit ähnlicher DNS (das heißt Verwandten) gewährleisten. So verzichten beispielsweise Arbeiterbienen und Arbeiterameisen auf die eigene Fortpflanzung und kümmern sich stattdessen um die Nachkommen ihrer Königin; auf diese Weise sorgen sie dafür, dass sich deren Stammbaum fortsetzt. Dieses Phänomen beschränkt sich nicht nur auf staatenbildende Insekten. Der evolutionäre Vorteil, der durch den Verzicht auf geschlechtliche Vermehrung entsteht, liegt darin, dass der Betreffende von der Bürde befreit ist, die eigenen Nachkommen zu versorgen, und somit Ressourcen in die Aufzucht der Nachkommen anderer mit ähnlichem Erbgut investieren kann, etwa denen von Brüdern oder Nichten, wodurch deren genetischer Fortbestand gesichert wird.

Empirisch gestützt wird diese Erklärung durch einen Fachartikel, der 2006 in der renommierten Zeitschrift *Proceedings of the National Academy of Sciences of the United States of America* erschien.[16] Die Autoren berichteten, dass Jugendliche, die ältere Brüder haben, in viel stärkerem Maß homosexuelle Tendenzen entwickeln als Jugendliche ohne ältere Brüder. Zudem zeigte sich, dass keine erhöhten homosexuellen Tendenzen auftreten, wenn die älteren Brüder nicht biologisch verwandt sind (etwa aufgrund von Adoptionen oder in sogenannten Patchwork-Familien nach Scheidungen und erneuter Heirat eines Elternteils). Dies bedeutet, dass die verstärkte Neigung zur Homosexualität nicht sozial, sondern biologisch bedingt ist. (Inwieweit das zweite oder dritte Kind einer Mutter sich biologisch von ihrem ersten unterscheidet, ist nicht bekannt; aber beispielsweise könnten sich ihre Eizellen verändern, nachdem eine erste befruchtet wurde.) In vielen Fällen hatten die älteren Brüder eigene Kinder, die sie versorgen mussten, und wurden bei dieser Aufgabe von ihren jüngeren Brüdern unterstützt.

Es sei darauf hingewiesen, dass diese Erklärung unabhängig davon gilt, ob sich Homosexuelle in unserer modernen Welt mehr um ihre Nichten und Neffen kümmern als Heterosexuelle; der Evolutionsdruck beeinflusste diese Tendenzen vor zehntausenden Jahren. Es ist daher einleuchtend, dass durch die Evolution Homosexualität in jenen Fällen selektiert wurde, in denen dieses Merkmal evolutionäre Vorteile mit sich brachte.

Geschlechterunterschiede infolge der Evolution bildeten sich in den Anfängen der menschlichen Zivilisation heraus, als ganz andere Umweltbedingungen herrschten als heute. Viele dieser Unterschiede boten dem Einzelnen indes bereits vor Jahrhunderten, wenn nicht schon viel früher, keine Evolutionsvorteile mehr. Soziale Mechanismen zur Anpassung menschlicher Eigenschaften an neue Umgebungen veränderten zweifellos viele Persönlichkeitsmerkmale und Gefühlsreaktionen.

Warum aber haben sich dann so viele Geschlechterunterschiede in unseren modernen und fortgeschrittenen Gesellschaften gehalten, obwohl wir seit einem Jahrhundert den Feminismus kennen und durch verschiedene Strategien die Unterschiede unmittelbar zu verwischen suchen? Auf diese Frage gibt es wohl mehr als nur eine Antwort, aber eine halte ich für entscheidend: Auch wenn einige spezifische Züge, die Männer und Frauen voneinander unterscheiden, in unserer heutigen Zeit vielleicht keine Evolutionsvorteile mehr bieten, ist bereits die Tatsache, dass es Geschlechterunterschiede gibt, für die Menschheit nach wie vor ein enormer Evolutionsvorteil. Die menschliche Sexualität wird durch die Unterschiede zwischen Mann und Frau bereichert, indem die sexuelle Anziehung verstärkt wird, was wiederum die Fortpflanzung fördert. Männer, die ihre Maskulinität verschleiern, und Frauen, die ihre Fraulichkeit kaschieren, verringern ihre Chancen, erfolgreich um einen Partner des anderen Geschlechts zu werben.

Selbst in Situationen, die nichts mit der Liebesanbahnung zu tun haben, gilt die Betonung der Maskulinität bei Männern und der Femininität bei Frauen als ästhetisch und anziehend. Aus diesem Grund werden Geschlechterunterschiede im äußeren Erscheinungsbild nicht kaschiert, sondern nach wie vor betont. Viele liberale und aufgeklärte Frauen tragen in unseren Gesellschaften nach wie vor Make-up bzw. aufgeklärte Männer weiterhin maskulin aussehende Kleidung.

Geschlechterunterschiede im Verhalten werden häufig aus dem gleichen Grund hervorgehoben wie Geschlechterunterschiede im äußeren Erscheinungsbild. Überlegen Sie einmal, wie viele Paare Sie kennen, bei denen die Frau häufiger am Steuer sitzt, wenn beide mit dem Auto unterwegs sind. Und wie viele Männer kennen Sie, die zu Hause häufiger für die Familie kochen als die Frau?

Kleinere Geschlechterunterschiede, die einst auf uralten Evolutionsbedingungen beruhten, können im Lauf der Zeit sogar zunehmen und deutlicher hervortreten, anstatt zu verschwinden. Aus diesem Grund wurde die chirurgische Brustvergrößerung populär, seit nur noch wenige Frauen ihre Neugeborenen stillen. Und deswegen gehen Männer immer noch gern zum Bodybuilding, obwohl es durch technologische und ökonomische Fortschritte fast völlig entbehrlich geworden ist, zwecks Nahrungsbeschaffung und Schutz der Familie körperliche Stärke aufzuweisen.

15

Ehen, die der Himmel stiftet? Fortpflanzung und die Mathematik der Liebe

Es ist durchaus möglich, dass wir jene wunderbaren Dinge, die wir als Liebe und Sexualität bezeichnen, der Existenz von Viren verdanken. Gäbe es keine Viren, würden sich wohl alle Lebewesen, einschließlich der Menschen, anscheinend asexuell fortpflanzen.

Ein Großteil der Pflanzen und einige Tiere vermehren sich tatsächlich ungeschlechtlich, das heißt ohne Beteiligung eines zweiten Organismus. Die meisten komplexen Spezies würden jedoch Vireninfektionen nicht überleben, wenn es die sexuelle Vermehrung nicht gäbe. Es findet ein ständiger Kampf zwischen Lebewesen und Viren statt. Die wirksamste Waffe, die Wirtsorganismen für diesen Kampf entwickelt haben, ist die genetische Variation.

Viren, die Tiere und Menschen angreifen, sind fortwährend bestrebt, sich an die genetischen Strukturen ihrer Opfer anzupassen. Die genetischen Strukturen des Menschen gleichen Schlössern, und die Viren brauchen passende Schlüssel, um diese Schlösser zu öffnen, also in menschliche Zellen einzudringen. Verfügen sie einmal über einen Schlüssel, können sie jeden Organismus angreifen, dessen Schloss sich damit öffnen lässt. Bei genügend breiter genetischer Variation innerhalb einer bestimmten Population müssten die Viren einen gewaltigen Schlüsselbund mitführen, um jedes Individuum anzugreifen. Ist eine Population hingegen genetisch identisch, kann ein Virus diese mit einem einzigen Schlüssel überfallen und möglicherweise komplett auslöschen. Durch die geschlechtliche Fortpflanzung können sich zwei Individuen mit unterschiedlichen genetischen Strukturen paaren und so einen Nachkommen zur Welt bringen, dessen genetische Struktur sich von der beider Elternteile unterscheidet. Im Grunde ist die sexuelle

Fortpflanzung eine Versicherungspolice, die den genetischen Fortbestand der Eltern gewährleistet.

Darin wurzelt auch die Tabuisierung sexueller Beziehungen zwischen Verwandten. Bestünde das Ziel der Evolution allein darin, eine Erblinie mit möglichst großer genetischer Ähnlichkeit hervorzubringen, könnte die natürliche Selektion durchaus die Fortpflanzung innerhalb der engeren Familie begünstigen; dann wären Geschwister die optimalen Partner, um Kinder in die Welt zu setzen. Im Grunde besteht in der Evolution ein starker Hang zu inzestuöser Fortpflanzung.

Es gibt Erbkrankheiten, die vermehrt bei Kindern aus inzestuösen Beziehungen auftreten. Neben der gesellschaftlichen Tabuisierung solcher Beziehungen entwickelte sich beim Menschen auch ein wirksamer psychischer Mechanismus, der die sexuelle Anziehung zu einem engeren Verwandten unterbindet. All dies wahrt die genetische Vielfalt innerhalb unserer Spezies, selbst um den Preis einer verringerten genetischen Nähe zwischen Eltern und Kindern. Eine große genetische Ähnlichkeit zwischen Eltern und Kindern ginge mit einer geringeren Variation in der menschlichen Population einher, wodurch diese anfälliger für eine Ausrottung durch Viren wäre.

Dies ist natürlich ein weiteres Beispiel dafür, dass Emotionen immens dazu beitragen, negative Folgen zu verhindern; die Logik, die erforderlich ist, um die Evolutionsrisiken des Inzest zu verstehen, ist weitaus abstrakter als der unmittelbare Abscheu vor der sogenannten »Blutschande«. Nahezu alle Menschen schrecken vor dem Gedanken zurück, sich mit Verwandten wie etwa Geschwistern bzw. Cousinen oder Cousins sexuell einzulassen. Allerdings wurde in zahlreichen Studien nachgewiesen, dass sich die meisten Menschen im Grunde am stärksten von jenen sexuell angezogen fühlen, die ihnen vom Äußeren und vom Wesen her am ähnlichsten sind. Psychologen, die dieses Phänomen untersucht haben, stellten fest, dass Geschwister und Cousins/Cousinen, die sich ihrer verwandtschaftlichen Beziehung nicht bewusst sind (wie im Falle von Adoption, Trennung der Eltern oder in sehr großen Familienverbänden), sich im Vergleich zu den meisten Paaren viel stärker sexuell zueinander hingezogen fühlen. Diese Anziehung rührt wohl daher, dass es erhebliche Evolutionsvorteile bieten würde, Verwandte zu heiraten, wenn die Bedrohung durch Viren nicht bestünde.

Es ist interessant, sich eine Science-Fiction-Welt ohne Viren vorzustellen, in der sich die Menschen ungeschlechtlich fortpflanzen. Müssten wir uns nicht gegen Viren wehren, indem wir sie mit genetischer Variation verwirren, läge bestimmt ein Evolutionsvorteil in der asexuellen Fortpflanzung. Die sexuelle Vermehrung ist genetisch gesehen ineffizient; sie ist kompliziert, überlässt viel zu viel dem Zufall und liefert vor allem Nachkommen, die genetisch nicht mit ihren Eltern identisch sind. Mit ungeschlechtlicher Fortpflanzung hingegen könnten wir uns alle klonen und vollendete genetische Kopien von uns selbst hervorbringen. Würden wir uns rein asexuell vermehren, dürfte uns dies sicherlich genauso viel Lustempfinden bereiten wie das uns bekannte Sexualleben. Wäre die Fortpflanzung nicht angenehm, würden wir uns ihrer enthalten, und dann würde unsere Spezies aussterben.

Aus evolutionärer Sicht würden wir wahrscheinlich gut mit der asexuellen Fortpflanzung klarkommen. Wie aber stünde es in solch einer Welt um die menschliche Gesellschaft? Was würde aus der Liebe, dem Flirten und Umwerben werden? Wie wäre es ohne das Dauerthema »Liebe« mit Literatur, Kunst und Musik bestellt? Narzissmus und Egozentrismus wären zweifellos primäre Wesensmerkmale. Jeder würde sich nur mit sich selbst befassen und sich selten auf andere einlassen. Insgesamt wäre das Leben der Menschen wohl emotional ärmer und viel langweiliger.

Wenn aber im Zusammenhang mit Sexualität und Fortpflanzung zwei besser sind als einer, warum sind dann nicht drei besser als zwei? Diese Frage stellten sich Motty Perry sowie zwei seiner Kollegen. Ihre Erkenntnisse veröffentlichten sie in einem interessanten Artikel.[1] Wenn die sexuelle Paarung durch genetische Variation Schutz vor Viren bietet, erhebt sich die Frage, warum die natürliche Selektion nicht einen Schritt weiter ging und eine sexuelle Vermehrung zu dritt begünstigte. Durch die Kombination des Erbmaterials dreier Individuen entstünde schließlich noch weit mehr Variation.

Mit sexueller Fortpflanzung »zu dritt« meine ich nicht die Form der Ménage-à-trois, wie man sie aus französischen Filmen der 1970er Jahre kennt – eine intime Dreiecksbeziehung aus zwei Männern und einer Frau oder zwei Frauen und einem Mann. Dreierfortpflanzung würde bedeuten, dass es drei verschiedene Geschlechter gäbe: männlich, weiblich und ein drittes, das wir uns nicht einmal vorstellen, geschweige denn benennen können. An erfolgreichem Geschlechtsverkehr müsste sich in dem Fall je ein Vertreter der drei Geschlechter beteiligen und Erbmaterial zur Hervorbringung von Nachwuchs beisteuern. Auf der Erde ist keine Spezies bekannt, die sich auf diese Weise fortpflanzt. Und das mit gutem Grund: Die Vorteile einer Dreierfortpflanzung gegenüber der uns vertrauten Methode werden von ihren Nachteilen überwogen.

Aus technischer Sicht ist es überhaupt nicht schwierig, sich eine Fortpflanzung mit drei Beteiligten vorzustellen. Bei einigen Vaterschaftstests konnte auf unerklärliche Weise keine genetische Verbindung mit dem Vater bzw. mit der Mutter nachgewiesen werden. In einigen dieser Fälle ergaben weitere Analysen, dass das betreffende Kind genau genommen drei Elternteile hat, weil nämlich eine Eizelle der Mutter von Spermien zweier verschiedener Männer befruchtet worden war. Die Mutter des Kindes hatte tatsächlich innerhalb einer kurzen Zeitspanne Geschlechtsverkehr mit zwei verschiedenen Männern gehabt. Das Kind wies infolgedessen das Erbgut der Mutter und beider Männer auf.

Perry und seine Koautoren haben in einem mathematischen Modell nachgewiesen, dass eine Beteiligung von drei (hypothetischen) Geschlechtern am Fortpflanzungsakt tatsächlich zu größerer genetischer Vielfalt innerhalb einer Population führen würde, aber der Zuwachs an Vielfalt durch die Aufstockung von zwei Geschlechtern auf drei wäre marginal. Andererseits wird bei einer Fortpflanzung, die drei (oder mehr) verschiedene Geschlechter erfordert, die Fruchtbarkeit erheblich verringert, denn dazu müssen sich drei fortpflanzungswillige Individuen finden und zusammentun, was um einiges schwieriger sein dürfte als eine Begegnung von zweien. Daraus ist zu folgern, dass die Fortpflanzung in Paaren optimal für Organismen ist, die nicht durch Viren ausgerottet werden wollen. Es ist beruhigend zu wissen, dass der menschliche Ansatz in der Sexualität in Form einer innigen Bindung an einen anderen Menschen, im Gegensatz zu Gruppen von drei oder mehr Personen, nicht beliebig ist, sondern aus mathematisch wohlbegründeten evolutionären Erwägungen resultiert.

In vorausgegangenen Kapiteln wurde erklärt, dass sich das Geschlechtsleben des Menschen von der Sexualität der meisten Tiere unterscheidet, weil es auf Gefühlen beruht, die Bindungen entstehen lassen. Die Emotionen, die uns in der Liebe und der Sexualität so sehr bewegen und antreiben, sind indes ebenso wenig beliebig. Im Gegensatz zur allgemeinen Auffassung verlieben wir uns nicht Hals über Kopf oder werden von romantischen Gefühlen hingerissen; Liebe entwickelt sich zur richtigen Zeit und zur richtigen Person. Im Grunde resultiert Liebe häufig aus bewussten Entscheidungen.

Als ich nach Abschluss meines Studiums als Nachwuchswissenschaftler in die Vereinigten Staaten ging, erfuhr ich zu meinem Erstaunen, dass einige meiner Kollegen, die aus Indien stammten, arrangierte Ehen eingegangen waren. Diese Leute waren jung, liberal und hochgebildet. Sie hatten schon jahrelang in den Vereinigten Staaten gelebt, aber was die Ehe anbelangte, so übernahmen sie die Traditionen ihrer Kultur und gingen Ehen ein, die ihre Eltern eingefädelt hatten.

In ausführlichen Gesprächen über Liebe und Beziehungen zwischen den Geschlechtern schilderten meine indischen Freunde, wie sie aufgrund rationaler und bewusster Entscheidungen ihre Ehefrauen lieben gelernt hatten. Als sie ihre zukünftigen Gattinnen zum ersten Mal sahen, stand der Hochzeitstermin bereits fest, ebenso die Höhe der Mitgift, die der Brautvater dem Vater des Bräutigams zahlen sollte. Die Entscheidung darüber, ob die Braut und der Bräutigam als Ehepartner füreinander geeignet waren, lag fast ausschließlich in den Händen der Eltern.

In der indischen Tradition der arrangierten Ehe wird während der Verhandlungen über die Höhe der Mitgift offen über die Tugenden und Schwächen der Braut und des Bräutigams gesprochen. Wenn die »qualitative Kluft« zwischen den beiden Heiratskandidaten von den Eltern als zu groß erachtet wird, bricht man die Verhandlungen ab und sucht eine neue Partie für die Kinder. Kleine qualitative Diskrepanzen werden überbrückt, indem man die Höhe der Mitgift entsprechend anpasst.

Ein Kollege namens Ragavan reiste mitten in seinem ausländischen Aufbaustudium nach Indien, um zu heiraten. Er durfte seine Zukünftige eine halbe Stunde lang sehen, bevor die Ehevereinbarung von beiden Elternpaaren geschlossen wurde. Zwei Tage später machten sich die Jungvermählten auf den Weg ins Ausland. Ragavan und andere Inder erklärten mir oft, dass die Liebe zu ihren Frauen nicht im Geringsten durch die Stiftung der Ehe seitens der Eltern geschmälert wurde. Sie beteuerten sogar, dass genau die gegenteilige Wirkung eintrat. Sie konnten sich ganz darauf konzentrieren, eine liebevolle Beziehung aufzubauen, nachdem alle anderen Details ihrer Ehe geregelt worden waren. Einige meiner indischen Freunde gestanden mir sogar, sie könnten mich und meine Frau gar nicht verstehen. Wie konnten wir beide uns auf eine so emotionale Sache wie eine Liebesbeziehung einlassen, wenn im gesamten Umfeld so vieles noch ungewiss war?

Trotz aller positiven Aspekte kann der Brauch, Ehen zu arrangieren, und vor allem die Sitte, eine Mitgift zu zahlen, verschiedenste gesellschaftliche Missstände hervorrufen, insbesondere eine Ungleichheit zwischen den Geschlechtern. Die Mitgift, die der Brautvater dem Vater des Bräutigams zahlen muss, kann die Möglichkeiten der Brautfamilie weit übersteigen. In Indien gibt es neuerdings Websites, auf denen Mitgiftpreise aufgelistet sind. Der Preis richtet sich hauptsächlich nach dem Beruf und der Kaste des Bräutigams sowie der Kaste der Braut. Eine große Kluft zwischen dem Status des Bräutigams und der Stellung der Braut kann die Mitgift auf über 130000 Dollar hochtreiben. Es überrascht daher nicht, dass die Geburt eines Mädchens in vielen indischen Familien als Bürde angesehen wird, wohingegen die Geburt eines Sohnes als Segen gilt. Seit in den letzten Jahrzehnten durch neuentwickelte Technologien das Geschlecht eines Fötus bereits in den frühen Stadien einer Schwangerschaft festgestellt werden kann, werden in Indien (wie auch in China) immer häufiger weibliche Föten abgetrieben. Bevor dieser Trend einsetzte, sorgte die Biologie in der Allgemeinbevölkerung für einen gleich hohen Anteil an Frauen und Männern. Die Abtreibung weiblicher Föten hat dieses Gleichgewicht gestört. In der Weltbevölkerung gibt es inzwischen 2 Prozent mehr Männer als Frauen, in Indien sind es vier und in China sogar 6 Prozent. In einigen indischen Provinzen ist die Differenz sogar noch größer. Interessanterweise treten die ausgeprägtesten Diskrepanzen in wohlhabenden Regionen auf, denn gut situierte Frauen, die eine weibliche Leibesfrucht in sich tragen, können sich eine Abtreibung eher leisten als arme Frauen.

Solcherart Missverhältnisse haben zwangsläufig ausgleichende Marktkräfte in Gang gesetzt. Aufgrund der geringeren Zahl an Frauen sind die Mitgiftpreise deutlich zurückgegangen. Mancherorts hat sich die Tradition sogar umgekehrt; inzwischen verlangen die Eltern der Braut ein Ehegeld. In Gegenden mit besonders großem Männerüberschuss tritt ein weiteres ungewöhnliches Phänomen in Erscheinung: Zwei Brüder heiraten dieselbe Frau, damit ihre Familie die hohe Mitgift bestreiten kann, die von den Brauteltern gefordert wird.

In westlichen Gesellschaften ist die Partnersuche freier und spontaner, doch ein sorgfältiger Blick auf die rationalen und ökonomischen Überlegungen, die dabei angestellt werden, zeigt, dass sich diese Vorgehensweise nicht grundlegend von der traditionellen elterlichen Ehevermittlung in Ländern wie Indien unterscheidet. Das Sprichwort »Liebe macht blind« mag poetisch klingen, doch die Realität sieht gewöhnlich viel prosaischer aus. Die meisten Menschen verlieben sich in jemanden, mit dem oder der sie wechselseitige Bande knüpfen zu können erwarten, und entwickeln keine innigen Gefühle für jemanden, den sie für »unerreichbar« halten. Liebesbeziehungen entstehen häufig zwischen zwei Menschen, die ein und derselben ethnischen Gruppierung und sozioökonomischen Schicht angehören.

Meine Kollegin Eva Illouz hat eingehend untersucht, wie Frauen und Männer in modernen westlichen Gesellschaften Beziehungspartner wählen.[2] Sie zeigt auf, inwieweit die Freizügigkeit im Beziehungsbereich und die technischen Fortschritte, mit denen sich Rendezvous inzwischen per Tastendruck anbahnen lassen, unser Liebesleben mit kapitalistischer Konsumkultur verschmolzen haben. Der moderne Mensch lässt sich in Sachen Liebe auf keinerlei Kompromisse ein und besteht auf dem bestmöglichen Deal, genau wie beim Shopping. Um dieses idealisierte Ziel zu erreichen, sind viele bereit, hunderte Internet-Dates zu überstehen, die in Frust und Enttäuschung enden. In der Folge verweigern viele das Commitment, das erforderlich ist, um eine stabile Beziehung aufzubauen.

Gary Becker, der 1992 mit dem Nobelpreis für Wirtschaftswissenschaften ausgezeichnet wurde, argumentierte ebenfalls, dass unsere Entscheidungen in Sachen Beziehungen und Liebe jenen ähneln, die wir in Marktsituationen treffen. In einem zweiteiligen Aufsatz, den Becker 1973 und 1974 unter dem Titel *»A Theory of Marriage«* (Eine Theorie der Ehe) veröffentlichte, stellte er ein mathematisches Modell des Heiratsmarktes vor.[3,4] Er war allerdings nicht der Erste, der auf diese Idee kam. Bereits zehn Jahre zuvor hatten die Mathematiker David Gale und Lloyd Shapley, die sich auf Spieltheorie spezialisierten (Shapley erhielt 2012 den Nobelpreis für Wirtschaftswissenschaften), ein ähnliches Modell des Heiratsmarktes aufgestellt.[5]

Beide Modelle beschreiben einen Markt mit zwei Seiten – Frauen und Männern. Jeder Mann reiht die Frauen in einer Präferenzordnung ein; die Frauen, zu denen er sich stärker hingezogen fühlt, stehen oben auf der Liste. Die Frauen gehen in gleicher Weise vor. Jeder Marktteilnehmer – Mann wie Frau – behält das Recht, alleinstehend zu bleiben, wenn die verfügbaren Kandidatinnen bzw. Kandidaten auf der persönlichen Attraktivitätsrangordnung so weit unten stehen, dass die Ehelosigkeit einer Heirat vorgezogen wird.

Beiden Modellen liegt ein zentrales Konzept zugrunde – die wunderbare Idee stabiler Paarbildungen (Partien). Paarbildung bedeutet, dass jedem Mann auf dem Markt eine verfügbare Frau zugeteilt wird. (Einzelne Männer bzw. Frauen können jedoch ledig bleiben.) Die Partien sind stabil, wenn es keinem der Paare möglich ist, sich scheiden zu lassen, oder wenn die betreffenden Personen keinen besseren Partner finden als den, den sie haben. Mann A begehrt beispielsweise Frau B und sie ihn ebenfalls; wenn aber beide anderweitig verheiratet sind, ist die bestehende Paarbildung nicht stabil. Und in einer stabilen Paarbildung gilt ferner, dass jeder, der sich an einen anderen gebunden hat, die Ehe dem Singledasein vorzieht.

Aus diesen Definitionen allein geht nicht unmittelbar klar hervor, dass solch ein Ideal stabiler Paarbildungen auf einem Heiratsmarkt von Männern und Frauen jederzeit erschaffen werden kann. Anhand einer eleganten Beweisführung, die weiter unten nachgezeichnet wird, haben Gale und Shapley jedoch ein optimales mathematisches Theorem bewiesen: Stabile Paarbildung besteht zu jeder Zeit, unabhängig von den Präferenzen der Männer und Frauen auf dem Heiratsmarkt! Gale und Shapley zeigten sogar auf, wie man mit einem einfachen und leicht anwendbaren Computerprogramm durch die Eingabe der Präferenzen jedes Mannes und jeder Frau ein stabiles Schema von Paarbildungen finden kann.

Das Modell von Gale und Shapley birgt weitgefasste Anwendungsmöglichkeiten, mehr als das Modell von Becker. Im Grunde ist es das einflussreichste und in der Praxis am häufigsten angewandte ökonomische Modell aller Zeiten. Es wurde beispielsweise für die Stellenvermittlung von Ärzten im Praktikum genutzt, wodurch dieser Markt sehr viel effizienter gestaltet wurde. Und nachdem der renommierte Stanforder Ökonom Alvin Roth die Theorie weiterentwickelte, konnten Schulverwaltungen in den Vereinigten Staaten und in Großbritannien die Aufnahme von Kindern an ihren bevorzugten Schulen verbessern. In den letzten Jahren war Roth auch die treibende Kraft hinter der Einführung des Gale-Shapley-Algorithmus in einen neuen Anwendungsbereich, mit dem buchstäblich Leben gerettet werden – die Nierentransplantation.

Für eine erfolgreiche Nierentransplantation muss ein hohes Maß an genetischer Kompatibilität zwischen Spender und Empfänger gewährleistet sein. Ähnlich wie bei Ehen, kommen viele potentielle Transplantationen gar nicht zustande, selbst wenn ein Spender und ein Empfänger vorhanden sind, weil die beiden genetisch nicht zusammenpassen. Alvin Roth und einige Kollegen erkannten, dass viele Leben gerettet werden könnten, indem man mit Hilfe von Übereinstimmungsalgorithmen kompatible Spender und Empfänger zusammenbringt. Der Gedankengang sieht folgendermaßen aus: Angenommen, Ron will seiner kranken Schwester Ruth eine Niere spenden, aber leider sind die beiden für eine erfolgreiche Transplantation nicht ausreichend kompatibel; gleichzeitig möchte Maya ihrem Ehemann Gary eine Niere spenden, doch auch hier stellten die Ärzte eine Unverträglichkeit fest. Wenn jedoch Rons Niere bei Gary erfolgreich eingepflanzt werden kann und Mayas Niere von Ruths Organismus angenommen wird, kann man einen »Organtausch« zwischen den beiden Paaren vornehmen und somit zwei Leben retten, für die andernfalls möglicherweise keine Hoffnung bestünde.

Roth erkannte, dass der potentielle »Markt« von Organspendern und Empfängern dem oben erwähnten Heiratsmarkt und dem Markt für Ärzte im Praktikum ähnlich ist. Es handelt sich um einen zweiseitigen Markt; auf der einen Seite stehen die Spender und auf der anderen Seite die Patienten, die eine Spenderniere brauchen. Mit Hilfe eines Algorithmus lassen sich lange Ketten von Spendern und Empfängern erstellen, wodurch landesweit jährlich Tausende Menschenleben gerettet werden können.

Das Modell von Gary Becker hat jedoch auch einen Wert in sich; es macht deutlich, wie sehr unser zweifelsohne nichtrationaler Partnervermittlungsmarkt von Kalkül und Eigeninteresse geprägt ist. Beckers Modell funktioniert folgendermaßen: Verschiedene Personen stufen die Attraktivität von Angehörigen des anderen Geschlechts nach diversen Kriterien wie Aussehen, Bildung, Sozialstatus, Vermögen und so weiter ein. Dabei misst jeder diesen Merkmalen ein jeweils unterschiedliches Gewicht bei. Jede potentielle Partie zwischen einem Mann und einer Frau birgt einen »Gemeinnutzen« (bzw. »gemeinsamen Nutzen«, *joint utility*); dieser Fachbegriff umschreibt den Nutzen, den beide Partner aus ihrer Verbindung ziehen, je nach den Merkmalen jedes Einzelnen und der jeweiligen Gewichtung, die der Partner diesen Eigenschaften zuweist. Ein erfolgreicheres Paar hat einen höheren »Gemeinnutzen«, wobei es nicht unbedingt so sein muss, das die Partner diesen gleichmäßig teilen. Im Gegensatz zum Gale-Shapley-Modell, bei dem der Einzelne eine vorgeschlagene Partie lediglich annehmen oder ausschlagen kann, müssen nach Beckers Modell die beiden Teile eines gebildeten Paares auch darüber entscheiden, wie sie den gemeinsamen Nutzen, der durch ihre Paarbildung entsteht, untereinander aufteilen – dazu später mehr.

Stellen wir uns beispielsweise eine Frau vor, die zahlreiche attraktive Merkmale besitzt und von vielen Männern hoch eingestuft wird. Sie kann sich durchaus an einen Mann binden, den andere Frauen nicht für attraktiv halten. In diesem Fall wird sich die Aufteilung des »Gemeinnutzens« aus der Ehe zugunsten der Frau verschieben. Dies könnte sich etwa darin äußern, dass der Mann mehr Hausarbeit übernehmen oder auf den ersehnten Sportwagen verzichten muss. Diese Verschiebung wird in Beckers Modell als »Nutzentransfer« bezeichnet. Hierin unterscheidet sich das Modell von Becker wesentlich von jenem von Gale und Shapley.

Über die Frage, inwieweit die Annahme eines Nutzentransfers begründet ist, wird unter Ökonomen nach wie vor diskutiert. Wir werden später noch einmal darauf zurückkommen.

Hier sei ein Beispiel dafür genannt, wie nach Beckers Modell ein stabiles System von Paarbildungen und Einigungen über Nutzentransfers erreicht werden können. Zur Vereinfachung besteht der Heiratsmarkt in diesem Beispiel nur aus zwei Frauen, Rita und Maja, sowie zwei Männern, Dirk und Sven. Jede der vier möglichen Paarbildungen, die dieser Heiratsmarkt zulässt, erzeugt für die betreffenden Paare unterschiedliche »Gesamtnutzen«, die in der Tabelle dargestellt sind:

	Dirk	Sven
Rita	8	4
Maja	9	7

Der Tabelle lässt sich Folgendes entnehmen: Wenn sich beispielsweise Rita und Dirk zusammentun, beträgt ihr Gemeinnutzen als Paar 8 Punkte. Diese Zahl bemisst sowohl den materiellen als auch den emotionalen Nutzen, den beide daraus ziehen, dass sie miteinander verheiratet sind.

In unserem Beispiel fällt auf, dass Maja und Dirk das erfolgreichste potentielle Paar wären (ihr Gemeinnutzen von 9 Punkten fiele höher aus als der aller anderen denkbaren Partien). Aber es gilt zu beachten, dass sie in einem stabilen System von Paarbildungen nicht zusammenfinden können. Um den Grund dafür zu verstehen, muss man die Partien Maja-Dirk und Rita-Sven vergleichen. Bezeichnen wir die Nützlichkeitspunkte, die jeder der vier nach der vereinbarten Aufteilung erhält, mit R (für Rita), M (für Maja), D (für Dirk) und S (für Sven). Dies bedeutet $M + D = 9$ und $R + S = 4$. Einfach gesagt: Rita und Sven bilden ein ungeeignetes Paar. Unserer Tabelle zufolge wäre Sven mit Maja besser dran und Rita mit Dirk. Obwohl Maja und Dirk ein glückliches Paar abgeben (in dem Sinn, dass sie als Paar den maximalen Gesamtnutzen erzielen), wird diese Paarbildung aufgrund des Unglücks von Rita und Sven instabil. Die beiden Letzteren haben eine Motivation, sich scheiden zu lassen. Man kann es auch so erklären: Die Summe der »Gesamtnutzen« beider Paare fällt in einem stabilen Schema höher aus. Der Gesamtwert von Rita und Sven beträgt 4, der von Maja und Dirk 9; das ergibt insgesamt 13. Demgegenüber beziehen Rita und Dirk einen Gesamtnutzen von 8, Maja und Sven 7, also zusammen 15. In diesem Fall spiegelt die größere Zahl Stabilität wieder.

Die wichtige Erkenntnis besteht hier darin, dass die Stabilität einer Paarbeziehung nicht nur vom unmittelbaren Verhältnis der beiden betreffenden Partner selbst abhängt, sondern auch vom jeweiligen Umfeld und den Möglichkeiten, die dieses bietet, das heißt etwa der Chance, dass sich jeder der beiden besserstellen kann, indem er einen anderen Partner wählt. Aus demselben Grund ist es durchaus möglich, dass die ideale Beziehung (jene, die den höchsten Gesamtnutzen erbringt) in einem stabilen System von Paarbildungen gar nicht zustande kommt. Damit solch ein System stabil ist, muss die Endsumme der Gesamtnutzen *aller* Einzelpersonen auf dem Heiratsmarkt maximiert sein. In unserem Beispiel ist das System, das aus den Paaren Rita-Dirk und Maja-Sven gebildet wird, stabil. Es erzielt insgesamt 15 Punkte an Gesamtnutzen – den höchsten Wert, der auf diesem Heiratsmarkt möglich ist.

Die nächste interessante Frage besteht nun darin, wie diese Nutzenwerte zwischen den jeweiligen Partnern einer Ehe aufgeteilt werden. Die Antwort hängt wiederum vom Gesamtmarkt ab, nicht nur von den Betreffenden selbst, und die Aufteilung zwischen der Frau und dem Mann erfolgt nicht unbedingt gleichmäßig.

Nehmen wir an, in unserem Beispiel würden die Nutzenpunkte gleich aufgeteilt werden. Rita und Dirk einigen sich darauf, dass ihre 8 Punkte 4 : 4 geteilt werden; Maja und Sven verständigen sich auf eine Aufteilung 3,5 : 3,5. Dies ist eine instabile Lösung, denn Maja und Dirk könnten sich von ihren jeweiligen Ehepartnern scheiden lassen und ein neues Paar bilden, wodurch sie mehr Nutzeneinheiten – 9 statt 7,5 – untereinander aufteilen könnten. In diesem Beispiel sähe eine Aufteilung der Nutzenpunkte, die tatsächlich zu einem stabilen System der Paarbildung führen würde, folgendermaßen aus: Rita und Dirk teilen ihre 8 Punkte gleichmäßig untereinander auf; jeder erhält 4. Maja und Sven teilen ihre 7 Punkte hingegen ungleich auf: Maja erhält 5 und Sven nur 2 Punkte.

Warum wird Sven bei dieser Lösung nicht gegen seine nachteilige Behandlung aufbegehren und beispielsweise fordern, dass Maja sich in ihrem gemeinsamen Haushalt um die Wäsche kümmert, zumal er bereits sämtliche Küchenaufgaben übernimmt und die Kinder zum Sport fährt? Die (zynische) Antwort, die Beckers Modell auf diese Frage liefert, lautet so: Falls Sven tatsächlich einen größeren Anteil am Gesamtnutzen erhält, geht dies auf Majas Kosten, und dann hat Maja einen Anreiz, sich von Sven scheiden zu lassen und stattdessen Dirk zu heiraten, wodurch sowohl Maja als auch Dirk bessergestellt wären.

Falls Sie das materialistische Denken und das absolute Eigeninteresse in Beckers Modell als geschmacklos empfinden, zumal es hier um Beziehungen und Liebe geht, kann ich dies durchaus nachempfinden. Eine Kritik an Beckers Modell sollte jedoch differenziert sein. In Beckers Modell geht es nicht unbedingt um reinen Materialismus, da die numerischen Werte, wie bereits erwähnt, auch emotionalen Nutzen beziffern. Das Modell beruht allerdings tatsächlich auf Eigeninteresse, und darin liegt eine seiner Schwächen. Es impliziert beispielsweise Folgendes: Wenn ein Teil eines Paares so schwer versehrt wird (etwa durch eine schlimme Krankheit oder einen Unfall), dass sich der Gesamtnutzen des Paares deutlich verringert, sollte der andere sofort damit beginnen, sich einen neuen Partner zu suchen. Dies ist natürlich kein getreues Abbild einer liebevollen Beziehung – weder aus moralischer noch aus empirischer Sicht.

Gary Becker stellte sein Modell des Heiratsmarktes in den 1970er Jahren auf, als er der Ökonomischen Fakultät der University of Chicago angehörte. Die sogenannte »Chicago School« (Chicagoer

Schule) vertrat einen Ansatz, der stark auf das materielle Eigeninteresse ökonomischer Akteure ausgerichtet war und unerschütterlich an die Kräfte des freien Marktes glaubte. Auch Becker propagierte diesen Ansatz. Daher überrascht es auch nicht, dass er den kontroversen Vorschlag machte, menschliche Organe sollten auf dem freien Markt gehandelt werden, um dem chronischen Mangel an Transplantationsorganen abzuhelfen.

Auch wenn an Beckers Modell Kritik geübt werden kann, ist es ein wichtiges Konstrukt, denn es liefert etliche Erkenntnisse darüber, wie der Heiratsmarkt tatsächlich funktioniert. Einige dieser Erkenntnisse sind auch empirisch untermauert. Das Modell sagt beispielsweise zutreffend voraus, dass sich der Status von Frauen innerhalb ihrer Beziehungen verbessern lässt, wenn sie sich verstärkt in den Arbeitsmarkt einbringen, dass dies aber auch vermehrt zu Scheidungen führen kann. Dies folgt aus der Tatsache, dass eine Frau einen höheren Nutzen daraus zieht, ledig zu bleiben, wenn sie ihren Lebensunterhalt selbst bestreiten kann.

Betrachten wir einmal, was in dem obigen Beispiel geschehen würde, wenn die Frau und der Mann ledig bleiben könnten. Würde der Nutzen des Singledaseins mit 1 beziffert, bliebe alles unverändert, das heißt, die beiden blieben verheiratet, weil sie aus der Ehe einen höheren Nutzen ziehen. Nun ist aber zu erwarten, dass sich Ritas Nutzwert aus dem Singledasein durch die Möglichkeit, zu arbeiten und sich selbst zu versorgen, von 1 auf 4,5 erhöhen würde. Das detailliert dargelegte System der Paarbildung wäre dann nicht mehr stabil. Rita würde von Dirk mindestens 4,5 Nutzenpunkte verlangen, dafür dass sie die Beziehung mit ihm aufrechterhält, so dass Dirk nur noch 3,5 (von 8) Punkten hätte. Dirk muss auf Ritas Forderung jedoch nicht eingehen. Er könnte stattdessen Maja 5,2 Nutzenpunkte anbieten, wenn sie ihn heiratet (das wäre mehr als das, was sie aus ihrer Ehe mit Sven bezieht), und damit würden beide besser dastehen. Diese Analyse liefert eine gewisse Bestätigung für die Behauptung, die von manchen Feministinnen vorgebracht wird, wonach viele Männer dagegen sind, dass ihre

Frauen arbeiten gehen, nicht weil der Haushalt oder die Kindererziehung darunter leiden könnten, sondern weil sie fürchten, eine ökonomische Unabhängigkeit der Frau stärke deren Verhandlungsposition innerhalb der Ehe.

Eine weitere Schwäche von Beckers Modell besteht in der Annahme, Nutzen lasse sich übertragen. Nach dieser These kann so gut wie jede negative Eigenschaft, die ein Partner beim anderen sieht, korrigiert werden, indem man die gemeinsamen Ressourcen der Ehe angemessen aufteilt. Solch eine brutale Zerschlagung des gesamten Fundaments liebevoller Bindungen ist nicht nur erschütternd, sondern deckt sich auch nicht mit der Realität. Anstatt für andere zu sprechen, möchte ich eine persönliche Geschichte erzählen. In meinem ersten Studienjahr hatte ich eine kurze Liebschaft mit einer jungen Frau, die fast alles hatte, was ich mir hätte wünschen können. Sie war attraktiv, intelligent, humorvoll und einfühlsam. Ich entdeckte bei ihr jedoch nichts von dem schwer Fasslichen, das eine sehr gute Freundschaft von einer berauschenden Verliebtheit unterscheidet. Ich kann mir nicht vorstellen, dass mir diese supertolle junge Frau irgendetwas hätte geben können, was jenes Manko ausgeglichen hätte.

16

Von der steinzeitlichen Flöte zur Bach'schen Fuge – warum die Evolution Kunst hervorbrachte

Mein Vater, der vor einigen Jahren starb, besucht mich bisweilen in meinen Träumen. Als ich eines Tages über solch einen Traum, den ich in der vorausgegangenen Nacht gehabt hatte, nachdachte, griff ich zu Papier und Stift und verfasste ein Gedicht an meinen Vater, das ich später vertonte. Dabei flossen die Worte mit einer Leichtigkeit dahin, die ich noch nie erlebt hatte. Normalerweise geht mein Schreiben zögerlich vonstatten, und ich nehme endlose Korrekturen vor. Damals war das nicht der Fall. Die Melodie fiel mir ebenfalls ganz spontan ein. Aber als das Stück vollendet war und ich es auf der Gitarre spielte, traten mir Tränen in die Augen. Ich wurde so von Gefühlen überwältigt, dass ich den Text nicht singen konnte.

Einen Augenblick lang hielt ich es für absolut narzisstisch, vor Rührung über eine eigene Komposition sprachlos zu sein. Mir wurde jedoch sofort klar, dass nicht die lyrische Qualität des Liedes bzw. die Bewunderung über meine eigene Kreation diese Emotionen ausgelöst hatten. Letztlich waren sie auch nicht durch die Sehnsucht nach meinem Vater hervorgerufen worden. Am meisten bewegte mich, wie genau der Liedtext meinen Vater beschrieb, so wie ich ihn mir vorstellte.

Die Worte flossen zwar leicht dahin, als ich das Lied schrieb, doch es war trotzdem viel denkerische Anstrengung nötig. Soweit ich mich erinnere, glich die Erfahrung durchaus meiner täglichen Forschungsarbeit, bei der ich vorwiegend mathematische Theoreme bestätige. Der starke Gefühlsschub hing auch damit zusammen, dass sich die Zeilen genau reimten und einem eigenen Rhythmus folgten. Woraus war der Song hervorgegangen? War er meinem Kopf oder der Tiefe meines Herzens entsprungen?

Wir stellen uns meist vor, Gefühle und analytisches Denken entstünden in zwei getrennten inneren Systemen. Dabei hoffen wir, dass diese beiden Systeme im günstigsten Fall einander nicht beeinträchtigen. Im schlimmsten Fall, so fürchten wir, geraten sie in einen unauflöslichen Konflikt. Die Wahrheit sieht jedoch ganz anders aus. Es besteht gleichsam nur eine dünne Trennwand zwischen dem Emotionalen und dem Kognitiven. Zwischen den beiden Systemen findet ein intensiver Austausch statt, der vor allem im präfrontalen Cortex angesiedelt ist, das heißt im vorderen Teil des Gehirns.

Eine der derzeit erfolgreichsten Behandlungsmethoden bei klinischer Depression besteht darin, am präfrontalen Cortex Magneten zu platzieren, um den typischen Teufelskreis zu unterbrechen, bei dem negative Gedanken immer mehr Schwermut und Beklemmung hervorrufen. Zwischen dem emotionalen und dem kognitiven System können jedoch auch Gedankenkreise auftreten, die einander positiv verstärken. Im Grunde beinhaltet jede ästhetische Erfahrung – sei es im eigenen Erschaffen eines Kunstwerks oder in der Rolle des Rezipienten – solch einen inneren Dialog. Erfahrungen hängen eindeutig mit Gefühlsreaktionen zusammen, doch diese emotionalen Reaktionen entstehen innerhalb eines kognitiven Prozesses, mit dem wir in einem Kunstwerk eine ästhetische Struktur zu erkennen oder eine Erkenntnis zu gewinnen suchen.

Bei nahezu jeder ästhetischen Erfahrung verbinden sich kognitive Analyse und emotionale Reaktionen. Ohne emotionale Beteiligung blieben wir ungerührt und gleichgültig gegenüber der künstlerischen Schöpfung. Aber ohne eine gewisse kognitive Analyse könnten wir die ästhetischen Eigenschaften des Kunstwerks nicht erkennen, das dann wiederum keine Gefühlsreaktion auslösen würde. Künstlerische Kreationen, die allzu intensive Gefühlsreaktionen auslösen sollen (etwa durch extrem brutale Motive oder herzzerreißende Schilderungen von Leiden), gelten gewöhnlich als platt und können keine wirklich ästhetische Erfahrung hervorrufen.

Johann Sebastian Bach, den ich für einen der emotional bewegendsten Komponisten aller Zeiten halte, war zugleich sehr mathematisch ausgerichtet. Bachs Fugen bestehen aus kunstvoll verwobenen Themen. Häufig werden drei Stimmen in schnellen Figuren ineinander verflochten. Ich empfehle Ihnen, sich im Internet ein Video anzusehen, in dem Leute damit prahlen, wie schnell sie einen Zauberwürfel (Rubik Cube) lösen können. Wenn man zu solch einem Video eine Bach-Fuge als Soundtrack abspielt, wird man rasch erkennen, wie gut die Musik dazu passt; es scheint so, als leite die Fuge förmlich zur Lösung an.

Doch worin wurzeln ästhetische Erfahrungen? Welchen Zwecken dient diese Synthese aus Emotion und Logik, wenn sie überhaupt irgendwelchen Zwecken dient?

Vor einigen Jahren entdeckte man in einer Karsthöhle in Süddeutschland eine zwanzig Zentimeter lange Flöte, die aus dem Flügelknochen eines Gänsegeiers geschnitzt war. Die Flöte gilt als das älteste bekannte Musikinstrument, das von Menschenhand gefertigt wurde. Wissenschaftliche Untersuchungen ergaben, dass sie mindestens 35 000 Jahre alt ist. Die ältesten Höhlenmalereien stammen etwa aus der gleichen Zeit. Künstlerische Kreativität ging wahrscheinlich dem Großteil der kognitiven Entwicklung der Menschheit voraus. Der Genuss, den uns Kunst bereitet, und das Bedürfnis nach ästhetischer Erfahrung sind vielleicht verwandt mit unserem uralten lebenswichtigen Bedürfnis nach Kontaktherstellung mit anderen.

Neurobiologen haben versucht dahinterzukommen, weshalb das Gehirn so emotional auf Musik reagiert, bisweilen so intensiv, dass sich Gänsehaut bildet. In einer Studie, die vor einigen Jahren durchgeführt wurde, sollten die Probanden ihre Lieblingspassagen (aus rein symphonischen Werken ohne gesungenen Text) angeben. Diese Passagen wurden ihnen dann vorgespielt, während man mit

Hilfe von fMRT ihre Gehirnaktivitäten aufzeichnete. Die stärkste Aktivität trat im Striatum auf, einer subkortikalen Gehirnregion, die unter anderem für die Ausschüttung des Hormons Dopamin verantwortlich ist, welches am Empfinden von Genuss in den unterschiedlichsten Situationen beteiligt ist, so etwa bei sexueller Aktivität oder beim Konsum bestimmter Suchtmittel.

Es ist faszinierend, wie Musik unsere emotionale Gestimmtheit beeinflusst. Meist genießen wir es, wenn wir Musikstücke mit vertrauten Strukturen hören, doch die Vertrautheit darf nicht zu groß sein, da wir sonst gelangweilt reagieren. Den größten Genuss bereiten kurze Passagen mit überraschenden Klängen, die einen Kontrast zu vertrauteren und erwartbaren Tonfolgen bilden. Anders gesagt: Wir brauchen anscheinend den Anker des Bekannten, um das Unvertraute zu genießen.

Es besteht eine Verbindung zwischen dem Musikgenuss einerseits und Witz oder Humor andererseits. In beiden Fällen bereitet der Kontrast zwischen Erwartung und Überraschung Vergnügen. Dasselbe gilt für fesselnde Passagen in Büchern und Filmen.

Das Vergnügen an Überraschendem zeichnet sich schon in der frühkindlichen Entwicklung ab. Bereits wenige Monate alte Säuglinge lassen sich zu ausgelassenem Lachen bewegen, wenn eine vertraute Person etwas Unerwartetes tut. Ein gutes Beispiel dafür zeigt ein YouTube-Video, das mehr als 45 Millionen Mal angeklickt wurde (www.youtube.com/watch?v=RP4abiHdQpc).

Das Baby in dem Video amüsiert sich köstlich darüber, wie ein erwachsenes Familienmitglied Papierblätter zerreißt. Warum? Weil das Zerreißen von Papier eine Überraschung für den Winzling darstellt. Warum haben wir so großen Genuss an Überraschungen? Bieten uns unsere emotionalen Reaktionen auf Überraschungen irgendwelche Überlebensvorteile? Die Antwort lautet folgendermaßen: Wir lernen unsere dingliche und soziale Umwelt hauptsächlich durch überraschende Erfahrungen zu verstehen. Jede überraschende Erfahrung verankert im Gehirn wichtiges Wissen, auf das wir bei späteren Entscheidungsprozessen zurückgreifen können.

Erfahrungen mit Vertrautem fallen rasch dem Vergessen anheim – sie verschwinden gleichsam in schwarzen Löchern. Das schadet nichts, denn sie liefern uns lediglich Wissen, über das wir bereits verfügen. Überraschende Erfahrungen können uns neue und lebenswichtige Informationen vermitteln. Das emotionale Vergnügen, das wir aus überraschenden Erfahrungen ziehen, regt uns dazu an, sie bewusst zu suchen, und dies wiederum optimiert unser Lernen und unsere Überlebenschancen. Auch andere Mechanismen fördern das Lernen, beispielsweise Neugier. Diese sind jedoch mehr kognitiver Art und gehen daher langsamer vonstatten als die emotionalen Mechanismen, die durch Musik und Humor in Gang gesetzt werden.

Wir brauchen jedoch die Struktur des Vertrauten, um aus verblüffenden Erfahrungen lernen zu können. Eine Welt, die ausschließlich aus Überraschungen bestünde, würde ein Lernen gar nicht zulassen. Sie wäre und bliebe fremd und rätselhaft. Wir würden uns nicht als Teil einer solchen Welt sehen können und wüssten auch nicht, was wir aufgrund vergangener Ereignisse in der Zukunft zu erwarten haben. Musik mit fremdartigen Tonleitern und Rhythmen klingt in unseren Ohren kakophon. Ein Film, in dem eine überraschende Szene nach der anderen abgespult wird, wirkt seltsam und ermüdend. Und ein Fremder, der ein Baby überraschen möchte, indem er sein Gesicht zuerst versteckt und dann zeigt, kann unter Umständen Furcht statt Freude hervorrufen und erntet kein herzhaftes Lachen, sondern angsterfüllte Tränen.

TEIL IV

Optimismus, Pessimismus und Gruppenverhalten

17
Warum sind wir so negativ eingestellt? Die Arithmetik der Gefühle

Stellen Sie sich vor, Sie entdecken eines schönen Tages, dass Sie ein Gewinnlos besitzen, mit dem Sie auf einen Schlag 100 000 Euro einstreichen können. Sie springen vor Freude in die Luft. Nun stellen Sie sich vor, dass Sie eine Woche später wieder ein Lotterielos kaufen, mit dem Sie erstaunlicherweise abermals 100 000 Euro gewinnen. Wieder eine Woche später geschieht das Gleiche noch einmal.

Versuchen Sie einmal, die Freude über jeden der aufeinanderfolgenden Lotteriegewinne einzustufen. Wann wären Sie wohl am glücklichsten? Wenn Sie meinen, beim ersten Mal würden Sie sich am meisten freuen und Ihre Begeisterung würde mit jedem weiteren Mal abnehmen, urteilen Sie wie die meisten Menschen. Ihre intuitiven Erwartungen in diesem Gedankenspiel decken sich mit einem der grundlegendsten Konzepte der ökonomischen Theorie, das als »abnehmender Grenznutzen« bezeichnet wird, dem zufolge jeder weitere Euro, den man bekommt, umso weniger zum Wohlstand beiträgt, je mehr man bereits besitzt. Der Grenznutzen gibt an, wie viel zusätzlichen oder verringerten Nutzen eine Erhöhung oder eine Verminderung eines Gutes mit sich bringt.

Der Begriff des abnehmenden Grenznutzen stimmt durchaus mit unserer Alltagswahrnehmung überein. Gibt man einem armen Studenten 100 000 Euro, löst dies wahrscheinlich große Freude und tiefgreifende Veränderungen aus. Gibt man dieselbe Summe einem Milliardär, erlebt man wohl nicht die gleiche Reaktion; einen Krösus dürften hundert Riesen kaltlassen.

Wie es bei negativen Ereignissen aussieht, ist weniger offensichtlich. Die meisten Verhaltensökonomen würden davon ausgehen, dass die Trauer über den Verlust von 2000 Euro weniger als doppelt so groß ist wie die Trauer über den Verlust von nur 1000 Euro. Ob dies auch bei schwerwiegenden leidvollen Erfahrungen gilt, etwa dem Tod eines nahestehenden Menschen oder einer ernsten Erkrankung, lässt sich schwer beweisen, doch die meisten Verhaltensökonomen nehmen an, dass dies so ist. Pseudoarithmetisch könnte man auch sagen: Bei freudigen Ereignissen ergibt 1 plus 1 weniger als 2, bei negativen Erfahrungen ergibt -1 plus -1 mehr als -2.

Wie funktioniert die Arithmetik der Gefühle? Bisher wurde dieses Thema kaum wissenschaftlich erforscht. Die theoretische Volkswirtschaftslehre liefert eine Teilantwort mit dem Begriff der »Nutzenfunktionen«. Bei einer Nutzenfunktion wird jeder Situation ein numerischer Wert zugeordnet (wobei eine »Situation« positiv oder negativ definiert sein kann, etwa ein Lotteriegewinn oder ein Unfall). Dieser Zahlenwert soll die subjektive Gefühlsreaktion einer Person auf jede derartige Situation darstellen.

Der Mathematiker John von Neumann und der Ökonom Oskar Morgenstern veröffentlichten 1944 eines der wichtigsten Bücher des zwanzigsten Jahrhunderts, *Spieltheorie und wirtschaftliches Verhalten*.[1] In diesem Buch untersuchten die beiden Autoren das Phänomen der Nutzenfunktionen eingehend. Dabei wiesen sie auf geschickte Weise nach, dass eine Person, die auf gute Nachrichten mit abnehmender »Grenzfreude« reagiert, risikoscheu ist.

Besteht die Wahl zwischen einem risikoreichen Lotteriegewinn und einer risikofreien Prämie, die so hoch ausfällt wie der durchschnittliche Gewinn bei derselben Lotterie, wird eine risikoscheue Person stets die risikolose Option wählen. Ein Beispiel mag dies veranschaulichen. Angenommen, Sie bieten jemandem folgende Wahlmöglichkeiten an: 1000 Euro bar ohne Risiko oder ein Lotterielos mit einer 50-prozentigen Chance, 2000 Euro zu gewinnen, und einem genauso hohen Risiko, leer auszugehen. Eine risikoscheue Person wird sich für die sicheren 1000 Euro entscheiden, auch wenn die Lotterie die Chance bietet, 2000 Euro einzustreichen.

Die meisten Menschen sind risikoscheu. Deswegen erzielen Versicherungsunternehmen riesige Gewinne. Die Mehrheit wählt riskante Investitionen wie etwa Aktien nur dann, wenn der erwartete durchschnittliche Ertrag höher ist als bei solideren Anlagen. Es stimmt zwar, dass viele Menschen gelegentlich ein Lotterielos kaufen oder ihr Glück im Spielcasino versuchen, doch bei diesem scheinbar »risikofreudigen« Verhalten geht es meist um vergleichsweise geringe Summen; es wäre wohl eher als Form der Unterhaltung einzustufen denn als echtes Wagnis (wenn das Glücksspiel nicht aus dem Ruder läuft und zur Spielsucht wird, doch das ist ein anderes Thema, dem wir uns später zuwenden).

Aus evolutionärer Sicht ist das menschliche Risikoverhalten nicht unbedingt selbstevident. Einige Tierarten unterscheiden sich in ihrem Risikoverhalten deutlich vom Menschen. Mein Kollege John Kagel, ein führender Verhaltensökonom, analysierte zu Beginn seiner Laufbahn das Risikoverhalten von Tauben. Mit einer Forschergruppe führte Kagel Experimente durch, bei denen Tauben zwischen etlichen Fächern wählen konnten, die unterschiedlich viel Futter enthielten.[2] In einigen Fächern befand sich stets gleich viel Futter, während andere über die Zeit unterschiedlich gefüllt waren. Insgesamt befand sich zu jedem Zeitpunkt in allen Fächern zusammen gleich viel Futter.

So lagen beispielsweise in einem Fach immer 20 Gramm Sonnenblumenkerne, während ein anderes zu 50 Prozent der Zeit 40 Gramm enthielt und zu 50 Prozent der Zeit leer war.

Im Gegensatz zu dem risikoscheuen Verhalten, das für den Menschen typisch ist, zogen die Tauben jene Fächer vor, die unterschiedlich gefüllt waren. Kagel vermutete, das unterschiedliche Risikoverhalten von Menschen und Tauben könne daher rühren, dass die beiden Spezies in unterschiedlichen Milieus leben. Tauben benötigen nur sehr wenig Nahrung, um zu überleben. Eine Nahrungsquelle, die weniger als das Mindestmaß aufweist, ist für das Überleben nutzlos. Die regelmäßigen Nahrungsquellen, auf die Tauben normalerweise in freier Natur stoßen, liefern möglicherweise nicht die erforderlichen Mindestmengen, weswegen Tauben lieber Risiken eingehen, in der Hoffnung, mehr als nur das nötige Mindestmaß an Futter zu erlangen.

Das Konsummilieu des Menschen unterscheidet sich wohl deutlich von dem der Tauben. Überlegen Sie einmal, wie sehr das eigene Wohlbefinden dadurch beeinflusst wird, wie viel von einem bestimmten Gut man besetzt. Eine zusätzliche Mengeneinheit steigert Ihr Wohlergehen erheblich, wenn Sie wenig davon besitzen, sorgt aber kaum für mehr Komfort, wenn Sie bereits viel davon Ihr Eigen nennen. Dieser Umstand führt bei uns zu tendenziell risikoscheuem Verhalten.

Stellen Sie sich vor, Sie besitzen fünf Äpfel, und ich biete Ihnen an, diese gegen einen Münzwurf einzutauschen; bei Kopf gebe ich Ihnen fünf zusätzliche Äpfel, bei Zahl gehen Sie leer aus. Wenn Sie auf diesen Handel eingehen, werden Sie entweder fünf Äpfel hinzugewinnen oder aber fünf verlieren. Wenn Äpfel das Einzige ist, was Sie zu essen haben, verringert sich ihr Wohlbefinden durch den Verlust von fünf Äpfeln mehr, als es durch den Zugewinn von fünf Äpfeln steigt. Daher wären Sie besser beraten, mein Angebot nicht anzunehmen und bei Ihren fünf sicheren Äpfeln zu bleiben. Anders gesagt: Risikoscheu ist für den Menschen ein rationaler Wesenszug; deswegen tritt diese Eigenschaft bei uns fast durchweg in Erscheinung.

Bisher betrachteten wir die Arithmetik von Gefühlen, wenn es um ähnliche Ereignisse geht. Wie aber sieht es aus, wenn es sich um vollkommen unterschiedliche Vorgänge dreht? Wie addieren sich ein Lotteriegewinn und eine aufregende Nacht emotional auf? Wie bilanziert sich die Mitteilung, dass Sie befördert wurden, gegen die Nachricht vom plötzlichen Tod eines engen Freundes?

Dieser Fragenkreis wurde sehr wenig erforscht; die meisten Erkenntnisse zu diesem Thema wurden indirekt gewonnen. Es ist bekannt, dass unsere emotionalen Reaktionen auf Ereignisse – seien es positive oder negative – stark davon beeinflusst werden, wie intensiv wir uns kognitiv auf ein bestimmtes Ereignis konzentrieren. Wenn wir beispielsweise in rascher Abfolge zwei verschiedene positive Ereignisse erleben, konzentrieren wir uns in der Regel mehr auf eines der Ereignisse, weil die Aufmerksamkeit, die wir beiden schenken können, begrenzt ist; dabei beachten wir im Allgemeinen jenes Ereignis stärker, das wir für wichtiger halten. Dies verringert den kumulativen Effekt des anderen Ereignisses auf unseren Gefühlszustand. Die emotionale Reaktion liegt dann nah an der maximalen Reaktion, die wir auf nur eines der beiden Ereignisse zeigen würden. Die Gefühlsarithmetik unterscheidet sich hier also von einer bloßen Addition zweier freudiger Reaktionen.

Entsprechend verhält es sich bei zwei negativen Ereignissen. Unsere kognitive Aufmerksamkeit richtet sich auf das schlimmere der beiden Ereignisse, wodurch die emotionale Wirkung des anderen unangenehmen Ereignisses marginal wird.

Interessanter wird die Sache, wenn ein Ereignis positiv und das andere negativ ist. Auch in diesem Fall beeinflusst die relative Bedeutung, die wir jedem Ereignis beimessen, in hohem Maße, welches Ereignis sich stärker auf unseren Gefühlszustand auswirkt, aber leider wiegen negative Vorfälle fast immer schwerer als positive. Mit anderen Worten: Um sich auf ein positives Ereignis zu konzentrieren, das parallel zu einem negativen auftritt, muss das positive als weitaus wichtiger angesehen werden als das negative. Wenn es subjektiv nur als geringfügig positiver erachtet wird, konzentrieren wir uns stärker auf das negative Ereignis, so dass die emotionale Gesamtwirkung beider Begebenheiten negativ ausfällt.

Die klinische Depression geht häufig mit einer zwanghaften Fixierung auf negative Gedanken einher, welche die positiven Gedanken fast vollständig überlagern. Die meisten Menschen erleben dieses extreme Fixieren auf negative Gedanken nicht in dem Maße, dass eine klinische Depression auftritt, aber wenn Freude und Traurigkeit bilanziert werden, messen selbst die psychisch Gesundesten in der Regel leider der Schwermut mehr Gewicht bei.

18

Prahlerei und Bescheidenheit – das Syndrom des norwegischen Professors

Während der unerschrockene Biologe Amotz Zahavi fleißig daran arbeitete, seine Theorie des Handicap-Prinzips zu entwickeln, befasste sich ein anderer Wissenschaftler, der Ökonom Michael Spence, mit einem ähnlichen Gedanken, der ihm schließlich den Nobelpreis einbrachte. Spence entwickelte die sogenannte »*Job-Market-Signaling*-Theorie«.

Spence wollte ursprünglich verstehen, warum sich viele Menschen die Mühe machen, ein Studium abzuschließen, bevor sie in den Arbeitsmarkt eintreten, wobei die meisten durch ihre spezifischen Studienfächer keine direkt erkennbaren Fähigkeiten erwerben, die sie für ihre spätere Tätigkeit brauchen.[1] Spence' Erklärung stützt sich auf die Tatsache, dass die Menschen unterschiedlich begabt sind und dass diese Begabungen die wichtigsten Anzeichen für beruflichen Erfolg sind – weit mehr als der konkrete Bildungsinhalt.

Spence ging davon aus, dass Menschen mit großen geistigen Fähigkeiten weniger Mühe aufwenden müssen, um einen Studienabschluss zu erwerben. Wenn sich ein Arbeitsuchender um eine Stelle bewirbt, zeigen seine Abschlüsse an, wie viel Bildung er genossen hat, aber nicht unbedingt, welche intellektuellen Fähigkeiten er tatsächlich besitzt. Dies bringt eine Marktsituation hervor, bei der die Begabten viele Ausbildungsjahre anhäufen, um ihre geistigen Fähigkeiten zu bezeugen. Anders gesagt, sie »signalisieren« dem Markt ihre intellektuellen Vorzüge durch die Zahl der Jahre, die sie im formalen Bildungssystem verbracht haben.

Dieses Signal wird wiederum von den Arbeitgebern als Beweis für die geistigen Talente des Bewerbers verstanden. Studienabschlüsse bedeuten somit bessere Einstellungschancen und höhere Vergütungen. Die geistig weniger Begabten müssen dieser Theorie zufolge so viel Mühe aufbringen, um einen höheren Bildungsabschluss zu erreichen, dass dies das höhere Gehalt kaum aufwiegt, das sie beziehen könnten, wenn sie die Zahl ihrer Ausbildungsjahre künstlich erhöhen. Auf diese Weise kann der Arbeitsmarkt die Begabten auslesen, ohne dass jeder einen Intelligenztest absolvieren muss. Diese Aufgabe erfüllt das höhere Bildungssystem indirekt.

Es besteht ein klarer Zusammenhang zwischen Spence' »Marktsignalen« und dem »Handicap-Prinzip«. Die Intelligenteren in unserer Gesellschaft nehmen die »Bürde« einer längeren Ausbildung auf sich, weil sie wissen, dass ihre schwächeren Konkurrenten dieser nicht gewachsen sind.

Spence' Modell der »Marktsignale« wurde im Lauf der Jahre deutlich erweitert und wird inzwischen herangezogen, um viele unterschiedliche ökonomische Phänomene zu erklären. Warum gewähren Hersteller für ihre Erzeugnisse Garantien? Weil nur Hersteller von Qualitätsprodukten das finanzielle Risiko eingehen können, das Garantien mit sich bringen. Warum investieren die Gründer von Start-up-Unternehmen ihr eigenes Geld in hochriskante Projekte? Weil ihre Bereitschaft, in ihre eigenen Ideen zu investieren, nach außen signalisiert, dass sie von ihrem Erfolg überzeugt sind.

Das Modell von Spence erklärt auch viele Formen sozialen Verhaltens. Prestigekonsum ist ein Beispiel. Wer ein teures Auto fährt, mit Schmuck funkelt oder in exklusiven Clubs feiert, gibt jedem in seinem Umfeld direkt zu verstehen, dass er reich ist, und signalisiert zudem indirekt, dass er vermutlich clever und beruflich erfolgreich ist. Es überrascht kaum, dass dieses Phänomen in Russland und anderen ehemaligen Sowjetrepubliken stärker verbreitet ist als im Westen. Das prahlerische Zurschaustellen von Wohlstand ist in westlichen Ländern kein verlässliches Anzeichen für eigene Fähigkeiten, denn der Reichtum könnte von früheren Generationen angehäuft und lediglich geerbt worden sein. Dies gilt in Russland nicht. Ein wohlhabender Erwachsener im heutigen Russland hat sein Vermögen so gut wie sicher durch eigene Anstrengung erworben. Diesen Wohlstand stolz zu zeigen bietet somit die Möglichkeit, die eigenen Talente sichtbar zu machen.

Demonstratives Verhalten beschränkt sich nicht allein auf die materielle Ebene. Akademiker haben häufig wenig Interesse, materiellen Wohlstand zur Schau zu stellen (den sie in der Regel ohnehin nicht besitzen). Dafür neigen sie dazu, mit ihren akademischen Erfolgen zu prahlen. Ostentatives Verhalten in diesem Umfeld äußert sich darin, dass damit angegeben wird, wie viele Bücher oder Fachartikel man veröffentlicht hat bzw. wie viele Vorträge bei renommierten Konferenzen man halten durfte. Die gleiche psychische (und ökonomische) Dynamik wirkt auch, wenn Geistliche versuchen, ihre spirituellen Fähigkeiten unter Beweis zu stellen, indem sie darauf verweisen, wie viele Kirchgänger sie anlocken und wie viele Seelen sie gerettet haben.

Ostentatives Verhalten definiert sich nicht dadurch, mit welchen Mitteln man auffallen will, sondern in der grellen Zurschaustellung selbst. Im achtzehnten Jahrhundert entstanden in jüdischen Gemeinden in Osteuropa etliche kleine messianische Sekten. Diese exzentrischen Zirkel konkurrierten untereinander, indem sie damit prahlten, in welchem Maß ihre Anhänger bereit waren, religiöse Gebote bis zum Äußersten zu treiben. Eine dieser Gruppierungen betonte insbesondere Bescheidenheit als Ausdruck dafür, wie bedeutungslos der Mensch vor der Macht Gottes sei. Ihr Leitspruch lautete auf Jiddisch *»Ich bin gurnicht«* – »Ich bin gar nichts«. Während der Andacht pflegten die Gläubigen sich der Reihe nach öffentlich herabzuwürdigen und beteuerten immer wieder, wie wenig ihre erbärmliche kleine Existenz bedeutete.

Eines Tages trat der Gemeinde ein neues Mitglied aus einer anderen Stadt bei, ein großer und äußerst vornehm aussehender Mann. Er war im Voraus davon unterrichtet worden, was man von ihm erwartete. Kaum hatte der Gottesdienst begonnen, warf er sich theatralisch auf den Boden und schrie aus vollem Hals: »Ich bin nur ein Wurm vor Gott! Ich bin nichts, weniger als ein Sandkorn!« Zwei Alteingesessene sahen sich dieses Schauspiel an und flüsterten einander zu: »Schau dir den an! Er ist heute zum ersten Mal da und meint bereits, er sei nichts!«

Viele menschliche Gemeinschaften pflegen in Bezug auf prahlerisches und überhebliches Verhalten Werte, die auf den ersten Blick paradox erscheinen mögen: Großspuriges Auftreten gilt als Schwäche und Bescheidenheit als Stärke. Die Stärke, die der Bescheidenheit zugeschrieben wird, leitet sich vom Handicap-Prinzip ab. Wer stets bescheiden ist, verzichtet darauf, mit seinen positiven Eigenschaften zu protzen, wodurch er im sozialen Wettbewerb scheinbar in Nachteil geraten müsste. Aber genau hieraus leitet sich die Stärke der Bescheidenheit ab. Wer nicht prahlt, gibt zu verstehen, dass er so sehr begabt ist, dass er keine äußere Zurschaustellung braucht, um gewürdigt zu werden, bzw. dass er auf der gesellschaftlichen Stufenleiter so weit oben steht, dass er sich nicht weiter empormogeln muss.

Es besteht ein Zusammenhang zwischen der Art und Weise, wie Prahlerei und Bescheidenheit gesellschaftlich interpretiert werden, und der Häufigkeit, in der diese Charakterzüge zum Ausdruck kommen. In Gesellschaften, in denen Überheblichkeit die Norm ist, gilt Bescheidenheit als Schwäche. Dort wo Bescheidenheit vorherrscht, wird Arroganz als Rücksichtslosigkeit angesehen, die ein übersteigertes Selbstbild vermittelt.

Als ich vor ein paar Jahren zum ersten Mal Oslo besuchte, stellte ich fest, wie sich bestimmte gesellschaftliche Haltungen in einzelnen Ländern unterscheiden können. Ich erwähnte gegenüber meinen Gastgebern, dass ich ausgesprochen wenige teure Autos auf den Straßen sah, selbst im nobelsten Viertel der Stadt; ich erfuhr, dass in Oslo zwar eine wohlhabende Schicht lebe, aber nur schwer auszumachen sei, wer dieser angehöre. Der Unterschied zwischen Spitzenverdienern und Normalverdienern lasse sich nur am Bankkonto ablesen. Von ihrem Konsumverhalten her seien die beiden Schichten nicht zu unterscheiden. Diese in der Öffentlichkeit gezeigte Bescheidenheit hat nichts damit zu tun, dass man Steuern umgehen will. Wie bereits erwähnt, ist die Steuerhinterziehung in Norwegen so gut wie unbekannt, obwohl die Steuersätze dort so hoch sind wie kaum in einem anderen Land.

In Norwegen äußert sich Bescheidenheit nicht nur im Konsum und im materiellen Besitz. Als ich mehr über einen meiner Gastgeber erfahren wollte, einen ordentlichen Professor für Wirtschaftswissenschaften an der Universität Oslo, stieß ich auf folgende Selbstbeschreibung, die er nebst Foto in seine Website gestellt hatte:

Kjell Arne Brekke wurde im August 1960 geboren. Er ist intelligent, aber phantasielos, zwanghaft und insgesamt langweilig. In der Schule war er gut in Mathematik, aber schlecht in Gemeinschaftskunde. Normalerweise achtet er nicht genügend auf Kleidung, wie an der asymmetrischen Stellung seines Hemdkragens auf dem Bild zu sehen ist. Als Hobby spielt er jedoch Jazz.[2]

Wenn Prahlerei ein Signal für Selbstbewusstsein und Stärke ist, dann kann Bescheidenheit als Ausdrucksform des Handicap-Prinzips verstanden werden. Wer bereits eine Reputation besitzt, gewinnt nicht viel, indem er aufschneidet. Für ihn wird Bescheidenheit zu einem viel wirksameren Signal der Überlegenheit. Golda Meir, die einzige Frau im Amt des israelischen Ministerpräsidenten, war bekannt für ihre mangelnde politische Korrektheit. Zu Beginn der 1970er Jahre empfing sie einen ranghohen US-Diplomaten zu Gesprächen in Jerusalem. Nach der Ansprache des Gastes beobachteten einige ihrer Berater, wie sie dem Mann ins Ohr flüsterte: »Sie sollten nicht so bescheiden auftreten. So bedeutend sind Sie nicht.«

19

Selbstüberschätzung und Risikobereitschaft – das Credo »Mir passiert das nicht«

Kenneth Arrow gilt als einer der Gründerväter der modernen ökonomischen Theorie. Ein Jahrzehnt lang leiteten er und ich gemeinsam die Jerusalemer Sommerakademie für Ökonomie, zu der sich jedes Jahr führende Wissenschaftler und Doktoranden aus aller Welt versammeln. So genoss ich das Privileg, mich sehr häufig und ausführlich mit Arrow zu unterhalten, meist über das Problemfeld »Entscheidungsfindung«. Einmal erzählte er mir eine Geschichte, die er bei einem Vortrag des Statistikers und Experten für Operations Research Merrill M. Flood gehört hatte.

Während des langen und schwierigen Kampfs der Vereinigten Staaten gegen Japan im Zweiten Weltkrieg sollte Floods Forschergruppe Vorschläge zur Lösung eines Problems ausarbeiten. Das US-Militär maß der Eroberung der damals von den Japanern besetzten Pazifikinsel Saipan, rund 2000 Meilen von Tokio entfernt, eine große strategische Bedeutung bei. Die Vereinigten Staaten wollten dort eine vorgeschobene Auftankbasis für Bomber einrichten, die Ziele auf dem japanischen Festland angreifen sollten. Die Insel sollte schließlich von Invasionstruppen der Marine eingenommen werden, doch zuvor plante man ein massives Luftbombardement auf die verschanzten japanischen Einheiten durch Elitestaffeln der US-Luftwaffe.

Einsatzplaner schätzten, dass eine Unmenge an Kampfmitteln erforderlich wäre, damit der Luftschlag Erfolg hatte. Für den Abwurf solcher Munitionsmengen war es wiederum nötig, dass jeder Pilot mehrere Einsätze flog, und zwar über eine recht große Distanz. Bei jedem dieser Ausfälle setzten sich die Piloten dem Risiko aus, von japanischen Flugabwehrgeschützen oder Jagdflugzeugen abgeschossen zu werden. Zudem war klar: Je mehr Bomben man in ein Flugzeug lud, desto erfolgreicher versprach jeder Einsatz zu werden; eine schwerere Fracht erhöhte aber zugleich die Gefahren für die Piloten. Das Gewicht der Bomben und des Treibstoffs, der nötig war, um zum Ziel und wieder zurück zu gelangen, schränkte die Manövrierfähigkeit der Maschinen in feindlichem Feuer ein.

Vertreter der Army Air Force und Floods Einheit errechneten gemeinsam eine exakte Relation zwischen dem Ladegewicht eines Flugzeugs und dem Risiko für den Piloten. Floods Leute sollten mit mathematischen Methoden ermitteln, wie man auf optimale Weise die erforderliche Menge an Kampfmitteln auf die feindlichen Streitkräfte abwerfen und zugleich die erwartete Zahl an Opfern unter den Piloten möglichst gering halten konnte. Das Hauptproblem bestand in der Frage, ob man viele risikoarme oder wenige hochriskante Einsätze durchführen sollte.

Nach tagelangem Überlegen kam die Einheit zu dem Schluss, dass es genau eine optimale Vorgehensweise gab, mit der sich die erwartete Zahl von Opfern unter den Piloten minimieren und gleichzeitig das Ziel der Mission erfüllen ließ. Alle beteiligten Wissenschaftler stimmten dem Lösungsvorschlag zu, der Folgendes vorsah: Unter sämtlichen Piloten, die für den Einsatz abkommandiert worden waren, sollte ein Viertel per Los ausgewählt werden. Jeder der ausgewählten Piloten sollte dann einen einzigen Einsatz mit einer möglichst schweren Bombenlast fliegen. Die übrigen drei Viertel wurden von der Mission freigestellt. Damit die Maschinen aber mit so vielen Bomben an Bord abheben konnten, durfte jedes Flugzeug bloß so viel Kraftstoff tanken, dass es nur für den Flug zum Einsatzziel reichte.

Mit anderen Worten: Nach dem vorgeschlagenen Plan sollte ein Viertel der Piloten per Losentscheid in den Tod geschickt werden, denn ein Flug in feindliches Gebiet ohne genügend Kraftstoff für die Rückkehr zum eigenen Stützpunkt kam einem Himmelfahrtskommando gleich. Die übrigen drei Viertel der Piloten trugen hingegen keinerlei Todesfallrisiko, weil sie überhaupt nicht fliegen sollten.

Anhand der Berechnungen wurde tatsächlich nachgewiesen, dass dieser Plan das geringste Gesamtrisiko für die Flugstaffel mit sich brachte. Per Losverfahren diejenigen auszuwählen, die in den sicheren Tod gingen, bedeutete für jeden Piloten eine 75-prozentige Überlebenschance. Bei jedem anderen Lösungsvorschlag, den die Wissenschaftler analysiert hatten, fiel die erwartbare Überlebenschance eines jeden Piloten deutlich geringer aus.

Die Piloten lehnten diesen Plan jedoch einstimmig und kategorisch ab. Sie sprachen sich dafür aus, die Bomben gleichmäßig aufzuteilen, mehr Einsätze zu fliegen und das Risiko feindlichen Beschusses auf sich zu nehmen, anstatt eine Lotterie darüber entscheiden zu lassen, wer überlebte und wer nicht. Zum Glück endete die ganze Diskussion, als die Marineinfanterie die Insel Iwo Jima einnahm, die nur rund 600 Meilen von Tokio entfernt war, wodurch das Abwägen zwischen Kraftstoff und Bomben an Bedeutung verlor.

Wenn ich diese Geschichte meinen Studenten erzähle, wenden viele ein, der Lösungsvorschlag der Forschergruppe sei unmoralisch gewesen, weil er ungerecht war. Das stimmt aber nicht. Der Plan sicherte das erklärte Ziel, unter den erwarteten Bedingungen auf sehr gerechte Weise möglichst viele Menschenleben zu bewahren, denn jeder Pilot musste mit der gleichen Wahrscheinlichkeit damit rechnen, bei dem Losverfahren für das Himmelfahrtskommando ausgewählt zu werden. Im Grunde war die von den Piloten vorgezogene Strategie weniger gerecht, denn sie bot nicht jedem Piloten die gleichen Überlebenschancen; die weniger erfahrenen und weniger einsatztauglichen wären größeren Risiken ausgesetzt gewesen.

Ich selbst erkläre mir die ablehnende Haltung der Piloten gegenüber dem Vorschlag des Forscherteams anders; für mich steht sie in Zusammenhang mit einem Phänomen, das in der psychologischen und ökonomischen Fachliteratur eingehend erörtert wurde – Selbstüberschätzung. Die meisten Menschen reden sich in den meisten Situationen ein, sie verfügten über größere Fähigkeiten, als es in Wirklichkeit der Fall ist. Wenn sie einen anderen Menschen scheitern sehen, klammern sie sich an das Credo »Mir passiert das nicht«.

Wenn Sie diesen Hang an sich selbst nicht erkennen, machen Sie einmal mit einer Gruppe von Freunden oder Kollegen folgendes kleine Experiment. Wählen Sie eine Fähigkeit, bei der einige besser abschneiden als die anderen, beispielsweise Autofahren oder Kochen. Fordern Sie die Teilnehmer auf, ihre eigenen Fähigkeiten einzuschätzen, und zwar mit einer einzigen Frage: Glaubst du, dass die meisten anderen in dieser speziellen Eignung besser oder schlechter sind als du? Wenn möglich, sollte die Frage in Bezug auf mehr als einen Kompetenzbereich gestellt werden. Wenn Sie alle Antworten gesammelt haben, werden Sie erstaunt feststellen, dass die meisten, wenn nicht alle behaupten, sie gehörten in die obere Hälfte ihrer Kompetenzgruppe – das heißt, fast jeder glaubt, er sei besser als die meisten. In diesem Fall müssen einige in der Gruppe an Selbstüberschätzung leiden, denn es ist rein rechnerisch unmöglich, dass eine große Mehrheit unter der besseren Hälfte rangiert.

Die Piloten in der geschilderten Episode aus dem Zweiten Weltkrieg neigten anscheinend ebenfalls zu überzogenem Selbstvertrauen. Jeder Pilot glaubte, seine persönlichen Flugkünste seien um so vieles besser als die der anderen, dass seine Überlebenschance über 75 Prozent lag. Obwohl die Experten errechnet hatten, dass das Manövriergeschick der Piloten durch das große Gewicht der Bombenfracht stark eingeschränkt wäre und der Erfolg bzw. das Scheitern jedes Lufteinsatzes nicht vom Geschick, sondern vom Zufall abhing, hatte jeder Pilot das intuitive Gefühl: Mir passiert schon nichts. Deswegen gaben sie sich lieber der Illusion hin, es sei besser, ihr Los selbst in die Hand zu nehmen, statt ihr Schicksal vom Ergebnis einer Auslosung abhängig zu machen, auf die sie keinerlei Einfluss hatten.

Hätten die Piloten ihren eigenen Einsatzplan umgesetzt und

wären alle gegen den Feind angetreten, hätte sich wohl deutlich gezeigt, wie sehr sie ihre Fähigkeiten (fälschlicherweise) überbewerteten und wie richtig die Experten lagen. Zum Glück für alle Beteiligten wurde die Mission nur wenige Stunden vor dem geplanten Start abgeblasen, nachdem sich eine andere Möglichkeit gefunden hatte, amerikanische Bomber auf dem Weg nach Japan aufzutanken.

Eine interessante Studie zum Thema Selbstüberschätzung und deren Auswirkungen wurde im Jahr 2000 von Terry Odean und Brad Barber an der University of California durchgeführt.[1] Die Forscher analysierten über einen Zeitraum von mehreren Jahren das Vorgehen von Börsenanlegern und richteten ihr Augenmerk dabei besonders auf Entscheidungen über Verkäufe und Reinvestitionen. Ein Anleger sollte solche Transaktionen vernünftigerweise nur dann vornehmen, wenn er voraussagen kann, dass die neu erworbene Aktie mehr Rendite abwirft als die abgestoßene. Aus Odeans und Barbers Daten ergab sich jedoch, dass solche Transaktionen im Schnitt zu einem Verlust von 3 Prozent führten. Das heißt, die Investoren erzielten durch ihr Verkaufen und Kaufen im Schnitt nicht nur keinen Profit, sondern machten sogar Verluste. Berücksichtigt man Ausgabeaufschläge sowie andere Gebühren und Gemeinkosten, fielen die Gesamtverluste sogar noch höher aus. Das Fazit dieser Studie lautete, dass überhöhtes Selbstvertrauen zu intensivem Handeln und schließlich zu schwachen Erträgen führte. (Daher der Spruch »Handeln gefährdet Ihren Wohlstand«.) Dies ist einer der Gründe, weshalb viele Anlageberater empfehlen, in indexgebundene Fonds zu investieren, statt in einzelne Aktien, und Anlageverwaltern aus dem Weg zu gehen, die ihre Prognosefähigkeiten vielleicht überschätzen.

Vor einigen Jahren nahmen fünf professionelle Anlageverwalter an einem Investitionswettbewerb einer israelischen Zeitung teil. Jeder Investor erhielt eine große virtuelle Summe, mit der er sechs Monate lang an der Börse handeln konnte. Zusätzlich zu den fünf menschlichen Investoren wurde ein sechster beteiligt – ein

Computeralgorithmus, den die Zeitungsleute »Monkey« nannten und der zu Beginn des Wettbewerbs willkürlich Aktien auswählte und dieses Portfolio über den gesamten Zeitraum unverändert hielt.

Nachdem die sechs Monate verstrichen waren, wurden die Portfolios aller Wettbewerbsteilnehmer bewertet. »Monkey« landete auf dem zweiten Platz, schnitt also besser ab als vier professionelle menschliche Investmentmanager. Peinlich ist dieses Ergebnis zweifellos für jene, die sich für Börsenexperten halten und riesige Gehälter für ihre Auswahl von Anlageportfolios einstreichen. Der Erfolg von »Monkey« beruhte anscheinend weitgehend auf dem, was er *nicht* tat – häufig Anteile verkaufen und andere Aktien kaufen.

Wir werden nicht mit Selbstüberschätzung geboren, sondern erlernen diese Haltung. Wenn wir in ungewissen Situationen Entscheidungen treffen, müssen wir die Wahrscheinlichkeit jeder möglichen Endauswirkung einschätzen. Ein Beispiel: Ob ich eine bestimmte Aktie kaufe oder nicht kaufe, richtet sich danach, für wie wahrscheinlich ich es halte, dass sie an Wert gewinnt oder aber verliert. Ob ich einen Regenschirm mitnehme, hängt davon ab, für wie wahrscheinlich ich es halte, dass es regnen wird. Und die geschätzte Wahrscheinlichkeit, dass ein stärkeres Erdbeben auftritt, beeinflusst die Entscheidung, eine Erdbebenversicherung zu erwerben oder nicht.

Im Lauf unseres Lebens erhalten wir Hinweise, anhand derer wir fortwährend neu bestimmen können, für wie wahrscheinlich wir gewisse Ereignisse halten. Indem wir die Vergangenheit mitberücksichtigen, stärken oder schwächen die aktualisierten Wahrscheinlichkeiten die Annahme, dass diese Ereignisse eintreten werden. Nehmen wir beispielsweise an, in einem Raum stehen zwei kleine Gefäße mit jeweils 100 Münzen. Ein Gefäß enthält 50 Goldmünzen und 50 Kupfermünzen, gut durchgemischt. Das andere birgt 75 Münzen aus Gold und 25 aus Kupfer. Wenn jemand im Nebenraum per Münzwurf eines der beiden Gefäße auswählen und Ihnen bringen müsste und man Sie fragen würde, für wie hoch Sie die Wahrscheinlichkeit halten, dass Sie das wertvollere Behältnis bekommen haben (jenes mit 75 Goldmünzen), würden Sie wohl richtigerweise auf 50 Prozent tippen.

Nehmen wir weiterhin an, Sie könnten das erhaltene Gefäß überprüfen, indem Sie eine beliebige Münze entnehmen, diese unter die Lupe nehmen und wieder zurücklegen. Falls Sie eine Goldmünze ziehen, fragt sich, ob Sie nach wie vor bei der Annahme einer 50-prozentigen Wahrscheinlichkeit bleiben würden, das bessere Los gezogen zu haben. Natürlich nicht. Sie haben gerade einen Anhaltspunkt dafür bekommen, dass dies das wertvollere Behältnis ist (allerdings nur einen Anhaltspunkt und keinen Beweis). Daher dürften Sie Ihre Einschätzung entsprechend anpassen.

Das Bayes-Theorem (benannt nach dem englischen Mathematiker Thomas Bayes, der im achtzehnten Jahrhundert lebte) ist eine exakte mathematische Formel, die es ermöglicht, Wahrscheinlichkeitsbeurteilungen nach dem Erhalt neuer Informationen zu korrigieren. In diesem Beispiel folgt aus dem Bayes-Theorem, dass durch das wahllose Ziehen einer Goldmünze die Einschätzung, das bessere Gefäß erhalten zu haben, auf 60 Prozent steigt. Wenn Sie durch einen wahllosen Griff eine weitere Goldmünze herausfischen, dürften Sie die Wahrscheinlichkeit abermals nach oben korrigieren. Ziehen Sie jedoch eine Kupfermünze, erhalten Sie einen negativen Hinweis und müssen Ihre Wahrscheinlichkeitsbewertung herabsetzen. Wenn die Münzen in dem Gefäß richtig durchgemischt waren, liegt die Wahrscheinlichkeitseinschätzung nach genügend vielen Stichproben sehr nah bei 100 Prozent oder sehr nah bei 0 Prozent. In beiden Fällen dürften Sie mit großer Klarheit wissen, welches der Gefäße Sie vor sich haben.

An dieser Stelle fragt sich der Leser vielleicht, was all dies mit Selbstüberschätzung zu tun hat. Der Zusammenhang besteht hierin: Ich kann nie genau sagen, ob ich bei einer bestimmten Eignung besser oder schlechter abschneide als der Durchschnitt. Insofern ähnelt meine Einschätzung der eigenen Fähigkeiten der Beurteilung der Frage, mit welchem Gefäß ich es zu tun habe. Allerdings erhalten wir täglich Hinweise auf unsere Fähigkeiten. Diese Hinweise entsprechen dem Überprüfen einzelner Münzen in dem Gefäß.

Ein weiteres Beispiel: Jedes Mal, wenn ich koche, bekomme ich einen Anhaltspunkt dafür, wie gut ich darin bin. Habe ich die Rühreier anbrennen lassen, die ich dem Ehegatten zum Frühstück machen wollte, erhalte ich einen negativen Hinweis (vergleichbar mit dem Entnehmen einer Kupfermünze) und müsste meine Einschätzung, besser als der Durchschnitt kochen zu können, entsprechend herunterschrauben. Habe ich Gäste zu einem mehrgängigen Essen eingeladen, das ich selbst zubereitet habe, und die Gäste schlecken förmlich ihre Teller ab, kann ich dies als positiven Hinweis verbuchen (vergleichbar mit dem Ziehen einer Goldmünze). Das Gleiche gilt für die unterschiedlichsten Fähigkeiten – gut fotografieren, rentable Finanzinvestitionen wählen oder stabile gesellschaftliche Beziehungen aufbauen können. In jedem Bereich bewerten wir unsere Fähigkeiten anhand von äußeren Hinweisen, von denen jeder dazu führt, dass wir die Wahrscheinlichkeit, besser oder schlechter als der Durchschnitt zu sein, aktualisieren. Im Alltagsleben verwenden wir dabei normalerweise natürlich nicht die Bayes-Formel, sondern stützen uns auf Erinnerungen und Intuition. Jeder Hinweis wird im Gedächtnis gespeichert und verändert die eigene Sicht ein wenig. In vielen Fällen kommt unser intuitives Anpassen recht nah an das heran, was nach der Bayes-Formel geraten ist.

Allerdings passe ich meine Überzeugungen nur dann einigermaßen gut an, solange ich nicht mich selbst beurteile. Wenn ich mich selbst einschätze, verdrehe ich die Arithmetik zu meinen Gunsten, ohne es überhaupt zu merken. Nach der Bayes-Formel müssen positive und negative Hinweise genau gleich gewichtet werden. Unsere kognitiven und emotionalen Systeme widersetzen sich dem jedoch. Betrachten wir noch einmal das Beispiel der persönlichen Einschätzung der eigenen Kochkünste. Die meisten Menschen streichen Erfolge stärker heraus als Misserfolge; sie heben die gelungensten Speisekreationen hervor und lassen die versiebten buchstäblich unter den Tisch fallen.

Uri Gneezy, Muriel Niederle und Aldo Rustichini führten zu diesem Phänomen einen sehr überzeugenden Laborversuch durch, den sie in einem gemeinsam verfassten Aufsatz dokumentierten.[2] Bei der Studie sollten Studenten mehrere relativ einfache Rätselfragen lösen und dabei Schritt für Schritt ihre Lösungsfähigkeiten einschätzen. Es zeigte sich, dass die Probanden sich systematisch weigerten, ihre Misserfolge genauso stark zu berücksichtigen wie ihre Erfolge. Folglich neigten sie dazu, ihre Problemlösungsfähigkeiten zu hoch einzuschätzen. Bei dem Experiment sollten die Studenten auch Wetten darauf abschließen, wie hoch ihre Chance sei, die jeweils nächste Rätselfrage zu lösen. Aufgrund ihrer Selbstüberschätzung verloren sie bei diesen Wetten im Durchschnitt einiges an Geld.

Die Frage, warum wir zur Selbstüberschätzung neigen, wird erst in jüngster Zeit erforscht, doch man kann davon ausgehen, dass dieses Phänomen vor allem durch unsere Gefühle hervorgerufen wird. Reaktionen auf Erfolge und Misserfolge sind hauptsächlich emotionaler Art und drücken sich in Zufriedenheit oder Enttäuschung aus. Beeinflusst werden die Gefühlsreaktionen auch durch die Erinnerung an Hinweise, die wir im Lauf des Lebens erhalten haben. Das selektive Gedächtnis hebt positive Ereignisse hervor und blendet negative Erinnerungen aus.

Aus früheren Erfahrungen zu lernen ist zweifellos ein wichtiger Überlebensgarant. Man stelle sich vor, was geschehen wäre, wenn die Männer in vorgeschichtlicher Zeit nicht aus ihren Misserfolgen bei der Jagd gelernt hätten. Angesichts dessen drängt sich die Frage auf, warum die Evolution den Menschen nicht befähigt hat, sich selbst richtig einzuschätzen.

Die Antwort liegt darin, dass unser Hang zur Selbstüberschätzung nicht nur schadet, sondern auch Vorteile birgt. Zum einen spielt Selbstvertrauen eine ähnliche Rolle wie der Pfauenschwanz, indem es in vielen sozialen Interaktionen den eigenen »Marktwert«

steigert, auch in der aus evolutionärer Sicht wichtigsten Interaktion, der Partnersuche zwecks Fortpflanzung.

Draufgängertum verleiht dem Einzelnen auch Vorteile im Wettstreit um Ressourcen und Territorien, weil es Rivalen einschüchtern kann. So wie in einem Gleichgewichtszustand die emotionale Verfassung eines Einzelnen andere nur dann wirklich beeindrucken kann, wenn sie echt ist, so ist auch vorgetäuschte Selbstsicherheit nicht so wirksam wie authentische. Wer andere davon überzeugen will, dass er ausgeprägte Fähigkeiten besitzt, muss erst einmal selbst von diesen überzeugt sein.

Der dritte Vorteil von Selbstüberschätzung liegt darin, dass sie zu Optimismus ermutigt, vielleicht sogar einer Prise übertriebener Zuversicht. Optimismus entfacht Aktivität, und diese ist wiederum günstig für das eigene Überleben. Somit ist Optimismus ein Überlebensgarant. Stellen wir uns wieder zwei Jäger in vorgeschichtlicher Zeit vor; der eine ist eher optimistisch, der andere eher pessimistisch. Der optimistische greift gleich nach dem Aufwachen eifrig nach seinen Jagdutensilien und ist fest davon überzeugt, endlich den fettesten Büffel weit und breit zu erlegen. Der Pessimist hingegen rollt sich in der Früh noch enger in sein Hirschfell und brabbelt über den anderen: »Der Trottel kann den ganzen Tag herumspringen und mit dem Speer wedeln und am Abend trotzdem mit leeren Händen heimkommen.« Welcher der beiden Männer hat wohl die besseren Aussichten, einen Büffel zu erlegen?

In einer umfangreichen psychiatrischen Studie, die 1989 veröffentlicht wurde, verglich man die Wahrscheinlichkeitsbeurteilungen von psychisch gesunden mit denen von klinisch depressiven Menschen.[3] Die Probanden beider Gruppen sollten beurteilen, für wie wahrscheinlich sie es hielten, dass ihnen etwas Negatives zustieß (so etwas wie Krankheit, Unfall, Arbeitsplatzverlust usw.) bzw. etwas Positives widerfuhr (etwa dass sie einen Partner finden, in einer Lotterie gewinnen oder Ähnliches).

Als die Forscher die Antworten beider Gruppen mit den objektiven Wahrscheinlichkeiten für jede der genannten Eventualitäten verglichen, stellten sie fest, dass die klinisch Depressiven, die zugleich zu Pessimismus neigten, die Wahrscheinlichkeiten sowohl positiver als auch negativer Ereignisse weitaus präziser einschätzten als die »gesunde« Vergleichsgruppe. Darin zeigt sich, dass Depression den Menschen realistischer macht. Hieraus lässt sich allerdings nur schwer folgern, dass depressiv bedingter Realismus große Überlebensvorteile mit sich bringt. Ganz im Gegenteil. In Wahrheit machen die realitätsfernen Illusionen, die mehr psychisch gesunde Menschen hegen, das Alltagsleben einfacher und bieten größere Überlebenschancen – vorausgesetzt, die rosarote Brille verzerrt die Realität nicht allzu sehr. Eine Überdosis an Selbstüberschätzung kann verhängnisvoll sein.

Muriel Niederle und Lise Vesterlund führten ebenfalls eine interessante Studie zum Thema »Selbstbewusstsein« durch, bei der sie Frauen und Männer verglichen.[4] Entgegen landläufiger Meinung weisen Männer kein größeres Selbstbewusstsein auf als Frauen. Beide Geschlechter neigen im gleichen Maß zu Selbstüberschätzung. Ein deutlicher Unterschied zeigte sich jedoch in der Art und Weise, wie Männer im Gegensatz zu Frauen ihre Selbsteinschätzungen nach entsprechenden Hinweisen korrigieren. Männer passen ihre eigenen Fähigkeitsbeurteilungen im Allgemeinen besser an. Sie messen positiven und negativen Anhaltspunkten genügend Gewicht bei und sind eher bereit, ihre ursprünglichen Beurteilungen zu ändern. Frauen dagegen sind in ihrer Selbsteinschätzung beharrlicher (unabhängig davon, ob diese gering oder hoch ist). Erfolge und Misserfolge wirken sich auf ihre Selbstbeurteilung weniger stark aus.

Es ist möglich, dass diese geschlechtsspezifischen Unterschiede entwicklungsgeschichtlich bedingt sind, aber selbst wenn die evolutionäre Grundlage für unterschiedliche Selbsteinschätzungen nur marginal ist, wird sie in der Regel durch soziale Interaktionen verstärkt. Auf dem Partnermarkt hat jeder Einzelne ein Interesse daran, die Eigenschaften sichtbar zu machen, die am engsten mit dem eigenen Geschlecht assoziiert werden (das heißt, Frauen wollen ihre Weiblichkeit unterstreichen und Männer heben ihre Männlichkeit hervor). Die sexuelle Anziehung funktioniert bei den meisten Menschen ganz ähnlich wie bei verschiedenen hochentwickelten Tieren – jeder Einzelne sucht einen Partner mit möglichst vielen Merkmalen des anderen Geschlechts.

Es wird erzählt, dass der legendäre Investor Warren Buffet einmal von seiner Frau angerufen wurde, als er gerade mit dem Auto in der Nähe von Boston unterwegs war. »Warren, fahr vorsichtig«, riet seine Frau. »Ich habe gerade im Radio gehört, dass auf der Route 1 ein Idiot als Geisterfahrer unterwegs ist.« Buffet erwiderte: »Ich wäre froh, wenn es nur *ein* Idiot wäre. Ich sehe Dutzende, die so fahren!«

Hier bewies Buffet mehr als übertriebenes Selbstbewusstsein; er zeigte auch seinen Nonkonformismus und seine Weigerung, sich gesellschaftlichen Konventionen zu beugen. Wie wir im nächsten Kapitel sehen werden, verhalten wir uns jedoch trotz unseres Hangs zur Selbstüberschätzung in der Regel äußerst angepasst.

20

Konformismus – die Ursprünge des Herdenverhaltens

Wenn ich mit Freunden in einem noblen Restaurant speise, fällt mir gelegentlich eine eigenartige Verhaltensweise auf. Nachdem wir alle eingehend die Karte studiert und darüber diskutiert haben, was wir eventuell bestellen und was nicht, kommt der Augenblick der Entscheidung. Wenn ich das zweifelhafte Glück habe, vom Kellner als Erster nach meinen Wünschen gefragt zu werden, versuche ich, eine möglichst kühne Wahl zu treffen und diese entschlossen kundzutun.

Wenn der Nächste seine Bestellung aufgibt, blicke ich ihn voller Mitgefühl an. Ist der Dritte an der Reihe, fange ich an das Gesicht zu verziehen; und beim Vierten komme ich regelrecht ins Schwitzen. Von da an will ich gar nicht mehr hören, was die Übrigen bestellen – ich weiß nur, dass ich einen verhängnisvollen Fehler begangen habe. Ich kann nur noch beklommen warten, bis der Kellner die letzte Order aufgenommen hat und geht. In dem Moment entschuldige ich mich verlegen bei meinen Freunden und eile in die Küche, um meine Bestellung abzuändern.

Wenn Ihnen das auch nur ansatzweise bekannt vorkommt, sind Sie in bester Gesellschaft. Unsere Selbstsicherheit schwindet, sobald wir parallel zu anderen in derselben Frage eine Entscheidung treffen sollen. In solchen Augenblicken neigen wir am stärksten zu Konformismus, machen es den anderen nach und blenden angesichts einer Mehrheitsmeinung die eigene Auffassung viel zu schnell aus.

Der Hang zu dieser Art von Angepasstheit widerspricht nicht unbedingt unserer Neigung zur Selbstüberschätzung. Selbstvertrauen bezieht sich auf die subjektive Beurteilung der eigenen Fähigkeiten. Der Hang zu Konformismus hingegen beruht häufig auf falscher Informationsverarbeitung; manchmal steht dahinter die Befürchtung, als absonderlich wahrgenommen zu werden.

In der Ökonomie, im Finanzwesen und in der Psychologie wurden hunderte Studien zum Thema »Herdenverhalten« durchgeführt. Herdenverhalten manifestiert sich in den unterschiedlichsten gesellschaftlichen Situationen. Es ist für viele Einbrüche an den Finanzmärkten verantwortlich (wenn auch nicht allein), und für die »Blasen«, die solchen Crashs vorausgehen. Es ist auch der Grund dafür, dass sich viele Vorurteile so leicht verbreiten (z. B. die Ansicht: »Wenn keiner in meinem Umfeld Behinderte eingestellt hat, ist es wahrscheinlich besser, wenn ich das auch nicht tue.«). In gewissem Maß ist es für jene Gleichförmigkeit im Denken und Handeln verantwortlich, das jede Kreativität und gesellschaftliche Erneuerung unterdrückt. Die schlimmste Auswirkung von Herdenverhalten besteht jedoch darin, dass zahlreiche Einzelne zu falschen Entscheidungen verleitet werden können, indem jeder Einzelne trotz guter Absichten andere um sich herum in einer irrigen Weise beeinflusst.

Stellen Sie sich vor, Sie machen in Malaga Urlaub und suchen ein gutes Restaurant zum Mittagessen. Nachdem Sie eine Stunde lang gründlich gesucht haben, sind Sie müde und hungrig und beschließen, in das nächste Speiselokal zu gehen, auf das Sie stoßen, egal wie gut es ist. Kurz darauf stehen Sie vor zwei benachbarten Restaurants; das eine ist gut besucht, das andere gähnend leer. Es ist nicht schwer zu erraten, welches Restaurant Sie wählen. Unter Forschern wird darüber diskutiert, ob die Entscheidung für das gefüllte Lokal auf gründliche Informationsverarbeitung zurückzuführen ist oder ob nicht vielmehr eine fehlgeleitete Herde, die nichts von Restaurants versteht, den Suchenden zu einer falschen Entscheidung verleitet hat.

Anhand dieses Beispiels möchte ich veranschaulichen, wie Herdenverhalten selbst dann auftreten kann, wenn jede einzelne Person vollkommen rational handelt, das heißt die folgenden Bedingungen erfüllt:

1. Jeder Einzelne verfügt über eigene Informationsquellen, anhand derer er triftige Entscheidungen treffen kann.
2. Jeder Einzelne versteht, wie Wahrscheinlichkeitsmodelle anzuwenden sind, und ist in seinen Rechenfähigkeiten nicht eingeschränkt.
3. Jeder Einzelne ist bestrebt, seinen eigenen Nutzen zu maximieren.

Es ist durchaus möglich, dass selbst unter diesen Idealbedingungen für Rationalität allein aufgrund von Herdenverhalten alle Touristen im schlechteren Restaurant landen.

Nennen wir das eine Restaurant »Salvador« und das andere »El Torero«. Nehmen wir des Weiteren an, dass das »Salvador« besser ist als »El Torero«. Nun stellen wir uns vor, dass sich an einem bestimmten Tag einhundert Touristen für eines der beiden Lokale entscheiden müssen. Ausgehend von diesen Annahmen werde ich nun einen Prozess beschreiben, der alle einhundert Touristen auf vollkommen rationale und wohlkalkulierte Weise ins »El Torero« führt.

Gehen wir davon aus, dass sich jeder der Touristen vor der Ankunft in Malaga einige Informationen über die Restaurants in der Stadt besorgt hat. Diesen Infos ist nicht genau zu entnehmen, welches der beiden Restaurants das bessere ist, aber nehmen wir an, jeder der Besucher zeigt eine gewisse Vorliebe für das »Salvador«. Dazu reicht es schon, dass jeder der Touristen von einer 51-prozentigen Wahrscheinlichkeit ausgeht, dass man im »Salvador« besser isst, und von einer 49-prozentigen Wahrscheinlichkeit, dass »El Torero« die bessere Wahl wäre. (Dies könnte beispielsweise geschehen, wenn in einem populären Reiseführer steht, das »Salvador« habe einst mehr Michelin-Sterne ausgewiesen.)

Bei ihrer Ankunft in Malaga erhalten die Touristen einen weiteren Hinweis auf die jeweiligen Qualitäten der Restaurants, etwa eine Empfehlung an der Hotelrezeption, eine Benotung auf einer Website oder eine E-Mail von einem Freund. Da das »Salvador« objektiv gesehen besser ist, darf angenommen werden, dass mehr positive Hinweise zugunsten dieses Restaurants auftauchen als für die Konkurrenz. Diese Empfehlungen bergen jedoch ein gewisses Zufallselement. Ein Tourist könnte beispielsweise eine E-Mail von einem Freund bekommen haben, der früher einmal zufällig im »El Torero« landete und das Essen dort ansprechend fand (das »El Torero« ist schließlich kein schlechtes Restaurant, wenn auch nicht so gut wie das »Salvador«).

Aufgrund der neuen Informationen korrigiert nun jeder der Touristen seine Wahrscheinlichkeitsbeurteilung über die jeweiligen Qualitäten der beiden Restaurants anhand der Bayes-Formel (die im vorausgehenden Kapitel erläutert wurde). Erinnern wir uns an die Prämisse, dass all diese Touristen nicht nur rational sind, sondern auch Experten in Sachen Wahrscheinlichkeitstheorie. Sämtliche Hinweise, so postulieren wir weiter, sind so überzeugend, dass jeder Tourist nach dieser Aktualisierung ein hohes Maß an Überzeugung hat zu wissen, welches Restaurant tatsächlich das bessere ist. Ein Tourist, der nur einen einzigen positiven Hinweis auf eines der Restaurants erhalten hat, aber zwei positive Hinweise auf das andere, wird wegen der vorausgesetzten Rationalität seine Wahrscheinlichkeitsvoraussage so aktualisieren, dass er das Restaurant mit zwei positiven Kennzeichnungen mit höherer Wahrscheinlichkeit für das bessere hält.

Und nun weiter zum Hauptgericht. Stellen wir uns vor, alle einhundert Touristen stehen um 11.59 vor den beiden Restaurants an und warten darauf, dass diese ihre Pforten öffnen. Jeder Tourist hat einen Hinweis zugunsten des einen oder des anderen Speiselokals erhalten; die beiden Besucher an der Spitze der Schlange bekamen positive Bewertungen für das »El Torero« (erinnern wir uns daran, dass einigen Touristen das »El Torero« empfohlen wurde, und es überrascht nicht, dass jene, die ganz vorn in der Schlange stehen, zu diesen zählen).

Um Punkt zwölf Uhr öffnen die beiden Restaurants. Die Kellner warten auf den Ansturm der Mittagsgäste. Jeder einzelne Tourist in der Schlange entscheidet, der Reihe nach und vollkommen rational, wo er essen wird. Der Tourist an der Spitze der Schlange wählt aufgrund des positiven Hinweises auf das »El Torero«, den er erhielt, natürlich dieses Lokal. Der zweite, dem ebenfalls das »El Torero« empfohlen wurde, tut dasselbe.

Wie steht es mit dem dritten Touristen? Nehmen wir an, diese Person wurde am Vormittag darauf hingewiesen, dass das »Salvador« besser sei. Allerdings hat sie gerade gesehen, dass die beiden vor ihr ins »El Torero« gingen. Sie vermutet daher, sie hätten Gutes über das »El Torero« erfahren (was sich allerdings nicht mit ihrer Empfehlung deckt). Sie kann die neue Information bei ihrer Entscheidungsfindung berücksichtigen: Sie rechnet sich aus, dass zwei positive Hinweise auf das »El Torero« vorliegen (aufgrund der Entscheidungen der beiden Leute vor ihr in der Schlange) und nur einer für das »Salvador« (den sie selbst zuvor erhielt). Dies ergibt eine Mehrheit von zwei zu eins zugunsten des »El Torero«. Die dritte Urlauberin marschiert daher prompt ins »El Torero« und setzt sich somit über die Empfehlung hinweg, die sie selbst zuvor erhalten hatte.

Der vierte Tourist befindet sich in einer ähnlichen Lage wie der dritte. Er geht davon aus, dass er eigentlich nichts aus dem Verhalten des dritten Touristen lernen kann, der sich unabhängig von der erhaltenen Empfehlung für das »El Torero« entschied. Allerdings weiß er, dass die beiden ersten Urlauber positive Hinweise auf das »El Torero« erhalten haben müssen. Aus seiner Sicht besteht somit eine Mehrheit zugunsten des »El Torero« und deswegen geht auch er schnurstracks in dieses Restaurant.

Inzwischen sollte klar sein, wie sich die übrigen Mittagsgäste verhalten werden. Aufgrund der Entscheidungen der ersten beiden Touristen wählt jeder Einzelne nach derselben Überlegung wie der dritte das »El Torero«; die Entscheidungen der übrigen Leute sind unerheblich, da sie sich nach den ersten beiden richten. Und so wird der arme Inhaber des »Salvador«, der alles darangesetzt hat, bessere Speisen als sein Konkurrent zuzubereiten, den ganzen Nachmittag in einem leeren Lokal stehen und betrübt zusehen müssen, wie die gesamte Touristenschar nebenan isst.

Die Geschichte, die ich gerade geschildert habe, beruht auf einem mathematischen Modell, das drei Professoren für Finanzwirtschaft von der University of California in Los Angeles (UCLA) in einem 1992 erschienenen Aufsatz vorstellten.[1] Die drei Verfasser argumentierten, Herdenverhalten resultiere typischerweise aus streng rationalem Denken, so wie sie es in ihrem Modell darlegten, und nicht aus psychisch bedingten Urteilsverzerrungen wie etwa Konformismus, mangelndem Selbstbewusstsein oder dergleichen. Dass absolute Rationalität selbst zu Herdenverhalten führen kann, entspricht einer geistreichen (wenn auch verzerrten) Betrachtungsweise. Aber tritt Herdenverhalten tatsächlich auf diese Weise auf?

Um ebendiese Frage zu beantworten, führte ich mit drei Kollegen (vom Max-Planck-Institut und der Universität Paris) eine Studie durch, in der wir versuchten, Herdenverhalten auszulösen.[2] In unserem Experiment sollten die Probanden nicht zwischen Restaurants wählen; vielmehr verwendeten wir eine ähnliche Versuchsanordnung wie die mit den beiden Gefäßen, die im vorigen Kapitel beschrieben wurde.

Zwei Gefäße wurden mit jeweils 100 Kugeln gefüllt. Das erste enthielt 50 rote und 50 schwarze Kugeln, die zweite dagegen 25 rote und 75 schwarze. Den Experimentteilnehmern wurde mitgeteilt, dass in verschiedenen Durchgängen jeweils eines dieser Gefäße ausgewählt werden würde – das erste (50–50) in 51 Prozent aller Fälle und das zweite (25–75) in 49 Prozent aller Fälle. Des Weiteren teilte man ihnen mit, dass sie finanziell belohnt werden würden, wenn sie richtig errieten, welches Gefäß ausgewählt worden war. Jeder Proband erhielt der Reihe nach die Gelegenheit, dem Gefäß heimlich eine beliebige Kugel zu entnehmen, die er – sobald er deren Farbe festgestellt hatte – wieder zurücklegte. Danach sollte der Betreffende vor allen anderen Teilnehmern laut ansagen, auf welches Gefäß er tippte. (Diese öffentliche Bekanntgabe entspricht der Wahl eines der Restaurants in dem oben dargelegten Modell, wobei das richtige Erraten des Behältnisses der Wahl des besseren Lokals entspricht.)

Wie zu erwarten war, konnten wir in diesem Laborversuch ein deutliches Herdenverhalten hervorrufen. Die Herde begann sich in der Regel zu bilden, nachdem drei oder vier (von neun) Einschätzungen identisch ausgefallen waren; das heißt, nachdem die ersten drei Teilnehmer das Gleiche geraten hatten, äußerten die restlichen sechs in der betreffenden Runde die gleiche Vermutung, unabhängig davon, welche Kugelfarbe sie aus dem Gefäß gezogen hatten.

In der zweiten Phase des Experiments testeten wir sorgfältig, ob die Erklärung für das Auftreten von Herdenverhalten, welche die drei UCLA-Professoren vorgebracht hatten, einer genauen Untersuchung standhielt. Deren Erklärung hängt wohlgemerkt entscheidend von der folgenden Annahme ab: Nachdem die ersten beiden Touristen die gleiche Wahl getroffen haben, folgt der Rest der Herde deren Beispiel, wobei jeder weiß, dass er nur aus dem Verhalten dieser ersten zwei etwas ableiten kann, nicht aber aus dem Verhalten aller übrigen. Anders gesagt: Wenn der hundertste Tourist die 99 Personen vor ihm ins »Torero« marschieren sieht, ist sein Maß an Überzeugung, »El Torero« sei das bessere Restaurant, identisch mit dem Maß an Überzeugung des dritten Urlaubers, der nur zwei Touristen vor ihm dieses Speiselokal hat wählen sehen. Beide stützen ihre Entscheidung ausschließlich auf die Entscheidungen der ersten beiden Touristen.

Dies erschien uns unrealistisch. Falls dies stimmte, würde es Folgendes bedeuten: Wenn wir dem hundertsten Touristen einen geringfügig besseren Hinweis geben würden als jenen, den die beiden ersten erhielten, entschiede er sich ausschließlich auf Grundlage der persönlich erhaltenen Hinweise, selbst nachdem er 99 andere vor ihm eine andere Wahl hat treffen sehen (da er das Verhalten aller anderen, bis auf das der ersten zwei, ignorieren sollte). Wir gingen in unserem Experiment entsprechend vor, um diese Annahmen zu prüfen.

In unserem Experiment erhielten einzelne Probanden zu verschiedenen Zeitpunkten in der Entwicklung von Herdenverhalten deutlich bessere Hinweise darauf, welches Gefäß ausgewählt worden war.

Gemäß der Erklärung der UCLA-Professoren beeinflusst nur das Verhalten der ersten beiden Personen die Entscheidung der Übrigen, unabhängig vom Ausmaß des Herdenverhaltens, das sie beobachten konnten. Ist das wirklich so? Offensichtlich nicht. Als sich das Herdenverhalten abzuzeichnen begann und erst wenige Probanden die gleichen Einschätzungen abgegeben hatten, folgten jene Teilnehmer, die insgeheim zusätzliche Hinweise erhalten hatten, jenen Anhaltspunkten tatsächlich stärker als dem Vorbild der Herde. Nachdem das Herdenverhalten aber deutlich an Dynamik gewonnen hatte, ignorierten sie ihre persönlichen Hinweise und schlossen sich der Masse an, genau wie wir es erwartet hatten. So zogen wir das Fazit, dass die Erklärung der UCLA-Forscher einer eingehenden Prüfung nicht standhielt. Herdenverhalten ist viel konstanter, als es ihr Modell nahelegt, und lässt sich nicht innerhalb eines rein rationalen Bezugssystems erklären.

Es ist unsinnig zu erwarten, dass es für Herdenverhalten nur eine einzige übergreifende Erklärung gibt. Auch die Umstände, unter denen das Herdenphänomen auftritt, sind von Bedeutung. Selbst bei Erscheinungen wie Immobilienblasen oder Börsenkrächen sind unterschiedlichste Kräfte am Werk. Wenn der Aktienmarkt in eine Abwärtsspirale gerät, beeilen wir uns in der Regel aus mindestens zweierlei Gründen, unsere Aktien zu verkaufen. Erstens: Fallende Aktienkurse können ein Hinweis darauf sein, dass eine Baisse im Gange ist, und unsere Erwartungen auf Gewinne sinken entsprechend. Zweitens: Selbst wenn wir absolut sicher sind, dass der Kursrückgang ausschließlich auf irrationale Panik zurückzuführen ist und das Marktfundament weiterhin stabil und solide ist, haben wir absolut recht, wenn wir unsere Aktienbestände so schnell wie möglich abstoßen. Wenn alle anderen verkaufen, sind die eigenen Bestände von Minute zu Minute weniger wert. Eines ist also durchaus möglich: Rein rational wissen zwar alle, dass überhaupt kein vernünftiger Grund besteht zu verkaufen, aber alle tun genau dies, weil sie erwarten, dass alle anderen dies tun werden.

Im Grunde werden die meisten Finanzkrisen durch solche sich selbst bestätigende Erwartungen ausgelöst. Gerade in Situationen wie diesen kann eine staatliche Intervention wirksam dazu beitragen, Vertrauen und Kooperation wiederherzustellen und die Ängste zu mindern, die Investoren zur Marktflucht bewegen. Deswegen stocken viele Staaten die Einlagensicherung für Bankkonten auf. Ohne diese Maßnahme käme es viel zu häufig zu Bankenstürmen.

Oft entwickelt sich Herdenverhalten jedoch auch, weil Menschen das Bedürfnis haben, sich bestimmten Gruppierungen zugehörig zu fühlen. Das Tempo, mit dem sich Kleidungsmoden, Kunststile und sogar Ideologien ausbreiten, zeugt von diesem Phänomen. Informationsverarbeitung und die Aktualisierung von Wahrscheinlichkeitsbeurteilungen spielen hier keine Rolle; hier geht es nur um den Wunsch, mit anderen identifiziert zu werden. Viele Beispiele von Herdenverhalten wurzeln in den verschiedenen Arten kollektiver Emotionen, die bereits in einem früheren Kapitel erörtert wurden.

In der verhaltensökonomischen Literatur wird eine weitere Erscheinung untersucht, die zwar nicht als Herdenverhalten angesehen wird, aber durchaus mit jenem zusammenhängt – Peergruppen-Effekte. Diese treten auf, wenn Angehörige von Peergruppen (beispielsweise Arbeitskollegen, Kommilitonen) wechselseitig ihr Verhalten nachahmen. Bruce Sacerdote, ein Ökonom am Dartmouth College, veröffentlichte 2001 eine Studie darüber, in welcher Weise Studenten beeinflussen, wie viel Zeit und Mühe Kommilitonen in ihr Studium investieren.[3] Studenten mit unterschiedlichem Background und verschiedenen Studienfächern wurden durch zufällige Auswahl auf Zweierzimmer eines Studentenwohnheims aufgeteilt. Die Studenten hatten keinen Einfluss auf die Zuteilung.

Trotzdem wiesen die Zimmergenossen am Ende des Studienjahres hohe Übereinstimmungen in den erzielten Noten auf. Diese Korrelationen, so das Fazit der Studie, entstanden durch wechselseitige Beeinflussung seitens der Zimmergenossen. Ein Student, der sich gewissenhaft seinem Studium widmete, beeinflusste anscheinend auch seinen Mitbewohner.

In etlichen Forschungsstudien wurden ähnliche Phänomene bei Arbeitskollegen festgestellt. Für Arbeitnehmer besteht ein positiver Anreiz, ihre Kollegen zu Fleiß und harter Arbeit anzuspornen (denn je eifriger die Kollegen zupacken, desto erfolgreicher steht die Arbeitsstätte da, was allen Mitarbeitern zugutekommt). Schwieriger zu lösen ist die Frage, warum Peergruppen-Effekte unter Studenten unterschiedlicher Herkunft und Fächerbelegung auftreten. Eine mögliche Erklärung wäre schlicht und einfach der menschliche Hang, das Verhalten anderer nachzuahmen, doch das gegenseitige Anspornen im Studium könnte auch auf Konkurrenzdenken zurückzuführen sein.

Die einfachste und allgemeinste Erklärung für die vielfältigen Formen von Herdenverhalten greift jedoch auf die Unterscheidung zwischen Regelrationalität und Handlungsrationalität zurück, von der bereits die Rede war. Das richtige Verarbeiten von Information ist eine sehr knifflige Aufgabe. Selbst Fachleute scheitern dabei häufig. Die folgenden drei Beispiele aus verschiedenen Fachzeitschriften sollen veranschaulichen, wie schwierig es ist, bei der Entscheidungsfindung Wahrscheinlichkeiten richtig zu beurteilen:

1. In *Nature Neuroscience*, einer der führenden Fachzeitschriften für Hirnforschung, erschien 2011 ein Aufsatz über häufige Fehler, die Neurowissenschaftlern bei Wahrscheinlichkeitsberechnungen unterliefen. Die Autoren sichteten 513 Artikel, die über einen Zeitraum von zwei Jahren in den renommiertesten Fachzeitschriften für Hirnforschung veröffentlicht worden waren.[4] Sie stellten fest, dass von 157 Aufsätzen, in denen falsche Wahrscheinlichkeitsberechnungen aufgetreten sein konnten, die Hälfte solche Fehler

enthielt, was natürlich die gezogenen Schlussfolgerungen beeinträchtigte.

2. In einem eindrucksvollen Experiment gingen der Nobelpreisträger Daniel Kahneman und sein langjähriger Mitarbeiter Amos Tversky der Frage nach, inwieweit Ärzte fähig sind, bei ihren Entscheidungsprozessen Wahrscheinlichkeiten zu berechnen.[5] Die Probanden des einfachen Experiments waren Ärzte im Praktikum an führenden Kliniken in den Vereinigten Staaten. Den Ärzten wurden reale Daten zu den Sterblichkeitsraten bei Krebspatienten in den ersten fünf Jahren nach der Erstdiagnose vorgelegt, wobei nach der jeweiligen Behandlungsform – chirurgische bzw. Strahlentherapie – unterschieden wurde. Zwei verschiedene Ärztegruppen erhielten genau dieselben Daten, allerdings in unterschiedlicher Formulierung. Der einen Gruppe teilte man mit, welcher Prozentsatz der Krebspatienten in einem Fünfjahreszeitraum verstarb, der anderen sagte man, welcher Prozentsatz überlebte. Ein Beispiel: Wenn einer Gruppe mitgeteilt wurde, dass 60 Prozent der chirurgisch behandelten Krebspatienten in den ersten fünf Jahren starben, so erfuhr die andere Gruppe, dass 40 Prozent der chirurgisch behandelten Patienten die ersten fünf Jahre überlebten. Auch wenn die beiden Formulierungsweisen genau dasselbe ausdrückten, gaben die Mitglieder der beiden Studiengruppen ganz andere Behandlungsempfehlungen.

3. Maya Bar-Hillel, eine emeritierte Psychologieprofessorin an der Hebrew University, ging in einem interessanten Experiment der Frage nach, inwieweit ranghohe israelische Richter Wahrscheinlichkeitsprinzipien verstanden. Da im israelischen Justizsystem (genau wie in allen anderen westlichen Ländern) der Grundsatz des Beweises »über jeden begründeten Zweifel« gilt, wollte Bar-Hillel herausfinden, was die Richter als »begründeten Zweifel« ansahen und ob sie die Beweisstandards, auf die sie per Amtseid eingeschworen waren, auch richtig anwendeten. Zu diesem Zweck legte sie den

Richtern Beispiele vor und forderte sie auf zu entscheiden, ob diese den Anforderungen an Beweise »über jeden berechtigten Zweifel« gerecht wurden.

Hier ist ein leicht abgewandeltes Beispiel für die Art von Beweiserhebung, die Bar-Hillel in ihrer Studie verwendete: Ein Fahrzeugführer erhob vor Gericht Einspruch gegen einen Strafzettel, der gegen ihn ausgestellt worden war, als er sein Auto auf einem Platz mit einer maximalen Parkdauer von einer Stunde abgestellt hatte. Ein Parkwächter bezeugte, dass er das Fahrzeug über einen Zeitraum von zweieinhalb Stunden zweimal am selben Platz hatte stehen sehen. Zu seiner Verteidigung erklärte der Autorfahrer, er habe zunächst 45 Minuten an der Stelle geparkt, sei dann weggefahren und 15 Minuten später wieder in dieselbe Parknische gefahren; somit habe er nicht länger als eine Stunde am Stück an derselben Stelle geparkt.

Der Parkwächter erwiderte, er habe die Position des abgestellten Wagens genau kontrolliert, indem er an allen vier Reifen die Stellung der Luftventile (wie auf einem Ziffernblatt) notierte, und zwar beide Male, als er das Auto an derselben Stelle stehen sah. In beiden Fällen war der Stand der Ventile identisch. Daraus sei zu schließen, dass der Wegen nicht fortbewegt worden sein konnte. Die meisten Richter pflichteten dieser Beurteilung bei. Sie meinten, wenn die identische Ventilstellung nur bei einem einzigen Reifen beobachtet worden wäre, wären sie weniger geneigt, dies als Indiz gelten zu lassen. Wenn es aber bei allen vier Reifen festzustellen war, dann sei dies überzeugend.

Nur wenige Richter berücksichtigten jedoch ganz wichtige faktische Details: Wenn das Ventil *eines* Reifens vorher wie nachher in derselben Position stand, musste dies für *alle vier* Reifen gelten. Und die Wahrscheinlichkeit, dass die Ventile völlig willkürlich wieder dieselbe Stellung aufwiesen, betrug 12,5 Prozent – womit es durchaus glaubhaft erschien, dass der Autofahrer weggefahren sein und wieder an derselben Stelle geparkt haben konnte.

Da wir im Allgemeinen keine brauchbaren Entscheidungen treffen können, wenn wir komplexe Wahrscheinlichkeiten berechnen müssen, stützen wir uns stattdessen meist auf heuristische Regeln (das heißt Erfahrungswerte, Mutmaßungen und dergleichen). Ein einfaches Beispiel ist der heuristische Grundsatz, »die Mehrheit hat recht«, der uns in vielen Alltagssituationen gute Dienste leistet. Das daraus resultierende Herdenverhalten ist zwar eine bedauernswerte, letztlich aber vertretbare Folgeerscheinung.

21
Teamgeist – das Paradox großzügiger Boni und müßiger Mitarbeiter

Das Verhalten am Arbeitsplatz ist eines der wichtigsten Themen, das in der Ökonomie im Allgemeinen und in der Verhaltensökonomie im Besonderen analysiert wird. Auch ich habe diesem Sachkreis in den letzten Jahren große Aufmerksamkeit geschenkt.

Diese Thematik ist unter anderem deswegen so bedeutsam, weil die menschliche Arbeit in fast jedem Wirtschaftsunternehmen der kostenaufwendigste Produktionsfaktor ist. Die Summen, die Gesellschaften und Organisationen für Humanressourcen (sprich Personal) ausgeben, übersteigen alle übrigen Ausgaben. Die richtige Planung von Anreizstrukturen in der Arbeitswelt (eines der Hauptthemen, mit dem sich Personalökonomie befasst) kann sich in der Vermeidung unnötiger Ausgaben bezahlt machen, vor allem aber direkt zu höheren betrieblichen Leistungen und Profiten führen.

Ein klassisches Beispiel dafür, wie ein Unternehmen mit den geeigneten Anreizen regelrechte Bilanzwunder bewirken kann, lieferte die amerikanische Fluggesellschaft Continental Airlines zwischen 1992 und 1997, wie Marc Knez und Duncan Simester in einem Aufsatz dargelegt haben.[1] Anfang der 1990er Jahre geriet Continental Airlines in eine schwere Finanzkrise; 1992 verzeichnete die Fluggesellschaft einen Verlust von 125 Millionen Dollar. Durch interne Prüfungen wurden verspätete Abflüge und Landungen als Hauptgrund für die enormen Verluste ausgemacht, die weiter in die Höhe schossen: 1993 waren es 199 Millionen Dollar und 1994 sage und schreibe 619 Millionen Dollar. Solch ein finanzielles Ausbluten konnte natürlich nicht unbegrenzt weitergehen. Continental Airlines kam einer regelrechten Pleite gefährlich nah.

Die Geschäftsleitung folgerte zu Recht, dass die Anreize an die Mitarbeiter verbessert werden mussten, wenn das Unternehmen überleben wollte. Beim Betriebsablauf einer Airline kommt es entscheidend darauf an, dass die Flüge einen strikten Zeitplan einhalten, doch diese Kette ist nur so verlässlich wie ihr schwächstes Glied. Selbst wenn sich nur eine der vielen Vorbereitungen und Kontrollen vor dem Abflug verzögert, kann dies zu einer erheblichen Verspätung des Starts führen. Nach eingehenden Analysen und Diskussionen beschloss die Geschäftsleitung, einen letzten verzweifelten Versuch zur Rettung der Firma zu unternehmen. Der entsprechende Plan trug den Codenamen »Go Forward« (geh voran).

Einer der zentralen Bestandteile des Plans war die Schaffung von Anreizen durch Erfolgsprämien. Nach jedem Monat, in dem das Unternehmen unter den besten fünf in puncto Pünktlichkeit bei Starts und Landungen rangierte, sollte jeder Mitarbeiter einen Bonus von 65 Dollar erhalten. Der Plan zeigte eine unmittelbare und sensationelle Wirkung. Nach einem Verlust von 619 Millionen Dollar im Vorjahr schloss Continental das Geschäftsjahr 1995 mit einem Gewinn von 224 Millionen Dollar ab. Und die Profite schossen weiter in die Höhe, im Jahr 1997 sogar auf 385 Millionen Dollar. Das Prämienprogramm der Go-Forward-Offensive, das maßgeblich zur Rettung des Unternehmens beitrug, schuf interessanterweise keinen persönlichen, sondern einen kollektiven Anreiz. Nicht herausragende Einzelleistung wurde belohnt, sondern Teamarbeit.

In diesem Kapitel wollen wir folgender Frage nachgehen: Worin lag das Erfolgsgeheimnis der Go-Forward-Initiative und wie kann ein Unternehmer diese Strategie übernehmen, um bessere Ergebnisse zu erzielen?

Teams von Angestellten bilden einen äußerst interessanten Mikrokosmos sozialer Interaktion, bei der sowohl Rationalität als auch Emotionen eine Rolle spielen. Wirtschaftsunternehmen und Organisationen fast überall auf der Welt werden weitgehend von Teams getragen. Paul Osterman stellte 1995 durch eine Erhebung fest, dass bei mehr als 54 Prozent aller Organisationen in den Vereinigten Staaten die Belegschaftsaktivitäten von Teams ausgingen. Bei Wirtschaftsunternehmen lag der Anteil mit 66 Prozent sogar noch höher.

Um das Verhalten von Teams an Arbeitsstätten besser zu verstehen, müssen in großem Umfang mathematische und spieltheoretische Modelle verwendet werden, denn wenn wir nicht zunächst klären, welches Verhalten wir von Teammitgliedern unter den Voraussetzungen von Rationalität und Eigeninteresse zu erwarten haben, können wir auch nicht erwarten zu verstehen, wie psychische und emotionale Phänomene zum Erfolg oder Misserfolg eines Teams beitragen. Ich selbst habe in den vergangenen Jahren im Rahmen einiger Studien Teamverhalten studiert und stützte mich dabei auf die Spieltheorie, genauer gesagt eine Teildisziplin der Spieltheorie, die als Vertragstheorie bezeichnet wird.

Ein Vertrag zwischen zwei oder mehr Parteien kann als »Spiel« angesehen werden, denn jeder Vertrag definiert Interaktionsregeln (die Spielstrategien entsprechen) und legt zudem fest, welchen Ertrag jede Vertragspartei aufgrund der unternommenen Handlungen im Rahmen des Vertrags erhalten soll (entsprechend dem Gewinn aus einem Spiel, der sich nach den Strategien richtet, die ein Spieler wählt). Somit lassen sich mit Hilfe der Spieltheorie Fragen zur Vertragsplanung und Vertragsverhandlung beantworten. Ausgehend von der Spieltheorie können wir feststellen, welches der beste Vertrag zwischen zwei Parteien ist.

Die Forschungsaktivitäten auf diesem Gebiet haben sich in den letzten Jahren deutlich ausgeweitet. Inzwischen verwendet man ganz unterschiedliche Methoden, sowohl theoretische als auch empirische. Dabei wurden Daten gesammelt, die sich auf Beobachtungen im realen Leben wie auch auf Laborversuche stützen. Einige der gewonnenen Erkenntnisse sorgten für Überraschung, denn sie widersprechen unseren intuitivsten Vorstellungen von Teamarbeit.

So verblüffte etwa die Erkenntnis, dass der Zusammenhang zwischen monetären Anreizen und Arbeitsmotivation keineswegs so direkt ist, wie normalerweise angenommen wird. In einem Aufsatz von 2009 wies ich nach, dass im Kontext von Arbeitsplatzteams persönliche monetäre Anreize sogar zu einer Verringerung der Arbeitsmotivation führen können.[2] Psychologische Effekte spielen hierbei keinerlei Rolle, und es hat auch nichts mit dem Unterschied zwischen innerer Motivation und monetärer Motivation zu tun (den Gneezy und Rustichini in einem weiter oben erwähnten Forschungsbericht beschrieben). Dieses Phänomen kann in Teams selbst dann auftreten, wenn jeder Einzelne aus Eigeninteresse ausschließlich auf persönlichen Vorteil bedacht ist. Im Folgenden stelle ich ein einfaches Modell der Teamarbeit vor, um dieses paradoxe Phänomen und seine praktischen Folgerungen zu veranschaulichen.

Um sämtliche Details dieses Modells darzulegen, muss ich etwas weiter ausholen und auf logische Argumente zurückgreifen, die der eine oder andere Leser vielleicht als zu kompliziert empfindet. Die hier folgenden Ausführungen können überschlagen werden, da der Rest des Kapitels in sich abgeschlossen ist.

Stellen Sie sich vor, Sie besitzen ein Software-Unternehmen mit zwei Angestellten: Herr E. ist für die Entwicklung zuständig, Herr V. für die Vermarktung. Die von der Firma produzierte Software kann nur dann profitabel sein, wenn sowohl Entwicklung als auch Vermarktung erfolgreich betrieben werden. Jeder Mitarbeiter kann eine von zwei möglichen Verhaltensweisen wählen: Er kann viel oder aber sehr wenig in seinen Job investieren. Ein Mitarbeiter, der viel Mühe aufbringt, hat eine Erfolgsgarantie; wenn er keinen vollen Einsatz zeigt, liegen seine Erfolgschancen nur bei 50 Prozent. Erfolg bedeutet dabei, ein bestimmtes Ziel zu erreichen.

Die Herstellung und die Vermarktung der Software erfolgen in zwei aufeinanderfolgenden Stufen: Zuerst entwickelt Herr E. die Computerprogramme, anschließend werden diese von Herrn V. vertrieben. Die beiden Mitarbeiter befinden sich in unterschiedlichen Situationen, nicht nur weil der Großteil ihrer jeweiligen Arbeit in unterschiedlichen Zeiträumen vonstattengeht, sondern auch weil

Herr V. feststellen kann, ob sich Herr E. viel oder wenig Mühe gibt, wohingegen Herr E. nicht sagen kann, ob sich Herr V. reinhängt oder nicht. Als Eigentümer sind Sie dafür verantwortlich, für Ihre Angestellten ein Anreizsystem zu schaffen, das die Leistungserwartungen maximiert. Leider können Sie den tatsächlichen Arbeitseinsatz Ihrer Angestellten nicht kontrollieren. Das Einzige, das Sie mit Gewissheit messen können, ist das Betriebsergebnis, das in der Bilanz ausgewiesen wird, denn nur daran lässt sich ablesen, ob sowohl Entwicklung als auch Vermarktung erfolgreich sind oder ob mindestens einer der Bereiche versagt hat. Das Anreizsystem, das Sie ins Auge fassen, sieht Prämien für die beiden Mitarbeiter nur dann vor, wenn das Unternehmen einen Gewinn erzielt.

Damit das Modell vollständig ist, müssen wir noch ein wichtiges Detail einfügen – den Preis, den ein Angestellter zahlt, wenn er sich für seine Arbeit aufopfert. Denn wenn das Personal von sich aus Mehrarbeit leisten würde, bestünde gar keine Notwendigkeit, ihm einen Anreiz in Form einer Prämie zu bieten. Nehmen wir an, die aufgebrachte Mühe entspricht dem Wert von 1000 Euro. Dies bedeutet jedoch nicht, dass 1000 Euro als Entschädigung für jeden Mitarbeiter genügen. Der Grund ist ganz einfach: Werden für den Erfolgsfall 1000 Euro als Prämie geboten, sieht Herr E. keinen Anreiz, sich ins Zeug zu legen, denn die zusätzliche Anstrengung »kostet« ihn 1000 Euro, und er riskiert, leer auszugehen, wenn Herr V. nicht seinen Teil zum Erfolg des Projekts beiträgt. Wenn Herr V. nicht entsprechend investiert, sinkt die Erfolgswahrscheinlichkeit auf 50 Prozent; in dem Fall erhält Herr E. nur mit einer Wahrscheinlichkeit von 50 Prozent einen Ausgleich für den »Preis« von 1000 Euro, den er in die Arbeit investierte.

Vergessen wir nicht, dass Sie als Eigentümer der Firma nach Abschluss des Geschäftsjahres nicht feststellen können, welcher der Angestellten sich Mühe gab – beide, nur einer oder gar keiner. Sie wissen nur, ob der Betrieb erfolgreich war. Wie viel sollten Sie also jedem Mitarbeiter als Prämie in Aussicht stellen?

Betrachten wir folgendes Beispiel einer Prämienstruktur: Herrn

E. wird ein Bonus in Höhe von 1400 Euro geboten und Herrn V. ein Bonus von 2010 Euro (ausgezahlt werden die Prämien allerdings nur im Erfolgsfall). Versuchen wir nun, die rationalen Abwägungen der Angestellten nachzuvollziehen, wobei wir davon ausgehen, dass jeder nur an sein eigenes Wohl denkt. Beginnen wir mit Herrn V. und nehmen an, er hat beobachtet, dass Herr E. viel Mühe in die Entwicklung investiert hat. Falls Herr V. nun beschließt, sich nicht besonders hinter die Vermarktung zu klemmen, beträgt die Erfolgswahrscheinlichkeit nur 50 Prozent. Das heißt, er erhält die 2010 Euro nur mit 50-prozentiger Wahrscheinlichkeit; dies entspricht 1005 Euro mit 100-prozentiger Gewissheit (man spricht hier vom »erwarteten Gewinn«). Beschließt er jedoch, richtig ranzuklotzen, hängt er Arbeit im Gegenwert von 1000 Euro rein, streicht dafür aber mit 100-prozentiger Sicherheit 2010 Euro als Prämie ein. Unter dem Strich erhält er 1010 Euro und damit mehr als den erwarteten Gewinn in Höhe von 1005 Euro, der ihm auch ohne zusätzlichen Arbeitseinsatz sicher ist. In diesem Fall ist Herr V. bessergestellt, wenn er mehr Mühe in die Vermarktung investiert (auch wenn die Differenz zwischen Zusatzeinsatz und Normaleinsatz nur 5 Euro ausmacht).

Falls Herr V. beobachtet, dass sich Herr E. bei der Entwicklung nicht besonders engagiert, besteht für ihn natürlich überhaupt kein Anreiz, sich seinerseits anzustrengen, denn in dem Fall verringert sich die Wahrscheinlichkeit einer Prämienzahlung auf 50 Prozent, bevor er überhaupt den Finger krumm gemacht hat. Falls er sich ebenfalls nicht ernsthaft anstrengt, sinkt die Erfolgsaussicht erneut, und zwar auf 25 Prozent. Somit beträgt der erwartete Gewinn für Herrn V. nur 502,50 Euro (eben 25 Prozent von 2010 Euro). Ein zusätzlicher Arbeitseinsatz seinerseits bringt ihm nur 5 Euro ein (den erwarteten Bonus von 1005 Euro abzüglich des Gegenwerts von 1000 Euro für seine harte Arbeit).

Betrachten wir nun die Abwägungen von Herrn E., der im Geschäftsablauf vor seinem Kollegen tätig wird. Wenn Herr E. viel Mühe in die Entwicklungsphase investiert, kann er (aufgrund des oben geschilderten Gedankengangs) davon ausgehen, dass sich Herr V. ebenfalls anstrengt, so dass dem Unternehmen der Erfolg gesichert ist. In dem Fall investiert Herr E. Mühe im Gegenwert von 1000 Euro, erhält aber als Ausgleich einen garantierten Bonus von 1400 Euro. Unter dem Strich ist er 400 Euro reicher.

Gesetzt den Fall, Herr E. will sich in der Produktentwicklung nicht sonderlich engagieren. Dann wird sich (wie oben erklärt) bestimmt auch Herr V. bei der Vermarktung nicht zusätzlich anstrengen. In dem Fall sinkt die Erfolgsaussicht auf 25 Prozent (so groß ist die Wahrscheinlichkeit eines Profits, wenn sich keiner der beiden Mitarbeiter zusätzlich anstrengt). Das bedeutet, Herr E. erhält die Prämie von 1400 Euro mit 25-prozentiger Wahrscheinlichkeit; dies entspricht einem erwarteten Gewinn von 350 Euro. Das Fazit unserer Analyse lautet folgendermaßen: Sowohl Herr E. als auch Herr V. werden beschließen, sich besonders hinter ihre Arbeit zu klemmen, weil in dem Fall beide zusammen 3410 Euro als Prämie einstreichen.

Folgen wir nun einer anderen Überlegung: Sie als Firmeneigner beschließen, den Mitarbeitern deutlich höhere Prämien in Aussicht zu stellen, sei es aus Mitgefühl oder in Erwartung eines stärkeren Arbeitseinsatzes. Die neuen Erfolgsprämien betragen 1900 Euro für Herrn E. und 4020 Euro für Herrn V. Wenn Herr V. wie zuvor eine intensivere Anstrengung bei Herrn E. wahrnimmt, dann lohnt sich auch für ihn ein gesteigertes Engagement (denn er bekommt nun unter dem Strich 3020 Euro als Prämie für hartes Arbeiten und einen erwarteten Gewinn von 2010 Euro, wenn er sich nicht zusätzlich anstrengt).

Was geschieht aber, wenn Herr V. seinen Kollegen in der Entwicklungsphase faulenzen sieht? Dann besteht für Herrn V. eine 50-prozentige Wahrscheinlichkeit, seinen Bonus zu erhalten, wenn er sich anstrengt, und nur eine 25-prozentige Wahrscheinlichkeit, wenn auch er seine Arbeit schleifen lässt. Im ersteren Fall erhält Herr V. 1010 Euro (das heißt die Prämie abzüglich des Einsatzpreises von 1000 Euro für Mehrarbeit) und im zweiten Fall einen erwarteten Gewinn von nur 1005 Euro (das heißt 25 Prozent von 4020 Euro). Nach diesem Prämienplan besteht für Herrn V. auf jeden Fall ein Anreiz, sich in die Vermarktung reinzuhängen, unabhängig davon, wie sehr sich Herr E. in der Entwicklung anstrengt. Wir sehen hier, dass das attraktive Prämienangebot an Herrn V. tatsächlich seine Motivation zu mehr Arbeitseinsatz steigert. Für ihn steht einfach zu viel auf dem Spiel, daher dürfte er sich selbst dann anstrengen, wenn sein Kollege sich vor der Arbeit drückt.

Die Tatsache, dass Herr V. zu Mehrarbeit motiviert wird, egal wie sich Herr E. verhält, verändert nun aber auch die Anreize für Herrn E. Zuvor waren wir zu dem Schluss gekommen, Herr E. sei zu einem stärkeren Einsatz bei der Entwicklung motiviert, weil er weiß, dass Herr V. es mitbekommen würde, wenn er Däumchen dreht, und sich dann ebenfalls nicht besonders anstrengen würde. Aber nach dem aufgestockten Prämienplan wird Herr V. mehr Einsatz zeigen, egal wie sich Herr E. verhält. Was wäre nun also die beste Entscheidung für Herrn E.? Malocht er, erzielt das Unternehmen auf jeden Fall einen Gewinn und er bekommt die Prämie von 1900 Euro – aber da die Mehrarbeit einen Gegenwert von 1000 Euro hat, springen für Herrn E. unter dem Strich nur 900 Euro heraus. Macht er indessen »Dienst nach Vorschrift«, stehen die Erfolgsaussichten bei 50 Prozent (weil sich Herr V. um jeden Preis ins Zeug legt), woraus sich ein erwarteter Bonus von 950 Euro ergibt – mehr als er einstreichen würde, falls er sich anstrengt. Herr E. ist mit anderen Worten weniger motiviert, sich aufzureiben, weil er weiß, dass Herr V. auf jeden Fall sein Bestes gibt. Die Erhöhung der Boni hat die Situation im Grunde verschlechtert. Nach dem ersten Prämienplan waren beide Mitarbeiter motiviert sich abzurackern; nun wird nur einer angespornt, obwohl sich beide rational verhalten und ihren materiellen Gewinn maximieren wollen.

Dieses Paradox ergibt sich daraus, dass sich die beiden Angestellten wechselseitig beeinflussen. Die Anreize für den einen wirken sich auf die des anderen aus. Wird dem zweiten Mitarbeiter ein zu hoher Bonus in Aussicht gestellt, verringert sich die indirekte

Drohung gegen den ersten, der zweite Mann werde sich dem Schlendrian des ersten anschließen, was den Interessen beider schadet.

Die Planung von Anreizstrukturen kann schwierig sein und erfordert sorgfältiges Abwägen. Intuitive Eingebungen können dabei leicht in die Irre führen und ausgesprochen negative Folgen zeitigen. Ich bezeichne dieses Phänomen – die paradoxe Verringerung der Arbeitsmotivation durch die Erhöhung von Prämien für alle Mitarbeiter – als »Anreizumkehr«. Die Erklärung mag recht spezifisch und technisch klingen, doch in der Realität erweist sich die emotionale Logik häufig als naheliegend. Meine Forschungsarbeiten haben gezeigt, dass Anreizumkehr durchaus verbreitet ist und in nahezu jeder Organisationsstruktur und unter Belegschaften jeder Größe auftreten kann.

Vor kurzem führte ich mit etlichen Kollegen vom Max-Planck-Institut einen umfangreichen Laborversuch durch, bei dem ein deutliches Beispiel einer Anreizumkehr auftrat.[3] Die Erklärung, die ich oben für die Existenz einer Anreizumkehr lieferte, beruht auf der Tatsache, dass ein Mitarbeiter eine höhere Erfolgsprämie erhält, wenn sein Kollege sich ebenfalls mehr anstrengt. In dem Beispiel zweier Angestellter einer Softwarefirma ergibt sich diese Besonderheit aus dem Entwicklungs- und Vermarktungsprozess, bei dem das schwächste Glied der Kette den Ausschlag dafür gibt, mit welcher Wahrscheinlichkeit ein Unternehmensgewinn erzielt wird. Anders gesagt: Die Angestellten ergänzen einander. Ein Unternehmensgewinn hängt davon ab, dass sowohl die Entwicklung als auch die Vermarktung erfolgreich sind.

Wie sähe es nun aber aus, wenn die Angestellten einander nicht (wie im obigen Beispiel) ergänzen würden, sondern gegeneinander austauschbar wären (was beispielsweise zuträfe, wenn beide in der Entwicklung arbeiteten und sich nur einer der beiden für den Erfolg des Unternehmens einsetzte)? Das Paradox der Anreizumkehr würde in diesem Fall nicht auftreten. Dies ist sowohl aus dem mathematischen Modell als auch aus den Beobachtungsdaten des Laborversuchs zu folgern.

Betrachten wir als Nächstes, was geschehen würde, wenn keiner der Angestellten feststellen könnte, wie viel Mühe sein Kollege in die Arbeit investiert. Wie sähe dann der beste Prämienplan aus, den man den beiden in Aussicht stellen könnte? In einem Aufsatz, den ich 2004 veröffentlichte, habe ich mathematisch nachgewiesen, dass es in diesem Fall am besten wäre, eine gewisse Diskrepanz zwischen den Boni der Angestellten zu schaffen, selbst wenn deren Aufgaben und Fähigkeiten absolut identisch sind.[4] Die Begründung lautet folgendermaßen: Ein Mitarbeiter, dem eine geringere Prämie winkt, ist zusätzlich motiviert, sich besonders anzustrengen, weil er davon ausgehen kann, dass sein Kollege (der auf einen höheren Bonus hoffen kann) ebenfalls stärker anpacken wird.

Dieser Aufsatz erlangte große Aufmerksamkeit. Binnen weniger Jahre wurde er in mehr als hundert Forschungsberichten zu dem Thema zitiert. In einigen dieser Arbeiten wurde argumentiert, der theoretische Vorteil einer unterschiedlichen Prämienvergütung würde durch die Wut über eine so krasse Diskriminierung zunichtegemacht, die einige Angestellte empfinden würden. Zwei Forschergruppen, die die Theorie unabhängig voneinander in Laborversuchen prüften, kamen jedoch zu dem Schluss, dass ein gewisses Maß an unterschiedlicher Vergütung tatsächlich stärkere Arbeitsanreize schafft.[5,6] Natürlich ächten wir jegliche Ungleichheit, aber wenn sie unseren Interessen dient, akzeptieren wir sie meist, auch wenn wir dadurch benachteiligt werden.

Die nun folgenden Überlegungen stützen sich nicht mehr auf die Annahme, dass Einzelne nur egoistisch auf ihren eigenen materiellen Vorteil bedacht sind, und betrachten stattdessen realistischere Arbeitsumfelder, bei denen Eigeninteresse, psychische Dynamiken und Emotionen zusammenspielen. Eine große Rolle spielen in solchen Umgebungen Peergruppen-Effekte, die zusätzlich zu etwaigen monetären Anreizen auch starke emotionale und soziale Impulse schaffen, von denen die Teamleistung häufig profitiert. Peergruppen-Effekte können dafür sorgen, dass eine Beschäftigte nicht allzu viel Arbeitseinsatz zeigt, wenn sie weiß oder glaubt, dass sich die meisten Kolleginnen kein Bein ausreißen. Gruppeneffekte können umgekehrt aber auch zu zusätzlichem Einsatz anspornen. Hier folgen drei Beispiele aus der verhaltensökonomischen Literatur.

Italien ist, vielleicht mehr als die übrigen Länder der Europäischen Union, von extremen regionalen Unterschieden geprägt, besonders durch ein starkes Nord-Süd-Gefälle. Vor allem die krassen Gegensätze zwischen der Arbeitsethik des Nordens und der des Südens sind für viele Italiener ein irritierendes Phänomen. Zwei italienische Forscher, Andrea Ichino und Giovanni Maggi, analysierten eine Datenbank mit Informationen über das Arbeitsverhalten tausender Angestellter einer der größten Banken Italiens.[7] Die Datenbestände zu jedem einzelnen Angestellten enthielten genaue Angaben über verspätetes Erscheinen bei der Arbeit sowie Fehltage, interne Beförderungen bzw. Versetzungen in andere Filialen. Anhand dieser Informationen ließen sich Bankangestellte ermitteln, die von Zweigstellen im Norden zu Niederlassungen im Süden gewechselt waren und umgekehrt.

Ichino und Maggi stellten fest, dass Bankmitarbeiter, die beispielsweise von Mailand nach Neapel versetzt wurden, deutliche Veränderungen ihres Arbeitsverhaltens zeigten. In Neapel kamen sie oftmals verspätet zur Arbeit und machten auffallend häufiger blau. Da offiziell nur Krankheit als Grund für Fehltage akzeptiert wird, könnte man vermuten, dass der Umzug in eine andere Stadt die Gesundheit versetzter Mitarbeiter in Mitleidenschaft gezogen habe. Die Forscher fanden jedoch auch heraus, dass Mitarbeiter, die von Neapel nach Mailand wechselten, ebenfalls ihre Verhaltensmuster veränderten, was sich in diesem Fall in seltenerem Zuspätkommen und weniger Fehltagen äußerte.

Eine weitere Auswertung der Datenbank belegte auf überzeugende Weise, dass sich diese Veränderungen in den Verhaltensmustern nur durch Peergruppen-Effekte erklären ließen. Bankangestellte, die von Mailand nach Neapel wechselten, kamen sehr schnell dahinter, dass ihre Kollegen im Süden eine laxere Arbeitsmoral hatten, als sie es aus Mailand gewohnt waren. Dies verringerte ihre innere Motivation, ihre bisher gewohnte hohe Arbeitsmoral beizubehalten. Mitarbeiter, die von Neapel nach Mailand versetzt wurden, kamen dahinter (wenn auch nicht so schnell wie jene, die in umgekehrter Richtung umzogen), dass sie sich jetzt in einem ganz anderen Arbeitsumfeld befanden, in dem die Kollegen mehr Zeit und Mühe in ihre Jobs investierten. Dies war für die Neulinge natürlich eine unangenehme Lage, motivierte sie aber immerhin, die Arbeitsmoral ihres Umfelds anzunehmen.

In einer Folgestudie untersuchte Ichino, diesmal in Zusammenarbeit mit Armin Falk von der Universität Bonn, Peergruppen-Effekte unter Laborbedingungen.[8] Bei diesem Experiment sollten die Probanden (Studenten) Einladungen zu einer (fiktiven) Konferenz vorbereiten, das heißt Briefbögen falten, kuvertieren, adressieren und frankieren. Die Studienteilnehmer wurden für feste Zeitspannen angestellt und erhielten einen festen Lohn (20 Euro pro Stunde).

Die Probanden wurden in zwei Gruppen eingeteilt; jede Gruppe arbeitete in einem eigenen Raum. Der Leiter betrat den ersten Raum mehrere Male im Verlauf des Experiments und legte auf einem zentralen Tisch einen dicken Stapel Umschläge, in die Einladungsbriefe gesteckt werden sollten. Den zweiten Raum betrat er dagegen nur wenige Male und deponierte dabei jeweils nur einen kleinen Stapel Umschläge.

Die Ergebnisse des Experiments deuteten darauf hin, dass sich die Probanden im ersten Raum, die sich häufig mit großen Stapeln konfrontiert sahen, mehr anstrengten als die zweite Gruppe. Wie auch in der anderen Studie führten Ichino und Falk die unterschiedlichen Verhaltensweisen, die sie bei den beiden Gruppen beobachteten, auf Peergruppen-Effekte zurück. Die Probanden in der ersten Gruppe hatten den Eindruck, ihre Kollegen legten sich ins Zeug. Die Gefahr sich zu blamieren, falls ihre Leistung zu weit hinter die der anderen zurückfiel, spornte diese Studenten zu besonders schnellem Arbeiten an. Interessanterweise machte sich hier ein Gruppenzwang bemerkbar, obwohl die Probanden einander nicht kannten.

In der anderen Gruppe trat die entgegengesetzte Wirkung auf. Da immer nur wenige weitere Umschläge in den Raum gebracht wurden, bekamen die Probanden den Eindruck, sie schafften mehr als die anderen. Um sich nicht wie Trottel zu fühlen, verlangsamten sie ihr Arbeitstempo. Dieses Experiment veranschaulichte überzeugend, dass sich nicht nur monetäre Anreize auf das Mitarbeiterverhalten auswirken, sondern auch sozial bedingte Motivationen.

Das dritte und letzte Beispiel, das ich hier vorstellen möchte, beruht wie das der Bankangestellten auf Daten, die in realen Situationen erhoben wurden, und nicht in Laborversuchen. Zwei Forscher der Universität Berkeley, Alexandre Mas und Enrico Moretti, untersuchten Peergruppen-Effekte unter Kassiererinnen in einem großen amerikanischen Supermarkt.[9] Viele Arbeitsschritte von Kassiererinnen werden routinemäßig in Computerdatenbanken gespeichert (etwa die Art und Anzahl gekaufter Artikel sowie die Einscanzeit der Ware). Anhand der Zahl eingescannter Artikel in einem bestimmten Zeitabschnitt konnten Mas und Moretti die Arbeitsleistung jeder einzelnen Kassenkraft ermitteln. Dabei stellten sie Folgendes fest: Wenn eine Kassiererin ihre Schicht beendete und durch eine Kollegin abgelöst wurde, wirkte sich die Ablösung auf alle Kassenkräfte aus, die diese mitbekamen. Wenn die neue Kassenbesetzung effizienter arbeitete als die abgelöste, legten die benachbarten Kassiererinnen einen Zahn zu. War die neue jedoch langsamer, drosselten auch die anderen ihr Tempo entsprechend.

Diese drei Studien zeigen, dass Teamarbeit maßgeblich vom jeweiligen Arbeitsumfeld beeinflusst wird. Die Motivation des Einzelnen, sich mehr anzustrengen, wird erhöht, wenn die Kollegen zupacken. In dem oben dargelegten mathematischen Modell war dies der Fall, weil wir von der Prämisse ausgegangen waren, dass ein Unternehmenserfolg den zusätzlichen Einsatz beider Angestellter voraussetzt, doch in allgemeineren Situationen ist dies nicht erforderlich; aus psychologischer Sicht wollen Arbeitnehmer es zum einen vermeiden, sich ausgebeutet zu fühlen, zum anderen aber wollen sie nicht den Eindruck erwecken, dass sie ihre Kollegen ausnutzen.

Viele weitere Studien deuten darauf hin, dass psychische und soziale Aspekte entscheidend dazu beitragen, dass Teamanreize richtig funktionieren. Untersucht man die Interaktionen zwischen Mitarbeitern auf unterschiedlichen Stufen einer Unternehmenshierarchie, besonders zwischen Teams und deren Vorgesetzten, stellt man fest, dass sich die psychischen und sozialen Elemente sogar noch stärker auswirken können.

Bedauerlicherweise scheint die Geschäftswelt viel von dem, was man aus Studien über Teamarbeit im Besonderen und Arbeitsanreize im Allgemeinen gelernt hat, bislang weitgehend ignoriert zu haben. Personalchefs und Unternehmensberater setzen weiterhin auf monetäre Anreize (vor allem Boni), die ausschließlich von individuellen Leistungen ausgehen, ohne teambezogene Anreize in Betracht zu ziehen. Die Personalleiter verfahren nicht unbedingt so, weil sie glauben, dass teambezogene Anreize die Arbeitsleistung verringern könnten, sondern aus dem einfachen Grund, dass die Verwendung vertrauter, ausschließlich individueller Anreizmethoden sie vor Kritik schützt, falls Probleme auftreten.

Da individuelle Anreize eine eingehende Überprüfung des Arbeitseinsatzes jedes einzelnen Angestellten erfordern, was sich normalerweise nicht durchführen lässt, verwenden Personalabteilungen häufig Bewertungsmetriken, die oft beinahe vollkommen irrelevant sind. Als Folge davon sind die Arbeitskräfte eher bestrebt, ihre Personalbeurteilung zu optimieren, anstatt der Tätigkeit, für die sie eingestellt wurden. Die Prämien auf der Grundlage solch vager Kriterien festzulegen verzerrt das Anreizsystem und fördert zudem Gefühle wie Frustration und Neid seitens der Angestellten, was häufig zu Konflikten innerhalb von Teams führt.

Sehr häufig stützen sich Personalleiter auf sogenannte horizontale Peer-Reviews, das heißt, Angestellte sollen die Leistungen ihrer Kollegen beurteilen und diese bisweilen sogar einstufen. In Arbeitsumfeldern, die von starkem Wettbewerb geprägt sind und in denen die Kooperation im Team dem Ehrgeiz des Einzelnen geopfert wird, sollte klar sein, dass die Zuverlässigkeit solcher Kollegenbeurteilungen sehr beschränkt ist. Innerhalb dieses Systems werden Arbeitnehmer eher dazu motiviert, die Leistungen jener Kollegen zu schmälern, die ihre eigene Position gefährden, und andere zu loben, von denen sie später eine Belohnung erwarten können. Die Beurteilungen sind in jedem Fall subjektiv und lassen sich somit heranziehen, ohne dass ein Mitarbeiter der Lüge bezichtigt werden kann.

Viel wirksamer ist ein Anreizsystem, das erfolgreiche Teamarbeit belohnt und dem fleißigsten Teammitglied einen zusätzlichen, aber geringen Bonus in Aussicht stellt. Dies fördert sowohl ein Gefühl der Gruppenverantwortung als auch die Motivation zu persönlicher Leistung. Kehren wir noch einmal zu dem erfolgreichen Prämiensystem bei Continental Airlines zurück, das zu Beginn dieses Kapitel geschildert wurde; entscheidend für den Erfolg der Rettungsinitiative war nicht das Angebot einer Prämie von 65 Dollar an jeden Angestellten, sondern die Verantwortung, die alle Angestellten füreinander spürten; keiner wollte sich von den anderen vorwerfen lassen müssen, den Prämienanspruch verbockt zu haben.

Vor kurzem telefonierte ich mit meiner Mutter. Ich musste mich jedoch kurz fassen, weil ich versprochen hatte, einige Freunde meines Sohnes zu ihrem Basketballspiel zu fahren. Mein Sohn musste zu Hause bleiben, weil er krank war. »Sorge dafür, dass alle angeschnallt sind«, mahnte meine Mutter. »Du trägst die Verantwortung für fremde Kinder.« Auf der Fahrt dachte ich über ihre Worte nach. Sie hatte sich noch nie so geäußert, wenn ich mit meinem Sohn allein unterwegs war. Es konnte nicht sein, dass sie um ihren Enkel weniger besorgt war als um dessen Freunde. Vermutlich vertraute sie darauf, dass mein väterlicher Schutzinstinkt von Natur aus einsetzte, wenn ich mit meinem Sohn allein im Auto fuhr, und wollte sicherstellen, dass ich demselben Instinkt folgte, wenn seine Freunde ohne ihn mitfuhren.

Schließlich wurde mir klar, dass sich meine Mutter auf ein moralisches Gebot berief, wonach besondere Fürsorge geboten ist, wenn man für fremde Kinder die Verantwortung übernimmt. Die meisten von uns sind mit diesem Problem vertraut. Hier ist ein Beispiel: Sie sind an der Reihe, Ihr Kind und das Kind der Nachbarn zum Kindergarten zu fahren; Sie stellen fest, dass Sie nur einen einzigen Kindersitz in Ihrem Auto haben. Welches der Kinder setzen Sie in den Kindersitz? Vielleicht noch alltäglicher ist folgende Situation: Ich scheue mich, einen Freund zu fragen, ob er mir einen bestimmten Gegenstand leiht, weil ich fürchte, diesen kaputt zu machen, bevor ich ihn zurückgebe. Und wenn ich den Gegenstand ausleihe und tatsächlich beschädige, mache ich mir zehnmal mehr Vorwürfe, als wenn ich etwas kaputt gemacht habe, das mir selber gehört.

Genau derselbe moralische Mechanismus setzt ein, wenn kollektive Vergütungen auf dem Spiel stehen, und aus ebendiesem Grund sind solche Belohnungen so wirksam. Ein Angestellter, der in einem Team arbeitet, ist weniger darüber besorgt, den eigenen Bonus aufgrund eigener Trägheit einzubüßen, als vielmehr darüber, wie er dasteht, wenn er mit seiner Faulheit die Kollegen um deren Prämie bringt.

TEIL V

Rationalität, Emotionen und Gene

22
Irrationale Gefühle

In den einleitenden Kapiteln dieses Buches legte ich dar, wie Unmut dazu beitragen kann, glaubhafte Selbstbindungen einzugehen und damit beispielsweise die strategische Position im Austausch mit anderen zu verbessern. Aristoteles, der sich durchaus bewusst war, welche Bedeutung Zorn im menschlichen Leben spielt, schrieb in seinem Werk *Politik*: »Jeder kann wütend werden, das ist einfach. Aber wütend auf den Richtigen zu sein, im richtigen Maß, zur richtigen Zeit, zum richtigen Zweck und auf die richtige Art, das ist schwer.« Aus evolutionärer Sicht soll uns Wut zwar nützen, aber häufig schadet sie uns auch – nicht nur wegen des psychischen Leidens, das Wut auslösen kann, sondern auch wegen möglicher Auswirkungen auf die Beziehungen zu jenen Menschen, auf die unser Unmut zielt. Häufig können wir unsere Wut nicht zügeln, wenn sie uns nicht nur nicht nützt, sondern sogar schadet.

Auch andere emotionale Reaktionen mit evolutionären Vorteilen können soziale Barrieren aufbauen oder uns ein Bein stellen, wenn wir richtige Entscheidungen treffen müssen. In manchen Fällen kann der evolutionäre Vorteil bestimmter Emotionen in unserer heutigen Zeit durch Nachteile überlagert werden. Es sind vielleicht noch einige tausend Jahre weiterer Entwicklung erforderlich, bis diese Muster gänzlich verschwunden sind.

Das Erröten ist ein interessantes Beispiel. Es entsteht durch ein Gefühl der Verlegenheit, das eindeutig eine soziale Emotion ist. Wenn ich mich schäme oder geniere, möchte ich auf gar keinen Fall Aufmerksamkeit erregen. Wenn ich könnte, würde ich in solchen Augenblicken am liebsten unsichtbar werden. Aber genau in solchen Momenten stellt mich die Natur gleichsam ins Rampenlicht, indem sie meinen Kopf rot anlaufen lässt.

Charles Darwin widmete dem Erröten ein ganzes Kapitel in seinem Buch *Der Ausdruck der Gefühle bei Mensch und Tier*. Er bezeichnete es als eines der unverwechselbaren Merkmale des Menschen. Die Evolutionspsychologen sind sich über den entwicklungsgeschichtlichen Ursprung des Errötens jedoch noch uneinig. Viele halten es für einen Reflex des sympathischen Nervensystems zur Vorbereitung einer sogenannten »Kampf-oder-Flucht-Reaktion«. Belastende und bedrohliche Situationen lösen einen vermehrten Blutzustrom ins Gehirn aus, denn stark durchblutete Zellen sind sensibler und wirken wie ein Radarsystem, das vor drohenden Gefahren warnt. Eine Nebenwirkung dieses Vorgangs ist die rötliche Verfärbung des Gesichts.

Gestützt wird diese Erklärung durch ein interessantes Experiment, das 2003 in Australien durchgeführt wurde.[1] Die Probanden sollten etwas singen oder laut vorlesen, während sie im Profil angeschaut wurden, das heißt, nur eine Hälfte ihres Gesichts war für andere sichtbar. Die Leiter des Experiments stellten fest, dass die dem Blick von Beobachtern zugewandte Gesichtshälfte stärker durchblutet war als die andere. Das Erröten trat also lokal begrenzt auf, und zwar in dem Teil des Gesichts, welcher der »Gefahr« am stärksten ausgesetzt war.

Eine andere Erklärung für den evolutionären Vorteil des Errötens setzt auf das verlässliche Signal, das der Errötende seinem Umfeld übermittelt und mit dem er bestätigt, dass etwas Unzumutbares geschehen ist oder dass von gesellschaftlichen Normen abgewichen wurde. Dieses Signal ist genau deswegen verlässlich, weil es sich der menschlichen Kontrolle entzieht und nicht bewusst vorgetäuscht werden kann. In der Vergangenheit diente es den Interessen des Errötenden, indem es soziale Sanktionen überflüssig machte. Jüngste empirische Studien zeigen, dass Personen, die gegen gesellschaftliche Normen verstoßen und deswegen erröten, von anderen weniger negativ gesehen werden als Personen, die nicht erröten. Die Schamesröte tritt allerdings auch in anderen Situationen auf, etwa wenn jemand überschwänglich gelobt wird. In solchen

Fällen ist das Erröten gesellschaftlich gesehen weniger vorteilhaft als Nichterröten.

Reue ist ebenfalls eine Gefühlsreaktion, die ganz klare evolutionäre Vorteile birgt, sich aber auch negativ auswirken kann, indem sie zu suboptimalen Entscheidungen verleitet. Wer nie etwas bedauert, ist dazu verdammt, immer wieder die gleichen Fehler zu begehen. Die Palliativpflegerin Bronnie Ware, die jahrelang Patienten in Sterbehospizen betreute, schrieb ein Buch über die fünf Dinge, die Sterbende am meisten bereuen.[2] Männer bedauerten in der Regel am stärksten, dass sie sich zeitlebens vor allem ihrer Arbeit widmeten, und trauerten am meisten den alten Freundschaften nach, die sie im Lauf der Jahre aufgegeben hatten. Frauen bereuten es, dass sie sich zu sehr um die Bedürfnisse anderer gekümmert hatten und nicht häufig genug an ihr eigenes Glück dachten. Beide Geschlechter äußerten ihr Bedauern darüber, ihre Gefühle gegenüber anderen Menschen zurückgehalten zu haben.

Man würde meinen, dass diese Formen der Reue und des Bedauerns gleichsam per Definition irrationale Emotionen seien, weil sie von Menschen geäußert werden, die wissen, dass sie kurz vor ihrem Tod stehen und somit nicht mehr genügend Zeit haben, um ihre Verhaltensweisen deutlich zu ändern. Aber solches Bedauern »im großen Stil« ist in den meisten Fällen (wenn auch nicht gerade auf dem Sterbebett) durchaus rational. Am stärksten tritt es meist in einschneidenden Krisen auf, die einen dazu zwingen, das eigene Leben gründlich zu überdenken. Es kann häufig zu markanten Gewohnheitsänderungen führen, die noch lange nach der auslösenden Krise anhalten.

Irrationales Bedauern tritt am häufigsten in alltäglicheren Situationen auf; es verleitet einen dazu, unausgewogene Entscheidungen zu treffen, bevor man alle Fakten gesammelt und das eigene Handeln rational überdacht hat. In zahlreichen Experimenten, die von Ökonomen und Finanzwissenschaftlern durchgeführt wurden, ließ sich nachweisen, dass wir meist mit dem Ziel handeln, künftiges Bedauern zu minimieren. Ein Beispiel für den Wunsch, möglichst nichts bereuen zu müssen, ist das Herdenverhalten, von dem im Kapitel über Konformismus die Rede war. Wir richten uns bei Entscheidungen in der Regel danach, was die meisten um uns herum wählen. Haben beispielsweise die meisten meiner Freunde all ihre Aktien aus Angst vor einem Börsenkrach verkauft, neige ich dazu, ihrem Beispiel zu folgen, selbst wenn ich starke objektive Hinweise dafür habe, dass sich der Markt in naher Zukunft wieder erholt. Ich entscheide so, weil ich weniger zu bereuen habe, wenn all meine Freunde denselben Fehler machen, als wenn ich ganz allein die falsche Entscheidung treffe. Aus ähnlichen Gründen scheuen wir uns häufiger vor Entscheidungen in Fragen, in denen wir uns eigentlich auskennen müssten, und sind weniger risikoscheu in Bereichen, von denen wir nichts verstehen. Wir versuchen fast um jeden Preis, ein Bedauern aufgrund einer falschen Entscheidung zu einer Frage, mit der wir uns auskennen müssten, zu vermeiden, selbst wenn es sich lohnen würde, ein Risiko einzugehen.

Aus Furcht vor Reue hält man manchmal stur an falschen Entscheidungen fest, um nicht zugeben zu müssen, dass man einen Fehler gemacht hat. So fällt es mir beispielsweise schwer, ein Anlagegut abzustoßen, mit dem ich einen Verlust erzielt habe, denn damit würde ich eingestehen, dass es falsch war, die Anlage überhaupt zu erwerben. Solange ich an der Investition festhalte, besteht eine Chance, dass ich den Kauf nicht bereue, weil ihr Wert immer noch steigen könnte. Deswegen behalten viele Menschen Aktien mit sinkenden Kursen, selbst wenn längst nicht mehr zu erwarten ist, dass sie je wieder ihren Einstiegswert erreichen.

Georgio Coricelli von der University of Southern California führte vor etwa zehn Jahren mit einigen Kollegen eine sorgfältige Studie über Gehirnaktivitäten im Zusammenhang mit Gefühlen der Reue und des Bedauerns durch.[3] Am Gefühl des Bedauerns sind, anders als bei den meisten anderen Emotionen, mehrere Teile des Gehirns aktiv beteiligt, angefangen von jenen, die mit Kognition und analytischem Denken zusammenhängen, wie dem orbitofrontalen Cortex und den inneren Bereichen des Cortex, bis hin zu Teilen des limbischen Systems wie dem Hippocampus, der die Gefühle und das Gedächtnis steuert. Dass so viele Hirnareale einbezogen sind, könnte mit dem nicht trivialen Lernaspekt des Bedauerns zusammenhängen; mittels analytischer Aktivitäten wird zunächst beurteilt, in welchem Maß ein Bedauern für eine Handlung »gerechtfertigt« ist.

Coricelli und seine Kollegen stellten fest, dass bei dem Bestreben, zukünftiges Bedauern über Entscheidungen zu minimieren, ganz ähnliche Hirnaktivitäten auftreten wie beim Empfinden von Reue selbst. Es scheint so, dass wir uns bei dem Bemühen, möglichst nichts bereuen zu müssen, auf die etwaigen negativen Folgen einer Entscheidung konzentrieren und während dieses Vorgangs künftiges Bedauern antizipierend empfinden.

Auch einige andere Arten irrationalen ökonomischen Verhaltens stehen mit bestimmten Hirnaktivitäten in Verbindung. Häufig spielt dabei das »Antriebshormon« Dopamin und dessen Aufnahme im Gehirn eine Rolle. In vorausgegangenen Kapiteln wurde dargelegt, dass dieses Hormon an der Entstehung von Gefühlen wie Befriedigung und Freude nach einem Erfolg beteiligt ist und das Risikoverhalten beeinflussen kann. Es spornt zu Leistungen an, was klare evolutionäre Vorteile mit sich bringt. Dopamin ist auch für einige andere Hirnfunktionen verantwortlich; so hängt etwa die Parkinsonkrankheit mit einem Dopaminmangel zusammen. Das Bedürfnis nach positiven Gefühlen wie Freude und Befriedigung, welche durch Dopamin ausgelöst werden, kann zu Verhaltensweisen führen, die den eigenen materiellen Interessen schaden und in einigen Fällen sogar geistige Störungen verursachen können. Kleptomanie (Stehlsucht), Oniomanie (krankhafter Kaufzwang) und Ludomanie (Spielsucht) sind weithin bekannte psychische Krankheitsbilder, die mit extremem ökonomischem Verhalten einhergehen. In bestimmten Fällen wird bei den Betroffenen zur Behandlung der Dopaminspiegel im Gehirn ausgeglichen.

Aber selbst bei normgerechtem Verhalten kann Dopamin dazu führen, dass aufgrund von Gefühlen falsche Entscheidungen getroffen werden. Eines der auffälligsten Phänomene dieser Art zeigt sich im Verhalten von Auktionsteilnehmern. In den letzten Jahren hat die Zahl der Angebote und Versteigerungen im Internet stark zugenommen. Dementsprechend ist die Menge des Geldes, mit dem bei Online-Auktionen gehandelt wird, exorbitant gestiegen. Im Jahr 2000 bewertete die *New York Times* die Versteigerung von Mobilfunklizenzen, die damals in Großbritannien durchgeführt wurde, als größte Auktion in der Geschichte überhaupt. Bei jener Vergabe von Mobilfunkfrequenzen allein wurden mehr als 38 Milliarden Euro eingenommen.

Eines der am eingehendsten untersuchten Phänomene im Zusammenhang mit Versteigerungen ist der sogenannte »Siegerfluch«. Häufig zahlt ein erfolgreicher Bieter für ein erworbenes Gut viel mehr, als jenes in Wirklichkeit wert ist. Dies lässt sich nicht nur bei Versteigerungen im Niedrigpreissektor beobachten, wo vor allem Amateure bieten. Auch große Unternehmen, die sich an wichtigen Versteigerungen beteiligen, erliegen dem »Siegerfluch«. Anfang der 1970er Jahre machten viele US-amerikanische Ölfirmen Pleite, kurz nachdem sie bei Versteigerungen in verschiedenen Regionen der Vereinigten Staaten Förderrechte erworben hatten. Diese Unternehmen hatten den Wert der Förderrechte, für die sie mitboten, durch ganze Heere von Geologen und Ökonomen bewerten lassen, doch am Ende stellte sich heraus, dass sie viel mehr geboten hatten, als die Lizenzen tatsächlich wert waren, wodurch sie schließlich im Bankrott landeten.

Der »Siegerfluch« hat vor allem zwei Gründe, einen kognitiven und einen emotionalen. Auktionsteilnehmer versuchen, den Wert eines Loses so gut wie möglich zu bestimmen. Ihre ersten Gebote liegen geringfügig unter diesem geschätzten Wert. Je mehr gewetteifert wird, desto näher liegen die Gebote bei dem veranschlagten Wert, denn je mehr Bieter teilnehmen, desto größer sind die Chancen, dass jemand alle anderen aussticht.

Wenn sehr viele Interessenten mitbieten, die unabhängig voneinander Wertermittlungen vorgenommen haben, darf man davon ausgehen, dass die Schätzungen im Durchschnitt recht nah am wahren Wert des betreffenden Loses liegen dürften. Wenn dies der Fall ist, hat derjenige, der den Zuschlag erhielt, mehr geboten als das Durchschnittsgebot – und das bedeutet, er hat wahrscheinlich mehr bezahlt, als das ersteigerte Objekt wert ist. Dies ist die kognitive Erklärung für den »Siegerfluch«. Mit anderen Worten: Auktionsteilnehmer berücksichtigen nicht, dass sie um des Zuschlags willen das Los viel höher bewerten als alle anderen Bieter, was wiederum bedeutet, dass sie dieses überbewerten dürften.

Um auf kognitiver Ebene zu vermeiden, dass man dem »Siegerfluch« anheimfällt, kann ich den Preis, den ich zu bieten bereit bin, auf einen Zettel schreiben, den ich dann über Nacht in eine Schublade lege. Am nächsten Tag nehme ich ihn heraus und stelle mir vor, der Auktionator, dem inzwischen alle anderen Gebote bekannt sind, teilt mir mit, ich hätte das höchste Gebot abgegeben. Aufgrund dieser Mitteilung sollte ich mein Gebot neu bewerten. In den meisten Fällen führt dies zu einer Herabsetzung des Gebots, um dem »Siegerfluch« zu entgehen.

Häufig hat der »Siegerfluch« jedoch eine emotionale Ursache. Auktionsteilnehmer werden nicht selten vom »Auktionsfieber« dazu getrieben, hohe Gebote zu machen; sie geben dem unbezwingbaren Drang nach, um jeden Preis den Zuschlag zu erhalten. Vor ein paar Jahren baten mich zwei meiner Studenten um einen Vorschlag für ein Forschungsprojekt. Ich riet ihnen, nach Websites zu suchen, auf denen Gegenstände auf zweierlei Weise zum Verkauf angeboten wurden – per Versteigerung oder im Sofortverkauf zu einem Festpreis; dann sollten sie die Preise vergleichen, zu denen die Gegenstände schließlich weggingen. Ich stellte die Hypothese auf, dass die Auktionspreise in vielen Fällen höher liegen dürften als beim Sofortverkauf, und diese Annahme bewahrheitete sich. Die Interessenten hätten das, was sie per Versteigerung erwarben, im Sofortverkauf viel günstiger bekommen können. Das Wetteifern und das Auktionsfieber verleiteten sie jedoch dazu, viel mehr zu bezahlen.

Ich erlebte selbst ein sehr teures Beispiel von »Auktionsfieber«, als ich vor einigen Jahren an der Planung der Versteigerung der staatlichen israelischen Gasspeichergesellschaft mitwirkte. Vier große private Öl- und Gaskonzerne boten bei jener Auktion eifrig mit; der Zuschlag fiel bei 220 Millionen Dollar – fast doppelt so viel, wie selbst nach der optimistischsten Schätzung der Gutachter zu erwarten war.

Als mich im Jahr 2011 eines der Unternehmen, die an der Versteigerung der israelischen Mobilfunklizenzen teilnahmen, als Berater einstellte, setzte ich alles daran, dass mein Auftraggeber nicht Opfer des »Siegerfluchs« wurde. Einige Stunden, bevor die Versteigerung begann, riet ich dem Unternehmenseigner, sich dem Kampfgetümmel in der Firmenzentrale zu entziehen und an einem ruhigen Ort erst einmal tief Luft zu holen und dann in aller Ruhe darüber nachzudenken, wie viel er vernünftigerweise allerhöchstens auszugeben bereit wäre. Diese Summe, so empfahl ich ihm weiter, solle er auf ein Blatt Papier schreiben, das er in einem verschlossenen Umschlag einem seiner engsten Vertrauten, einem Banker, übergeben sollte. Damit würde er eine Selbstbindung eingehen, die ihn davon abhielt, ein Gebot über dem vorher festgelegten Höchstbetrag abzugeben.

Der Firmeninhaber, ein fähiger und erfahrener Geschäftsmann, stutzte über meinen Vorschlag. Er meinte, ich solle ihm nicht etwas abverlangen, woran er sich auf keinen Fall binden könne. Er beherzigte meine Empfehlung erst nach wiederholtem Drängen seitens seiner Kollegen, meinen Rat ernst zu nehmen, und der Drohung des Bankers, sich auszuklinken, falls meine Anweisung nicht umgesetzt werde.

Die computerisierte Auktion begann um 11 Uhr und zog sich ohne Pause bis 20 Uhr hin – neun nervenzerreißende Stunden. Als um 19 Uhr das aktuellste Gebot bei 135 Millionen Dollar stand, erhob sich der Firmeneigner langsam von seinem Stuhl, richtete sich kerzengerade auf und nahm einen großen Schluck aus dem Kaffeebecher, den er in der Hand hielt. »Meine lieben Freunde«, gestand er etwas beschämt, »ich habe weit über den Höchstbetrag, den ich hier auf diesem Blatt notiert hatte, hinaus geboten.« Er erhöhte die Angebote seines Unternehmens bis zur letzten Minute der Versteigerung.

Nachdem sich die Aufregung gelegt hatte, stellte sich heraus, dass er den Zuschlag bekommen hatte – bei einem Gebot von fast 200 Millionen Dollar. Das war rund doppelt so viel wie der absolute Maximalbetrag, den er vor Beginn der Versteigerung als realistischen Wert der Lizenz notiert hatte. Sechs Wochen später wurde das Gebot, das den Zuschlag erhalten hatte, nach den Reglements der Auktion rückwirkend für ungültig erklärt, weil der Geschäftsmann keine ausreichenden Bankgarantien für solch eine exorbitante Summe beschaffen konnte.

Beim emotionalen Aspekt des »Siegerfluchs« spielt Dopamin eine wichtige Rolle. In etlichen Studien untersuchte man mit dem Bildgebungsverfahren fMRT die Gehirnaktivitäten von Auktionsteilnehmern.[4] Dabei wurden komplizierte Muster von Hirnaktivitäten beobachtet, an denen mehrere Teile des Gehirns beteiligt waren, aber beim Auktionsfieber stach ein spezielles Phänomen besonders heraus. Jedes Mal wenn den Probanden mitgeteilt wurde, dass sie leer ausgegangen seien, wurde Subaktivität im Striatum festgestellt. Das Striatum gehört zum limbischen System und ist ein Gehirnteil, in dem Dopamin ausgestoßen wird. Gravierende Auktionsverluste lösten eine massivere Subaktivität im Striatum aus, was in der nächsten Phase wiederum ein aggressiveres Bieten seitens der Probanden zur Folge hatte.

Irrationale Emotionen lassen sich nicht vollkommen ausschalten, aber zumindest abschwächen; und ihre negativen Auswirkungen lassen sich mildern, indem man sich deren Existenz und Folgen bewusst macht. Ich habe in diesem Buch durchweg betont, dass das kognitive und das emotionale System im Menschen nicht völlig getrennt voneinander bestehen und häufig ineinandergreifen. Ob eine bestimmte Emotion nützt oder schadet, hängt sehr stark von den Umständen ab, in denen diese Emotion auftritt. Unsere kognitiven Fähigkeiten müssen häufig die Auswirkungen emotionaler Reaktionen erkennen. So wie unser kognitives System nützliche Emotionen verstärken kann, so vermag es jene Gefühle zu zügeln, die unseren Interessen schaden. Das Zitat von Aristoteles, das zu Beginn dieses Kapitels wiedergegeben wurde, trifft die Sache auf den Punkt. Es ist nicht einfach, Gefühle zu beherrschen, besonders Wut. Dies erfordert Analyse, Intuition und Erinnerungsvermögen, aber es zahlt sich aus.

23

Angeboren oder anerzogen? Wie rationale Emotionen entstehen

Vor einigen Jahren begegnete ich rein zufällig einem alten Schulkameraden, Ofer Lipschitz. »Wir haben vor einiger Zeit versucht, dich ausfindig zu machen, um dich zu einem Klassentreffen einzuladen«, erklärte Ofer. »Jemand meinte, du seist im Ausland, deswegen haben wir nicht sonderlich weitergeforscht.« Ofer und ich waren von der ersten Klasse an acht Jahre lang an derselben Schule. Als ich Ofer mein Bedauern bekundete, das Klassentreffen versäumt zu haben, versuchte er mich zu trösten: »Wir haben das Ganze aufgenommen. Du kannst zumindest das Video anschauen.« Das Video, das mir Ofer später gab, war drei Stunden lang und zeigte jeden Teilnehmer in mehreren Szenen.

Als ich mir das Video anschaute, bewegten mich vor allem zwei Dinge. Zum einen fiel mir auf, dass fast jeder der einstigen Mitschüler sämtliche Teilnehmer des Klassentreffens sofort wiedererkannte, und auch mir ging es so. Dabei war es 35 Jahre her, seit wir uns das letzte Mal gesehen hatten. Diese erstaunliche Wiedererkennungsfähigkeit hängt damit zusammen, dass Gesichtszüge im Gedächtnis tiefe Spuren hinterlassen. Zeigte man mir ein altes Klassenfoto anderer Kinder und Aufnahmen derselben Personen als Erwachsene, würde ich wohl kaum ein einziges der Gesichter richtig zuordnen können. Anscheinend werden Gesichtszüge im Gehirn anders gespeichert als sonstige Informationen. Häufig begegnet man jemandem, der einem bekannt vorkommt, aber man kann sich an keine Einzelheiten erinnern – weder wie der Mensch heißt noch wann bzw. wo man ihm begegnet ist.

Zum anderen beeindruckte mich beim Ansehen des Videos, dass ich anhand meiner Kindheitserinnerungen nicht nur die Gesichtszüge der ehemaligen Klassenkameraden untrüglich wiedererkennen konnte. Auch die aktuelle Berufstätigkeit vieler einstiger Mitschüler schien absolut vorhersagbar zu sein. Ofer und Myron, die uns bereits in der fünften Klasse mit ihrem Gitarrenspiel unterhalten hatten, waren Musiker geworden und lebten von Auftritten und vom Unterrichten. Tali, die sich von früh an mehr für Jungs interessierte als für andere Mädchen und immer genau wusste, wer mit wem liiert war, wurde Sexualforscherin und Eheberaterin. Yossi, der die meisten unserer sozialen Aktivitäten organisiert hatte, leitete inzwischen verschiedene Jungunternehmen, die er gegründet hatte.

Auch Persönlichkeitsmerkmale hatten sich von der Kindheit bis ins Erwachsenenalter in erstaunlichem Maß bewahrt. Die früher schon Introvertierten standen bei dem Klassentreffen abseits und wirkten in dem geselligen Umfeld etwas deplatziert. Wer als Kind viel gelacht hatte, lachte immer noch viel. Aus lauten Kids waren laute Erwachsene geworden. Und die wenigen, die früher zu asozialer Gewalt neigten, waren gar nicht erst erschienen.

Wer solch ein Klassentreffen erlebt, kann sich nicht des Eindrucks erwehren, dass wichtige Bestandteile der Persönlichkeit in den ersten zehn Lebensjahren geprägt werden. In jüngster Zeit wird durch immer mehr wissenschaftliche Studien nachgewiesen, dass sich die menschliche Persönlichkeit sogar noch früher herausbildet – nicht in den ersten zehn Jahren, sondern bereits während der Schwangerschaft. Die vollständige Kartierung des Humangenoms bedeutet einen gewaltigen Sprung im Verständnis der Persönlichkeitsprägung. Ständig neue Erkenntnisse offenbaren den engen Zusammenhang zwischen spezifischen Persönlichkeitsmerkmalen und genetischen Profilen.

Richard P. Ebstein, ein Spezialist für genetische Psychiatrie an der National University of Singapore, hat mit einigen Kollegen etliche interessante Studien zu diesem Thema durchgeführt. Bei einer dieser Studien ging es um die genetische Grundlage von Großzügigkeit.[1] Wie bereits in einem früheren Kapitel ausgeführt wurde, ist Oxytocin für die gegenseitige Empathie zwischen Müttern und ihren Neugeborenen verantwortlich. Ein weiteres Hormon, das bei der Mutter-Kind-Bindung eine Rolle spielt, ist Vasopressin, das an einigen emotionalen und physiologischen Funktionen des Menschen beteiligt ist. Das Gen, das maßgeblich für die Ausschüttung von Vasopressin zuständig ist (AVPR1A), kommt in unterschiedlichen Längen vor. Kürzere Varianten des Gens, die in der Regel dazu führen, dass die Nervenzellen weniger Vasopressin produzieren, zeigen sich häufiger bei Personen, die an der Autismusspektrumstörung leiden.

Ebstein und seine Kollegen untersuchten hunderte gesunder Probanden und teilten sie je nach ihrer AVPR1A-Länge in unterschiedliche Kategorien ein. Dann spielten die Versuchsteilnehmer das »Geben-Spiel«, das im neunten Kapitel beschrieben wurde; ein Spieler erhält eine bestimmte Geldsumme, von der er dem anderen Spieler so viel abgeben kann, wie er will. Probanden mit kürzeren Versionen des Gens traten ihren Mitspielern viel weniger ab als Probanden mit längeren Genen. Damit war die Korrelation zwischen einem (statistisch feststellbaren) Persönlichkeitsmerkmal und den Varianten eines einzelnen Gens, in diesem Fall AVPR1A, nachgewiesen.

Auch Studien, bei denen das Verhalten von eineiigen und zweieiigen Zwillingen verglichen wurde, legen die Beteiligung unserer Gene an anderen sozialen Eigenschaften nahe. Zeigt sich ein bestimmter Wesenszug bei eineiigen Zwillingen (die dasselbe genetische Profil aufweisen) mit hoher Korrelation und bei zweieiigen Zwillingen mit geringer Korrelation, ist dies ein Hinweis darauf, dass die genetische Komponente dieser Eigenschaft bedeutsamer ist als die soziale.

Richard P. Ebstein und seine Kollegen führten umfangreiche Metastudien über verschiedene Persönlichkeitsmerkmale durch und machten so genetische Komponenten jedes einzelnen Merkmals ausfindig.[2]

In der folgenden Abbildung sind ihre Ergebnisse zusammengefasst:

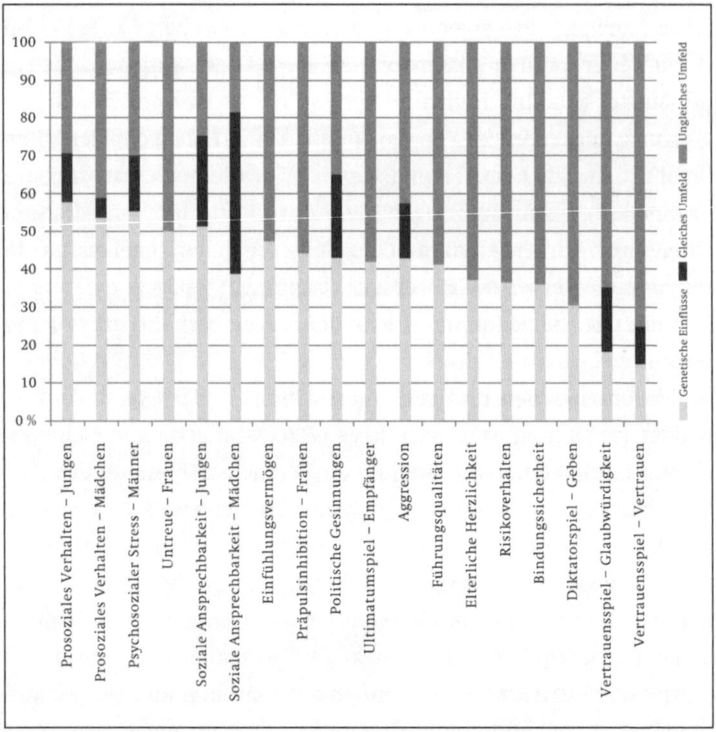

Die Abbildung zeigt, dass eine Vielzahl von Eigenschaften, die das Sozialverhalten betreffen, eine genetische Komponente aufweisen. In einigen Fällen überwiegt diese Komponente sogar. Die meisten Studien, auf denen die Tabelle beruht, sind jüngeren Datums. Die Ergebnisse dieser Studien sowie zusätzliche Hinweise darauf, dass die Gene Eigenschaften maßgeblich prägen, haben die uralte Diskussion darüber wiederbelebt, ob Sozialverhalten angeboren oder anerzogen ist. In dieser Diskussion wurden in der Vergangenheit allzu häufig wissenschaftliche Behauptungen mit moralischen Überlegungen vermengt.

Die möglichen Implikationen der hier genannten Studien geben einen gewissen Anlass zur Sorge. Inzwischen lässt sich der genetische Code eines Menschen vollständig kartieren, und zwar ohne große Kosten. Eine Speichelprobe und knapp 200 Euro genügen. Je mehr wir darüber wissen, wie die Gene die Persönlichkeit beeinflussen, desto stärker wird der private Markt dazu verleitet, die in der menschlichen DNS gespeicherten Informationen zu nutzen. Arbeitsuchende könnten eines Tages aufgefordert werden, neben ihren Bewerbungsunterlagen auch eine Speichelprobe einzureichen. Auch Vermieter könnten von Wohnungssuchenden Speichelproben verlangen. Und für Versicherungsgesellschaften wäre es in dieser Zukunftsvision möglich, die Prämien anhand genetischer Profile zu errechnen. Solch eine Praxis könnte sich schließlich auf alle ökonomischen und vertragsrechtlichen Bereiche ausweiten und einen sich selbst verstärkenden Kreislauf erzeugen: Personen mit »günstigen« DNS-Profilen ergattern dann die besten Jobs, jene mit »üblen« Profilen müssen sich mit unattraktiven Tätigkeiten abfinden oder bleiben arbeitslos. Binnen weniger Jahre könnte diese Art von Diskriminierung von sich aus den Eindruck stärken, dass das DNS-Profil eines Menschen grundsätzlich über dessen Erfolgschancen im Leben entscheidet. Wer mit einem »ungünstigen« DNS-Profil gebrandmarkt ist, dürfte keinen Anreiz sehen, eine höhere Bildung zu erwerben, einen Beruf zu erlernen oder sich in einer anderen Weise anzustrengen. Die soziale Mobilität käme zum Erliegen, und eine neue genetische Aristokratie würde entstehen.

Trotz dieser negativen Zukunftsvisionen sollten wir die wissenschaftliche Forschung nicht hemmen. Unwissenheit kann uns niemals vor möglichen sozialen Gefahren schützen. Es ist bereits fast unmöglich, von den großen Forschungsgesellschaften in den Vereinigten Staaten, der National Science Foundation und den National Institutes of Health, Fördergelder zu bekommen, um den Zusammenhang zwischen Genetik und kognitiven Fähigkeiten bzw. dem Intelligenzquotienten zu untersuchen. Es besteht kein offizieller Erlass, der solche Studienprojekte unterbindet, aber Prinzipien der politischen Korrektheit sickern bereits von Anfang an in die Überlegungen zur Forschungsfinanzierung ein und vereiteln die meisten Anträge in dieser Richtung. Verständlich ist die Sorge davor, dass solche Studien möglicherweise missbraucht werden, um Diskriminierung zu rechtfertigen, aber selbstauferlegte Unwissenheit ist auch keine Lösung.

Nachwort

Einige meiner Leser empfinden vielleicht ein gewisses Unbehagen bei dem nüchternen Ansatz, mit dem in diesem Buch Gefühle betrachtet werden. Welcher Raum bleibt noch für die Seele, wenn Emotionen, wie hier dargestellt, genauso rational und analytisch sind wie kognitive Prozesse? Und wenn sich der am wenigsten greifbare Aspekt menschlicher Erfahrung, unser »Gefühlsleben«, durch die DNS und die Konzentration bestimmter Hormone im Körper voraussagen lässt, könnten wir dann nicht gleich die Gesamtheit dessen, was wir als »Leben« bezeichnen, mit ähnlichen Formeln beschreiben und den Begriff »Seele« ein für alle Mal über Bord werfen? Das glaube ich nicht.

Durch wissenschaftliches Verständnis können wir nur ein partielles und undeutliches Bild von der Gesamtheit des menschlichen Fühlens und Denkens gewinnen. Das vollständige Bild ist alles andere als absolut klar und wird vielleicht nie komplett geklärt. Geist und Seele machen das aus, was sich der wissenschaftlichen Erklärung entzieht.

Die gewichtigsten philosophischen Fragen zum Wesen der Seele und des Lebens bleiben ungelöst. Ist der Mensch, der aus biologischen Zellen besteht, die sich wiederum aus Kohlenstoff und Wasserstoff zusammensetzen, lediglich die Summe seiner Teile, oder gibt es jenseits des stofflichen Körpers noch eine weitere geheimnisvolle Zutat, die das Leben vom Unbelebten unterscheidet? Gibt es einen Bestandteil, ohne den keine Kreatur, die wir vielleicht künstlich im Labor erschaffen, jemals wirklich lebendig sein würde?

In jeder wissenschaftlichen Disziplin – von der Grundlagenphysik über die Biologie bis hin zur Ökonomie – ist die Frage, ob eine Erklärung der absoluten Wahrheit entspricht, beinahe irrelevant.

Eine wissenschaftliche Erklärung ist zulässig, wenn sie ausreichend und folgerichtig empirische Phänomene begreiflich macht. Die Quantentheorie und die Relativitätstheorie überzeugen zumindest den Physiker davon, dass sie eine Vielzahl physikalischer Erscheinungen erklären, die andernfalls unerklärlich wären. Trotzdem können sie sehr fern von der »Wahrheit« liegen, einfach weil der Mensch bei dem, was er um sich herum beobachten kann, kognitiv und technologisch eingeschränkt ist. Das Weltmodell der Antike, nach dem die Erde eine flache Scheibe war, umgeben von einem unermesslichen Abgrund, ist angesichts der empirischen Beobachtungen jener Zeit absolut treffend. Es verlor erst an Überzeugungskraft, als Seefahrer von langen Reisen zurückkehrten und über Dinge berichteten, die mit dieser Weltsicht unvereinbar waren.

Das Gleiche gilt für wissenschaftliche Erklärungen des emotionalen und kognitiven Verhaltens beim Menschen. Spieltheorie, Hirnforschung, Evolutionstheorie und Psychologie liefern lediglich Szenarien, die uns helfen sollen, unsere Beobachtungen zum Verhalten von Individuen und Kollektiven in unterschiedlichen Situationen zu verstehen. Anders als physikalische Theorien haben sich Verhaltenstheorien, besonders jene, die sich auf die Spieltheorie stützen, in den vergangenen Jahren rasant weiterentwickelt. Dies liegt daran, dass empirische Ergebnisse der Verhaltenswissenschaften viel leichter zu verstehen sind als Erkenntnisse der Physik. Um empirische Ergebnisse über Verhaltensweisen zu erlangen, braucht man weder Riesenteleskope noch Teilchenbeschleuniger. Für den Verhaltenswissenschaftler kann auch das Schlangestehen im Supermarkt oder die Zeitungslektüre als empirischer Workshop dienen, der zu Erkenntnissen anregt, die sich in knappen und kostengünstigen Laborversuchen überprüfen lassen. Neue Erkenntnisse, die experimentell bestätigt werden, sammeln sich an, bis sie zum Fundament neuer Szenarien (das heißt Theorien) werden, die unser allgemeines Bild dessen, was wir als »menschliches Verhalten« bezeichnen, ein wenig klarer erscheinen lassen.

Die Einfachheit, mit der neue empirische Ergebnisse erzielt werden können, ist ein großer Vorteil für die Verhaltensforschung, kann aber auch Gefahren für das Fachgebiet bergen. Während Laboratorien in den reinen Naturwissenschaften objektive Messungen physikalischer Konstanten (mitunter bis auf zehn Dezimalstellen genau) zulassen, können die Resultate von Verhaltensstudien bisweilen unterschiedlich gedeutet werden. Diese Befunde hängen davon ab, wie die Versuche angelegt und durchgeführt wurden, aber auch davon, wie die erzielten Daten analysiert werden. Forscher, deren intellektuelle Integrität nicht den strengsten Maßstäben gerecht wird und die unbedingt bestimmte Ergebnisse vorlegen wollen, manipulieren manchmal ihre Daten, bis diese ihren Wünschen entsprechen. Die Gefahr solcher Verzerrungen wird umso größer, desto aggressiver der Konkurrenzkampf unter den führenden Forschern wird.

Im Jahr 2011 kündigte die Universität Tilburg in den Niederlanden das Dienstverhältnis von Diederik Stapel, einem namhaften Professor für Sozialpsychologie und Dekan der Tilburger Hochschule für Sozial- und Verhaltenswissenschaften. Es war bekannt geworden, dass der aufstrebende Starakademiker jahrelang Forschungsdaten gefälscht, ja sogar frei erfunden hatte. Dutzende von Aufsätzen, die Stapel in renommierten und von Experten geprüften Fachzeitschriften veröffentlicht hatte, mussten zurückgezogen werden.

Eine von Stapels Forschungsarbeiten fand sogar in diversen Tageszeitungen in ganz Europa Beachtung. Für regelrechtes Aufsehen sorgte seine Behauptung, dass sich Menschen, die Fleisch essen oder auch nur daran denken, Fleisch zu essen, egoistischer und weniger sozial verhalten als andere Menschen. Er stützte seine Schlussfolgerungen auf empirische Daten, die er angeblich in Laborstudien gesammelt hatte, doch wie sich herausstellte, entsprangen sämtliche Daten ausschließlich seiner schöpferischen Phantasie.

Das Fehlverhalten, das eines Wissenschaftlers absolut unwürdig war, kostete den Professor schließlich seine Stellung und bedeutete das Ende seiner Laufbahn. Auch aus den akademischen Verbänden, denen er angehörte, wurde er ausgeschlossen. Der Vorsitzende einer internationalen Psychologenvereinigung, die Stapel hinauswarf, warnte sämtliche Mitglieder in einem Rundbrief, übermäßig aggressiver Konkurrenzgeist unter Akademikern könne dazu führen, dass Leute den Verstand verlieren und Betrug begehen.

Der ganze Vorfall selbst wirft interessante Fragen zum Wesen des Menschen auf. Akademischer Wettbewerb verspricht den Beteiligten weder Geld noch irgendeinen anderen materiellen Gewinn. Gewetteifert wird um Ansehen, Bestätigung und Renommee. Wie sich zeigt, können Menschen großen Gefallen an Lob und Anerkennung finden, selbst wenn sie wissen, dass sie dessen überhaupt nicht würdig sind. Stapels betrügerisches Verhalten ist wahrscheinlich nicht das einzige Beispiel für Datenmanipulation in der Wissenschaft, aber sicherlich ein krasser Fall von Fehlverhalten. Gegenseitige Kontrollen im Wissenschaftsbetrieb funktionieren meist sehr gut, aber eine gesunde Portion Skepsis und kritisches Denken sind in jedem Bereich der Verhaltensforschung angebracht.

Die Grenze zwischen dem emotionalen und dem rationalen System des Menschen ist sehr schmal und gewunden. Wenn wir Entscheidungen treffen müssen – seien diese nun lebensverändernd oder völlig trivial –, wird diese schmale Linie meist so verschwommen, dass sie völlig zu verschwinden scheint. Die beiden Systeme sind auf einmal so eng ineinander verschlungen, dass sie nicht mehr unterschieden werden können. In vielen Fällen dienen Gefühle dazu, dass wir Entscheidungen rasch und beinahe automatisch treffen können, aber in manchen Situationen – besonders wenn es um wichtige Themen geht – stellen unsere Emotionen das rationale Denken in Frage.

Wenn ich darüber entscheide, welchen Job ich suche oder ob ich eine Beziehung weiterführen soll, treten nicht die rationalen Mechanismen in den Vordergrund, sondern die emotionalen. Irgendwann kenne ich alle Fakten, habe mehrfach alle Folgen jeder

Alternative überdacht und weiß, dass ich wahrscheinlich keine neuen Informationen oder Erkenntnisse erlangen werde, die mir bei der Entscheidungsfindung helfen, und trotzdem bringe ich es nicht fertig, den letzten Schritt zu tun und mich zu entscheiden. Was mich zurückhält, sind Emotionen, nicht kognitives Denken. Rationale Überlegungen und sogar materielle Interessen werden in emotionale Reaktionen umgemünzt; Angst oder Hoffnung, Wut oder Mitgefühl ziehen mich wie ein schwingendes Pendel in verschiedene Richtungen, bis schließlich die Entscheidung davon abhängt, welches Gefühl am stärksten empfunden wird. Genau so funktioniert die menschliche »Software« für Entscheidungsprozesse, und in den meisten Fällen ist dies auch ganz gut so.

Stellen Sie sich einmal vor, was geschehen würde, wenn für unsere Entscheidungsprozesse die gleiche »Gewaltenteilung« gelten würde wie für unsere Regierungen, so dass einige Entscheidungen ausschließlich von den rationalen Instanzen getroffen werden würden und andere allein von den Emotionen. Stellen Sie sich als konkretes Beispiel folgende Situation vor: Sie erhalten an Ihrem Arbeitsplatz eine E-Mail von einem anderen Unternehmen mit dem Vorschlag, sich dort zu bewerben. Es liegt nun an Ihnen, ob Sie auf dieses Angebot eingehen oder es höflich ablehnen.

Wenn diese Entscheidung ausschließlich der rationalen Abteilung des Gehirns zugewiesen wird, dürften Sie wohl so reagieren wie Mr Spock vom Planeten Vulcan. Sie würden als Erstes eine Liste aller Merkmale Ihres derzeitigen Jobs aufstellen (Gehalt, persönliche Interessen, Aufstiegsmöglichkeiten usw.) und dann eine entsprechende Liste für den in Aussicht stehenden Job. Da Sie über die neue Arbeitsstelle nur wenig wissen, teilen Sie jedem Merkmal auf der Liste für diese Position Wahrscheinlichkeiten zu. Sie dürften auch ziemlich genau voraussagen können, welche Ereigniskette eine Bewerbung zur Folge hat und welche Chancen Sie sich ausrechnen.

In einem nächsten Schritt würden Sie jedem Merkmal einen Wert dafür zuschreiben, wie viel Befriedigung oder Enttäuschung

Sie aus diesem zu ziehen erwarten. Wenn Sie Glück hatten und bislang keinen Fehler gemacht haben, werden Sie an diesem Punkt sehr wahrscheinlich scheitern. Es ist beinahe unmöglich, Werte für Befriedigung und Enttäuschung abzuschätzen, ohne die emotionalen Mechanismen einzubeziehen. Alle Fakten liegen auf dem Tisch, aber trotzdem lässt sich keine kluge Entscheidung finden.

Was würde andererseits geschehen, wenn Sie die Entscheidung allein Ihrem emotionalen Mechanismus überlassen? Vielleicht kommen Sie in dem Fall schnell zu einer Entscheidung, doch diese könnte von nicht weit zurückliegenden Ereignissen geprägt sein, die mit Ihren langfristigen Interessen kaum in Zusammenhang stehen. Hat Ihr Chef Sie beispielsweise am Vortag genervt oder geärgert, könnten Sie positiv auf das Angebotsschreiben reagieren und sogar Ihren Chef davon unterrichten. Wenn demgegenüber der Absender Ihren Namen falsch geschrieben hat oder die vorgeschlagene Stelle auf den ersten Blick weniger attraktiv erscheint als Ihre derzeitige, könnten Sie das Angebot umgehend ausschlagen, vielleicht mit einer sarkastischen Bemerkung, die zur Folge hat, dass Ihnen nie wieder eine Stelle angeboten wird. Nur ein enges Zusammenspiel zwischen den emotionalen und rationalen Mechanismen versetzt Sie in die Lage, eine kluge und befriedigende Entscheidung zu treffen.

Ich hoffe, die vielen Beispiele und Studien, die ich in diesem Buch vorgestellt habe, führen Sie zu der Überzeugung, dass Gefühle kein kümmerlicher Rest eines weit zurückliegenden, primitiven Stadiums des menschlichen Evolutionsprozesses sind, sondern ein hoch komplexes und wirksames Instrument, das unsere rationale Seite ergänzt und ausbalanciert. Letzten Endes ist derjenige im Vorteil, der denkt *und* fühlt, und nicht derjenige, der sich nur auf das Denken verlässt.

Anmerkungen

Vorwort

1 Dan Ariely, *Denken hilft zwar, nützt aber nichts. Warum wir immer wieder unvernünftige Entscheidungen treffen (Predictably Irrational)*, aus dem Amerikanischen von Maria Zybak und Gabriele Gockel, München: Droemer, 2008
2 Daniel Kahneman, *Schnelles Denken, langsames Denken (Thinking, Fast and Slow)*, aus dem Englischen von Thorsten Schmidt, München: Siedler, 2012

Kapitel 1: Wozu sich aufregen?

1 Maya Tamir, »What Do People Want to Feel and Why? Pleasure and Utility in Emotion Regulation«, *Current Directions in Psychological Science* 18 (2009), S. 101–105

Kapitel 3: Emotionale Blender, Empathie und Onkel Ezras Pokerface

1 M. Meshulam, E. Winter, G. Ben Shahar und Y. Aharaon, »Rational Emotions in the Lab«, *Social Neuroscience* 7, Nr. 1 (2012), S. 11–17
2 G. McCarthy, A. Puce, J. C. Gore und T. Allison, »Face-Specific Processing in the Human Fusiform Gyrus«, *Journal of Cognitive Neuroscience* 9 (1997), S. 605–610
3 A. Kalay, »Friends or Foes? Empirical Test of a Simple One-Period Division Game Having a Unique Nash Equilibrium«, Matrizenabzug, 2003
4 G. Rizzolatti und L. Craighero, »The Mirror-Neuron System«, *Annual Review of Neuroscience* 27 (2004), S. 169–192

Kapitel 4: Spieltheorie, Emotionen und die goldene Regel der Ethik

1 R. Aumann und M. Maschler, *Repeated Games with Incomplete Information*, Cambridge Mass.: MIT Press, 1995
2 E. Winter, I. García-Jurado und L. Méndez Naya, »Mental Equilibrium and Rational Emotions«, Center for the Study of Rationality, Hebrew University, 2009

Kapitel 6: Fairness, Kränkung und Vergeltung

1 W. Güth, R. Schmittberger, B. Schwarze, »An Experimental Analysis of Ultimatum Bargaining«, *Journal of Economic Behavior and Organization* 3, Nr. 4 (1982), S. 367–388
2 Max-Planck-Institut, »Chimpanzees, Unlike Humans, Apply Economic Principles to Ultimatum Game«, *Science Daily*, 7. Oktober 2007
3 A. E. Roth, V. Prasnikar, M. Okuno-Fujiwara, S. Zamir, »Bargaining and Market Behavior in Jerusalem, Ljubljana, Pittsburgh, and Tokyo: An Experimental Study«, *American Economic Review* 81, Nr. 5 (1991), S. 1068–1095
4 E. Winter und S. Zamir, »An Experiment with Ultimatum Bargaining in a Changing Environment«, *Japanese Economic Review* 56, Nr. 3 (2005), S. 363–385
5 A. G. Sanfey, J. K. Rilling, J. A. Aronson, L. E. Nystrom und J. D. Cohen, »The Neu-

ral Basis of Economic Decision-Making in the Ultimatum Game«, *Science* 300, Nr. 5626 (2003), S. 1755–1758

Kapitel 7: Stigmata und Vertrauensspiele

1 S. Knack und P. Keefer, »Does Social Capital Have an Economic Payoff? A Cross-Country Comparison«, *Quarterly Journal of Economics* 112 (1997), S. 1251–1288

2 Das Bruttoinlandsprodukt (BIB) ist der wichtigste Index zur Messung der wirtschaftlichen Entwicklung eines Landes.

3 J. Berg, J. Dickhaut und K. McCabe, »Trust, Reciprocity, and Social History«, *Games and Economic Behavior* 10 (1995), S. 122–142

4 C. Fershtman und U. Gneezy, »Discrimination in a Segmented Society: An Experimental Approach«, *Quarterly Journal of Economics* 116, Nr. 1 (2001), S. 351–376

Kapitel 8: Sich selbst bewahrheitendes Misstrauen

1 F. Bornhorst, A. Ichino, O. Kirchkamp, K. Schlag und E. Winter, »Similarities and Differences when Building Trust:-The Role of Culture«, *Experimental Economics* 13, Nr. 3 (2010), S. 260–283

Kapitel 10: Kollektive Emotionen und Onkel Walters Trauma

1 G. Bornstein, E. Winter und H. Goren, »An Experimental Study of Repeated Team Games«, *European Journal of Political Economy* 12 (1996), S. 629–639

2 G. Bornstein, E. Winter und H. Goren, »Cooperation in Inter-group Single-group Prisoner's Dilemma Games«, in *Understanding Strategic Interaction. Essays in Honor of R. Selten*, herausgegeben von W. Albers, E. van Damme, W. Güth, P. Hammerstein und B. Moldovanu, Berlin: Springer-Verlag, 1997, S. 418–429

Kapitel 11: Das Handicap-Prinzip

1 A. Zahavi, »Mate Selection – A Selection for a Handicap«, *Journal of Theoretical Biology* 53 (1975), S. 205–214

2 R. Orzach und Y. Tauman, »Strategic Dropouts«, *Games and Economic Behavior* 50 (2005), S. 79–88

3 J. Andreoni, A. Payne, J. D. Smith und D. Karp, »Diversity and Donations: The Effect of Religious and Ethnic Diversity on Charitable Giving«, NBER Arbeitspapier 17618, November 2011

Kapitel 12: Geben können, nehmen können

1 U. Gneezy und A. Rustichini, »Pay Enough or Don't Pay at All«, *Quarterly Journal of Economics* 115, Nr. 3 (2000), S. 791–810

Kapitel 13: Das Hormon, das Vertrauen stiftet

1 E. Hart, S. Yisrael und E. Winter, »Accuracy in the Perception of Social Deception Is Modified by Oxytocin«, Matrizenabzug, Center for the Study of Rationality, Hebrew University, 2012

2 C. De Dreu, L. Greer, G. Van Kleef, S. Shalvi und M. Handgraaf, »Oxytocin Promotes Human Ethnocentrism«, *Proceedings of the National Academy of Sciences* 108, Nr. 4 (2011), S. 1262–1266

Kapitel 14: Männer, Frauen und Evolution

1 D. Kahneman, A. B. Kruger, D. Schkade, N. Schwartz und A. A. Stone, »Would You Be Happier If You Were Richer? A Focusing Illusion«, *Science* 312, Nr. 5782 (2006), S. 1908–1910

2 M. Francesconi, C. Ghiglino und M. Perry, »On the Origin of the Family«, Diskussionspapier, University of Warwick, 2011

3 M. Whitty und L. Quigley, »Emotional and Sexual Infidelity Offline and in Cyberspace«, *Journal of Marital and Family Therapy* 34, Nr. 4 (2008), S. 461–468

4 M. C. Neale, B. M. Neale und P. F. Sullivan, »Nonpaternity in Linkage Studies of Extremely Discordant Sib Pairs«, *American Journal of Human Genetics* 70, Nr. 2 (2002), S. 526–529

5 U. Gneezy und A. Rustichini, »Gender and Competition at a Young Age«, *American Economic Review* 94, Nr. 2 (2004), S. 377–381

6 M. Niederle und L. Vesterlund, »Do Women Shy Away from Competition? Do Men Compete Too Much?«, *Quarterly Journal of Economics* 122, Nr. 3 (2007), S. 1067–1101

7 E. P. Lazear und S. Rosen, »Rank-Order Tournaments as Optimum Labor Contracts«, *Journal of Political Economy* 89, Nr. 5 (Oktober 1981), S. 841–864

8 J. M. Coates, M. Gurnell und A. Rustichini, »Second-to-Fourth Digit Ratio Predicts Success Among High-Frequency Financial Traders«, *Proceedings of the National Academy of Science* 106, Nr. 2 (2009), S. 623–628

9 D. Biello, »What Is the Best Age Difference for Husband and Wife?«, *Scientific American*, 5. Dezember 2007

10 L. Brizendine, *Das weibliche Gehirn. Warum Frauen anders sind als Männer*, aus dem Amerikanischen übersetzt von Sebastian Vogel, Hamburg: Hoffmann & Campe Verlag, 2007

11 M. R. Mehl, S. Vazire, N. Ramirez-Esparza, R. B. Slatcher und J. W. Pennebaker, »Are Women Really More Talkative Than Men?«, *Science* 317 (2007), S. 82

12 A. Christensen und C. L. Heavey, »Gender and Social Structure in the Demand/Withdraw Pattern of Marital Conflict«, *Journal of Personality and Social Psychology* 59 (1990), S. 73–81

13 L. M. Papp, C. D. Kouros und E. M. Cummings, »Demand-Withdraw Patterns in Marital Conflict in the Home«, *Personal Relationships* 16, Nr. 2 (2009), S. 285–300

14 S. R. Holley, V. E. Sturm und R. W. Levenson, »Exploring the Basis for Gender Differences in the Demand-Withdraw Pattern«, *Journal of Homosexuality* 57, Nr. 5 (2010), S. 666–684

15 U. S. Rehman und A. Holtzworth-Munroe, »A Cross-Cultural Analysis of the Demand-Withdraw Marital Interaction: Observing Couples from a Developing Country«, *Journal of Consulting and Clinical Psychology* 74, Nr. 4 (2006), S. 755–766

16 A. F. Bogaert, »Biological Versus Nonbiological Older Brothers and Men's Sexual Orientation«, *Proceedings of the National Academy of Sciences* 103, Nr. 28 (2006), S. 10771–10774

Kapitel 15: Ehen, die der Himmel stiftet?

1 M. Perry, P. J. Reny und A. J. Robson, »Why Sex? And Why Only in Pairs?«, Diskussionspapier, Center for the Study of Rationality, Hebrew University, 2009

2 E. Illouz, *Der Konsum der Romantik. Liebe und die kulturellen Widersprüche des Kapitalismus*, aus dem Amerikanischen übersetzt von A. Wirthensohn, Frankfurt am Main: Campus Verlag, 2003

3 G. Becker, »A Theory of Marriage Part 1«, *Journal of Political Economy* 81, Nr. 4 (1973), S. 813–846

4 G. Becker, »A Theory of Marriage Part 2«, *Journal of Political Economy* 82, Nr. 2 (1974), S. 11–26

5 D. Gale und L. S. Shapley, »College Admissions and the Stability of Marriage«, *American Mathematical Monthly* 69 (1962), S. 9–14

Kapitel 17: Warum sind wir so negativ eingestellt?

1 J. von Neumann und O. Morgenstern, *Spieltheorie und wirtschaftliches Verhalten*, aus dem Englischen übersetzt von M. Leppig, Würzburg: Physica-Verlag, 1961

2 R. C. Battalio, J. Kagel und D. MacDonald, »Animals Choices over Uncertain Outcomes: Some Initial Experimental Results«, *American Economic Review* 75 (1985), S. 597–613

Kapitel 18: Prahlerei und Bescheidenheit

1 A. M. Spence, »Job Market Signaling«, *Quarterly Journal of Economics* 87, Nr. 3 (1973), S. 355–374

2 K. A. Brekke entlehnte seine »Selbstbeschreibung« einem Aufsatz von A. Tversky und D. Kahneman, »Extensional versus Intuitive Reasoning«, Psychological Review 91 (1984), S. 293–315 (betreffende Passage S. 297).

Kapitel 19: Selbstüberschätzung und Risikobereitschaft

1 B. Barber und T. Odean, »Trading is Hazardous to Your Wealth: The Common Stock Investment Performance of Individual Investors«, *Journal of Finance* 55, Nr. 2 (April 2000), S. 773–806

2 U. Gneezy, M. Niederle und A. Rustichini, »Performance in Competitive Environments: Gender Differences«, *Quarterly Journal of Economics* 188, Nr. 3 (August 2003), S. 1049–1074

3 K. Dobson und R. L. Franche, »A Conceptual and Empirical Review of the Depressive Realism Hypothesis«, *Canadian Journal of Behavioural Science* 21 (1989), S. 419–433

4 M. Niederle und L. Vesterlund, »Do Women Shy Away from Competition? Do Men Compete Too Much?«, *Quarterly Journal of Economics* 122, Nr. 3 (2007), S. 1067–1101

Kapitel 20: Konformismus

1 S. Bikhchandani, D. Hirshleifer und I. Welch, »A Theory of Fads, Fashion, Custom, and Cultural Change as Informational Cascades«, *Journal of Political Economy* 100, Nr. 5 (1992), S. 992–1026

2 J. Bracht, F. Koessler, E. Winter und A. Ziegelmeier, »Fragility of Information Cascades: An Experimental Study using Elicited Beliefs«, *Experimental Economics* 13, Nr. 2 (2010), S. 121–145

3 B. Sacerdote, »Peer Effects with Random Assignment: Results for Dartmouth Roommates«, *Quarterly Journal of Economics* 116, Nr. 2 (2001), S. 681–704

4 S. Nieuwenhuis, B. U. Forstmann und E. Wagenmakers, »Erroneous Analyses of Interactions in Neuroscience: A Problem of Significance«, *Nature Neuroscience* 14 (2011), S. 1105–1107

5 A. Tversky und D. Kahneman, »The Framing of Decisions and the Psychology of Choice«, *Science* 211, Nr. 4481 (1981), S. 453–458

Kapitel 21: Teamgeist

1 M. Knez und D. Simester, »Firm-Wide Incentives and Mutual Monitoring at Continental Airlines«, *Journal of Labor Economics* 19, Nr. 4 (October 2001): 743–772

2 E. Winter, »Incentive Reversal«, *American Economic Journal: Microeconomics* 1, Nr. 2 (2009), S. 133–147

3 E. Klor, S. Kube, E. Winter und R. Zultan, »Can Higher Bonuses Lead to Less Effort? Incentive Reversal in Teams«, *Journal of Economic Behavior and Organization* 97 (2014), S. 72–83

4 E. Winter, »Incentives and Discrimination«, *American Economic Review* 94, Nr. 3 (2004), S. 764–773

5 S. Goerg, S. Kube und R. Zultan, »Treating Equals Unequally: Incentives in Teams, Workers' Motivation and Production Technology«, *Journal of Labor Economics* 28 (2010), S. 747–772

6 A. Cabrales, R. Miniaci, M. Piovesan und G. Ponti, »Social Preferences and Strategic Uncertainty: An Experiment on Markets and Contracts«, *American Economic Review* 100, Nr. 5 (Dezember 2010), S. 2261–2278

7 A. Ichino und G. Maggi, »Work Environment and Individual Background: Explaining Regional Shirking Differentials in a Large Italian Firm«, *Quarterly Journal of Economics* 115 (2000), S. 1057–1090

8 A. Falk und A. Ichino, »Clean Evidence on Peer Effects«, *Journal of Labor Economics* 24, Nr. 1 (2006), S. 39–58

9 A. Mas und E. Moretti, »Peers at Work«, *American Economic Review* 99, Nr. 1 (2009), S. 112–145

Kapitel 22: Irrationale Gefühle

1 P. D. Drummond, L. Camacho, N. Formentin, T. D. Heffernan, F. Williams und T. E. Zekas, »The Impact of Verbal Feedback about Blushing on Social Discom-

fort and Facial Blood Flow During Embarrassing Tasks«, *Behavior Research and Therapy* 41, Nr. 4 (2003), S. 413–425
2 B. Ware, *Fünf Dinge, die Sterbende am meisten bereuen. Einsichten, die Ihr Leben verändern werden*, aus dem Englischen übersetzt von W. Kuhn, München: Arkana, 2013
3 N. Camille, G. Coricelli, J. Sallet, P. Pradat, J. R. Duhamel und A. Sirigu, »The Involvement of the Orbitofrontal Cortex in the Experience of Regret«, *Science* 304, Nr. 5674 (Mai 2004), S. 1167–1170
4 M. R. Delgado, A. Schotter, E. Y. Ozbay und E. A. Phelps, »Understanding Overbidding: Using the Neural Circuitry of Reward to Design Economic Auctions«, *Science* 321, Nr. 5897 (2008), S. 1849–1852

Kapitel 23: Angeboren oder anerzogen?

1 A. Knafo, S. Israel, A. Darvasi, R. Bachner-Melman, F. Uzefovsky, L. Cohen, E. Feldman, E. Lerer, E. Laiba, Y. Raz, L. Nemanov, I. Gritsenko, C. Dina, G. Agam, B. Dean, G. Bornstein und R. P. Ebstein, »Individual Differences in Allocation of Funds in the Dictator Game Associated with Length of the Arginine Vasopressin 1a Receptor RS3 Promoter Region and Correlation Between RS3 Length and Hippocampal mRNA«, *Gene and Brain Behavior* 7, Nr.3 (2008), S. 266–275
2 R. P. Ebstein, S. Israel, S. H. Chew, S. Zhong und A. Knafo, »Genetics of Human Social Behavior«, *Neuron* 65 (März 2010), S. 831–844